企业家应知的刑事法律风险

齐博学 张天翔 米 威 / 主编

图书在版编目(CIP)数据

企业家应知的刑事法律风险 / 齐博学，张天翔，米威主编． -- 北京：法律出版社，2024
ISBN 978 - 7 - 5197 - 9021 - 9

Ⅰ.①企… Ⅱ.①齐… ②张… ③米… Ⅲ.①民营企业 - 刑事犯罪 - 研究 - 中国 Ⅳ.①D924.114

中国国家版本馆 CIP 数据核字(2024)第 072781 号

| 企业家应知的刑事法律风险
QIYEJIA YINGZHI DE XINGSHI
FALÜ FENGXIAN | 齐博学　张天翔　米　威　主编 | 策划编辑 似　玉
责任编辑 似　玉
装帧设计 汪奇峰 |

出版发行　法律出版社　　　　　　　　开本　A5
编辑统筹　法律应用出版分社　　　　　印张　10.375　　字数　249 千
责任校对　李慧艳　　　　　　　　　　版本　2024 年 6 月第 1 版
责任印制　刘晓伟　　　　　　　　　　印次　2024 年 6 月第 1 次印刷
经　　销　新华书店　　　　　　　　　印刷　三河市兴达印务有限公司

地址：北京市丰台区莲花池西里 7 号(100073)
网址：www.lawpress.com.cn　　　　　　销售电话：010 - 83938349
投稿邮箱：info@ lawpress.com.cn　　　　客服电话：010 - 83938350
举报盗版邮箱：jbwq@ lawpress.com.cn　　咨询电话：010 - 63939796
版权所有・侵权必究

书号：ISBN 978 - 7 - 5197 - 9021 - 9　　　　定价：68.00 元
凡购买本社图书，如有印装错误，我社负责退换。电话：010 - 83938349

编辑委员会

名誉主编： 王航兵

主　　编： 齐博学　张天翔　米　威

副主编： 马永正　黎　毅　刘业胜　郭　乾　王安宁

委　　员： 姚宣东　陈吉波　刘家强　邓兴斌　万寅敏
　　　　　　王　川　朱艳春　关亚丽　靳利成　彭　迪
　　　　　　林秋嫩　张峻锋　李　昌　张新华　王柱进
　　　　　　林　超　王晓莹　潘虹颖　郭婕妤　郑进儒

序　言

近年来，企业家所面临的法律风险正在逐步增加，其中刑事法律风险最为致命。一方面，企业家一旦入罪，身陷囹圄，家企不保。另一方面，企业家特别是民营企业家的犯罪率居高不下，刑事法律责任已然成为悬在企业家头上的"达摩克利斯之剑"。根据北京师范大学中国企业家犯罪预防研究中心发布的《2023 企业家刑事风险分析报告》分析，我国的企业家与企业刑事风险高发频发的原因，除外部营商环境影响外，最主要的是企业家缺少法律风险防范意识，企业普遍存在内部治理缺陷。如何帮助企业家有效规避刑事法律风险，帮助企业提高刑事合规管理能力，需要全社会特别是法律专业人士的共同关注和研究。为此，海南昌宇律师事务所的青年精英律师合力编撰了《企业家应知的刑事法律风险》一书。

本书以企业家以及企业的中高级管理人员易触犯的刑事法律罪名为基础，通过概念分析、案例介绍、法律索引、问题解读等方式，对刑法罪名涉及的法律常识做通俗化的讲解，并提出作者自己的观点。其中，典型案例部分选取了《刑法》分则关于"破坏社会主义市场经济秩序罪""妨害社会管理秩序罪""侵犯财产罪""贪污贿赂罪"等章节中的典型罪名，作者分别对相关罪名的基本概念、犯罪行为特征、立案追诉标准等进行解读，并对相似罪名之间的主要区别进行简明扼要的辨析。本书最后一部分，作者还针对企业家如何有效防范刑事法律风险提出了独到鲜明的见解。作者希望通过本书能够帮助广大的企业家和企业管理者们通俗易懂地理解法律原则、了解法律规则，掌握法律常识、培养法律思维、识别法律风险、解决法律问题。

本书作者系法学理论知识扎实、法律实务经验丰富的专职律师，因此在某些案例的引文介绍和律师解读部分还融入了历史、文化等方面的常识，使枯燥的法律知识与文化生活等相结合，避免读者枯燥阅读法律知识、被动了解法律常识，给读者以更佳的阅读体验。

需要指出的是，本书虽然文字清丽、通俗易懂，但也存在一些不足之处。比如，全书没有遵循刑法的体例结构进行编写，某些案例的解读尚可更加深入等。但是，作为一本普法宣传和法律实务用书，作者结合自己的工作实践选材定题、精选案例，结合深入浅出的讲解，确能帮助普通大众特别是企业家获取相应的法律知识，培养法律思维，对于日常从事法律工作的人士也有所裨益。

最后，作为律所的党委书记、主任，我为本所年轻党员律师勇于担当、奋发有为的精神由衷自豪。衷心地希望这本书能够帮助普通大众特别是企业管理人员更好地读懂和理解刑法规定、规避刑事风险，也希望本书的编者们能够拓展思路，大胆创新，继续努力为读者贡献出更多、更好、更新的法律实务研究成果。

王航兵

2023 年 5 月 15 日

目录

第一部分　企业家在企业设立过程中的法律风险

　　一、虚报注册资本　·003

　　二、虚假出资、抽逃出资　·011

第二部分　企业家在对外经营过程中的法律风险

　　一、行贿　·021

　　二、单位行贿　·030

　　三、对单位行贿　·038

　　四、对非国家工作人员行贿　·045

　　五、非国家工作人员受贿　·054

　　六、组织、领导、参加黑社会性质组织　·062

第三部分　企业家在生产经营管理中的法律风险

　　一、非法经营　·075

　　二、重大责任事故　·085

　　三、合同诈骗　·093

　　四、串通投标　·102

　　五、生产、销售伪劣产品　·110

　　六、拒不支付劳动报酬　·117

　　七、损害商业信誉、商品声誉　·125

　　八、发布虚假广告　·131

　　九、走私普通货物、物品　·137

第四部分　企业家在企业财务管理中的法律风险

　　一、职务侵占　·147

　　二、挪用资金　·154

　　三、妨害清算　·161

　　四、隐匿或故意销毁会计档案资料　·168

第五部分　企业家在企业投融资过程中的法律风险

一、贷款诈骗 · 177

二、非法吸收公众存款 · 184

三、集资诈骗 · 191

四、高利转贷 · 197

第六部分　企业家在企业税票管控中的法律风险

一、逃税 · 207

二、逃避追缴欠税 · 213

三、虚开增值税专用发票 · 219

四、虚开增值税普通发票 · 226

第七部分　企业家在知识产权管理中的法律风险

一、假冒注册商标 · 235

二、销售侵权复制品 · 243

三、侵犯商业秘密 · 249

第八部分　国有企业中高级管理人员的法律风险

一、贪污 · 259

二、受贿 · 267

三、私分国有资产 · 277

四、挪用公款 · 283

五、非法经营同类营业 · 292

六、为亲友非法牟利 · 297

七、签订、履行合同失职被骗 · 302

八、滥用职权 · 307

第九部分　企业家如何有效防范刑事法律风险

一、提升自身的法律素养 · 315

二、选择正确的经营方式 · 318

三、强化企业的刑事合规 · 323

第一部分

企业家在企业设立过程中的法律风险

一、虚报注册资本

注册成立公司需要缴纳注册资本金，这是众所周知的事情。公司创始股东在注册成立公司时容易犯的错误之一，就是采取各种手段规避履行出资义务，例如，委托代理公司垫资后撤回垫资款，利用各种关系办理假验资或者验资完成后撤出资金，等等。究其原因，是大家往往觉得将资金放在公司账户使用起来不方便；公司一时间使用不了那么多资金，放在账上也是浪费；资金放在自己手里更安全；错误地认为连公司都是我的，公司资金当然也应当是我的。正是基于这些错误的认识，股东在注册成立公司时最容易出现虚报注册资本、抽逃注册资本金等不当的行为。

《公司法》已经降低了注册资本金缴纳的门槛，对于新设公司注册资本金的规定充分体现了对股东自主决定权的尊重和保护，比如，股东可以自主约定注册资本总额，也即理论上可以"一元钱办公司"；股东可以自主约定出资方式和货币出资比例，也即理论上只要可以用价值衡量的事物都有可能成为股东的资本；认缴制公司的股东可以自行约定缴足注册资本金的期限，也即理论上可以"零首付开公司"；等等。

虽然法律降低了公司成立时注册资本金缴纳的门槛，但是并没有免除股东缴纳注册资本金的义务。一方面，认缴不等同于不缴，《公司法》明确规定股东认缴的出资额由股东按照公司章程的规定自公司成立之日起5年内缴足，而且无论股东何时缴足，归根结底都要在注册资本金范围内为公司的债务承担责任。另一方面，根据现行《公司法》《商业银行法》《保险法》《外资银行管理条例》等法律、行政法规以及国务院的相关规定，目前仍有27类行业暂不实行注册资本认缴登记制，而是继续实行注册资本实缴登记制，其中包括所有的银行业金融机构、金融担保公司、证券公司等。也就是说，股东想要注册成立这些类型的公司，必须足额实缴注册资本金；反之，股东虚报注册资本就有可能触犯法律，甚至被追究刑事责任。

典型案例

要点提示：设立注册资本为实缴登记制的公司，应当如实足额履行注册资本金缴纳义务，使用虚假证明文件或者采用其他欺诈手段虚报注册资本，欺骗公司登记主管部门、取得公司登记，可能构成犯罪。

案例1：山西李某乐代人注册公司虚报注册资本案

2012年中秋节前，江西玉山县的房地产开发商唐某耀到平邑县考察房地产开发项目，并经同乡介绍认识了被告人李某乐。后经李某乐介绍，唐某耀与平邑县某居委会干部进行了洽谈，并与该居委会初步达成了该社区旧村改造项目的合作开发意向。为了该项目的实施，唐某耀与李某乐协商成立公司。2012年10月29日，李某乐持唐某耀的身份证，在中国工商银行平邑支行代理唐某耀开立了个人银行结算账户；唐某耀从中国工商银行上饶分行向中国工商银行平邑支行其账户汇入人民币200万元，作为坤和公司的注册资本。李某乐自收到汇款之日至2012年11月16日，将200万元人民币分16次支取，并用于其个人支出。

在此期间，李某乐联系了从事代理注册公司业务的葛某，让其帮助办理公司注册事宜。后经葛某介绍，由王某垫资200万元用于坤和公司的注册验资，李某乐因此需支付王某垫资费用6万元（已支付3.4万元）。李某乐在中国银行平邑支行开立了坤和公司验资账户，并将王某的200万元垫资款打入该账户。

2012年11月13日，拟成立的坤和公司经山东某会计师事务所验资成功。2012年11月14日，坤和公司注册成立，并领取了营业执照等证件。2012年11月22日，李某乐冒充唐某耀到中国银行平邑支行办理付款手续，将坤和公司账户内的200万元资金转给垫资人王某。2012年12月3日，李某乐将坤和公司的营业执照副本及其他证件复印件交给唐某耀。2012年12月5日，唐某耀通过查询银行账户，发现200万元注册资金被取走。

法院经审理认为，被告人李某乐申请公司注册登记时，在无资金支配权的情况下虚报注册资本，欺骗公司登记主管部门、取得公司登记，且虚报注册资本数额巨大，其行为构成虚报注册资本罪，应依法追究其刑事责任。被告人李某乐如实供述自己的罪行，依法可对其从轻处罚。法院最终判决：被告人李某乐犯虚报注册资本罪，判处有期徒刑1年，并处罚金人民币2万元。

案例2：安庆某担保有限公司股东祁某俊等虚报注册资本案

祁某俊系安庆某担保有限公司股东，程某系该公司法定代表人。2009年10月，祁某俊、程某筹建安庆某担保有限公司，首批注册资金需要2000万元。因无资金，祁某俊、程某找林某帮忙筹款2000万元，于2009年10月13日将资金存入安庆某担保有限公司账户进行验资。验资完成后，程某、祁某俊于次日以借款的名义将上述2000万元转回给林某等人，并支付林某16万元手续费。

2010年11月，安庆某担保有限公司须补充注册资金3000万元，程某、祁某俊因无资金，找到王某帮忙筹款3000万元，并于2010年11月23日将3000万元转入安庆某担保有限公司的账户，完成了补资手续。次日3000万元即被转走，程某、祁某俊支付了垫资手续费12万元。

2011年8月18日，安庆某担保有限公司因办理金融许可证等审批手续，需继续增资，程某与祁某俊商议后，通过某农村商业银行的客户经理帮忙借款168万元，并存入安庆某担保有限公司的账户。办好补资手续后，2011年8月22日，程某将168万元转账还给垫资人，同时支付手续费5000元。祁某俊自动投案后如实供述了上述情况。

法院经审理认为，被告人祁某俊、程某在申请公司登记的过程中，采取欺诈手段虚报注册资本5168万元，欺骗公司登记主管部门、取得公司登记，犯罪数额巨大，其行为均已构成虚报注册资本罪，且系共同犯罪。祁某俊、程某具有自首情节，并能如实供述其主要犯罪事实，依法可以从轻处罚。法院最终以虚报注册资本罪判处祁某俊有期徒刑2年，并处罚金52万元；判处程某有期徒刑2年，缓刑2年，并处罚金人民币52万元。

案例3：吉林某担保有限公司法定代表人尹某虚报注册资本案

尹某原系公主岭市某担保有限公司法定代表人。2009年9月9日，被告人尹某等人在公主岭市工商管理部门注册了公主岭市某担保有限公司，注册资本为50万元人民币，实缴资本10万元人民币，尹某为该担保公司股东。后尹某作为该担保公司的股东，欲变更注册资本至2000万元人民币，遂与王某（另案处理）合谋。王某于2009年9月25日先后存入该担保公司注册资金1990万元人民币，待验资机构当日审验完毕后，立即将账户内的2000万元人民币注册资金全部转出，王某从中获利10万元人民币。后尹某向工商部门办理了公司注册资本变更登记，并开展了银行担保业务。

法院经审理认为，被告人尹某作为公主岭市某担保有限公司（该公司属于注册资本实缴制的融资性担保公司）的股东，在申请公司变更登记过程中，主观上明知无资金实力，客观上伙同他人采用垫资的欺诈手段虚报注册资本，欺骗公司登记主管部门、取得公司登记，虚报注册资本数额巨大，符合虚报注册资本罪的主、客观要件，构成虚报注册资本罪。法院最终判决：被告人尹某犯虚报注册资本罪，判处有期徒刑1年，并处罚金人民币20万元。

法律索引

《中华人民共和国刑法》

第一百五十八条　申请公司登记使用虚假证明文件或者采取其他欺诈手段虚报注册资本，欺骗公司登记主管部门，取得公司登记，虚报注册资本数额巨大、后果严重或者有其他严重情节的，处三年以下有期徒刑或者拘役，并处或者单处虚报注册资本金额百分之一以上百分之五以下罚金。

单位犯前款罪的，对单位判处罚金，并对其直接负责的主管人员和其他直接责任人员，处三年以下有期徒刑或者拘役。

最高人民检察院、公安部《关于公安机关管辖的刑事案件立案追诉标准的规定（二）》（公通字〔2022〕12号）

第三条　[虚报注册资本案（刑法第一百五十八条）] 申请公司登记使用虚假证明文件或者采取其他欺诈手段虚报注册资本，欺骗公司登记主管部门，取得公司登记，涉嫌下列情形之一的，应予立案追诉：

（一）法定注册资本最低限额在六百万元以下，虚报数额占其应缴出资数额百分之六十以上的；

（二）法定注册资本最低限额超过六百万元，虚报数额占其应缴出资数额百分之三十以上的；

（三）造成投资者或者其他债权人直接经济损失累计数额在五十万元以上的；

（四）虽未达到上述数额标准，但具有下列情形之一的：

1．二年内因虚报注册资本受过二次以上行政处罚，又虚报注册资本的；

2．向公司登记主管人员行贿的；

3．为进行违法活动而注册的。

（五）其他后果严重或者有其他严重情节的情形。

本条只适用于依法实行注册资本实缴登记制的公司。

律师解读

虚报注册资本罪是一种典型的经济类犯罪，其侵害的是国家着力建立和维护的社会主义市场经济秩序，以及其中国家对公司、企业的管理秩序。本罪的主体是特殊主体，司法实践中本罪主体主要是指"申请公司登记的人"，包括自然人和法人。

第一，本罪仅适用于成立特定公司时虚报注册资本的行为。根据全国人民代表大会常务委员会《关于〈中华人民共和国刑法〉第一百五十八条、第一百五十九条的解释》，本罪只适用于依法实行注册资本实缴登记制的公司。根据《公司法》《商业银行法》《保险法》《外资银行管理条例》等法律、行政法规的规定，募集资金设立的股份有限公司、商业银行、外资银行、金融资产管理公司、信托公司、财务公司、融资租赁公司、汽车金融公司、消费金融公司、货币经纪公司、村镇银行、贷款公司、农村信用社、农村共同基金、证券公司、期货公司、基金管理公司、保险公司、保险代理公司、外国保险公司、直销企业、对外劳务合作企业、融资担保公司、劳务派遣企业、当铺、保险资产管理公司、小额贷款公司等，在登记成立时须足额实缴注册资本金。因此，只有行为人在申请登记设立上述类型的公司时，才有可能因虚报注册资本构成犯罪。

第二，本罪在主观方面表现为故意。本罪要求行为人对自己无实有资本或实有资本未达到法律规定的注册资本最低数额有明确认识；对提交的证明文件具有虚假性，足以使公司登记主管部门发生错误判断有明确认识；对实际骗取公司登记持积极追求的心理态度。如果行为人确实不知道公司登记条件，或因工作疏忽使注册资本数额与实有资本额不符，或因过失提供虚假证明文件取得公司登记，则不应当以本罪论处。

第三，本罪应当严格按照最高人民检察院、公安部《关于公安机关管辖的刑事案件立案追诉标准的规定（二）》相关规定立案追诉，在正确认定虚报注册资本的行为实际达到了法律规定的"数额巨大"、"后果严重"或者"有其他严重情节"的情形下，才能以犯罪论处。但是，数额不大、后果不严重不以犯罪论，并不意味着法律留有漏洞：根据《公司法》的相关规定，即使行为人虚报注册资本的行为程度或情节尚未构成犯罪，也应当予以责令改正、罚款甚至吊销营业执照等行政处罚。

第四，从本罪的法律规定和典型案例中，企业家应当受到警示。首先，我们在成立公司时应当详细了解，哪些类型的公司需要实缴注册资本金，自己准备登记注册的公司是否属于法律法规明确规定实缴出资方可成立的公司。其次，受公司发起人委托承担资产评估、验资、验证、会计、审计、法律服务等职责的人员，如果与申请公司登记的单位或个人通谋实施了虚报注册资本获得公司登记的行为，亦有可能构成本罪。最后，我们也应当知道，即使注册成立一般性的公司，也应当理性看待注册资本金的缴纳义务。虽然国家已经取消了绝大多数公司的注册资本金"门槛"，但是"认缴"≠"不缴"：一方面公司正常运营需要一定的经费运转支撑，另一方面股东也应当在承诺期内缴足注册资本。公司破产或注销清算时，公司债务须以注册资本进行清偿；如果公司负债较多无力偿还，股东出资义务就会加速到期。可见，法律并不支持股东滥用出资期限利益以逃避债务、损害公司债权人合法权益。

二、虚假出资、抽逃出资

资本金是公司赖以生存的"血液",不仅能够保证公司的日常运营,也能在一定程度上保障公司债权人的合法权益。然而一直以来,很多公司的发起人或创始股东在注册成立公司时通常会做的事就是虚假出资、抽逃出资。虽然大家都能够认识到这种做法既不合理也不合法,但是这种行为却屡禁不止。

所谓虚假出资、抽逃出资,是指公司发起人、股东违反《公司法》的规定虚假出资或者在公司成立后又抽逃其出资,数额巨大、后果严重或者有其他严重情节的行为。在司法实践中,其具体刑罚为选择性罪名,包括虚假出资罪和抽逃出资罪。

国家之所以将虚假出资、抽逃出资认定为犯罪,是因为这种行为不仅极大损害了公司以及其他发起人、股东和债权人的合法权益,严重违反了诚实信用原则,也严重扰乱了社会主义市场经济秩序。因此,作为企业家,我们应当自觉抵制和杜绝这种行为,警惕其给我们带来的法律风险。

典型案例

要点提示:公司发起人、股东违反法律规定虚假出资或者在出资后又抽逃其资本金,情节严重的,有可能构成虚假出资、抽逃出资罪。本罪的法定刑为5年以下有期徒刑或者拘役,并处或者单处罚金。

案例1：上海真好劳务派遣有限公司老板闵某强虚假出资案

2018年5月，被告人闵某强委托他人注册成立劳务派遣性质公司，根据《公司法》《劳动合同法》等法律法规规定，该类公司实缴注册资本不得少于人民币200万元。闵某强经他人联系，由张某某（另案处理）名下的上海某管理咨询有限公司作为发起人，帮助闵某强成立上海真好劳务派遣有限公司（以下简称真好公司）。

2018年5月28日，张某某安排其公司向真好公司验资账户汇入200万元，从而取得真好公司验资报告。2018年5月29日，张某某将真好公司的200万元注册资本抽出后汇回其公司账户。2018年7月19日，真好公司经申请取得劳务派遣经营许可证后成立。2018年8月，闵某强在明知真好公司账户无实缴注册资本的情况下，指使其侄子闵某某成为真好公司法定代表人并取得全部股权；闵某强实际控制真好公司，事后亦未补缴注册资本。2021年4月22日，闵某强主动到公安机关投案，到案后如实供述犯罪事实。

法院经审理认为，被告人闵某强伙同他人违反《公司法》的规定未交付货币而虚假出资，数额巨大，其行为已构成虚假出资罪。闵某强自动投案并如实供述了犯罪事实，且自愿认罪认罚，依法可从轻处罚。闵某强被司法机关取保候审期间能遵纪守法，确有悔罪表现，依法可适用缓刑予以考验。法院最终判决：被告人闵某强犯虚假出资罪，判处有期徒刑10个月，缓刑1年，并处罚金人民币5万元。

案例2：上海某劳务派遣公司老板闫某抽逃出资案

2019年，被告人闫某委托他人注册成立劳务派遣性质公司，经他人联系，由张某（另案处理）名下的上海A有限公司（以下简称A公司）作为发起人，帮助闫某成立上海B有限公司（以下简称B公司）。2019年2月14日，A公司向B公司验资账户汇入人民币200万元从而取得B公司验资报告；2019年3月1日，B公司经申请取得劳务派遣经营许可证后成立；2019年3月8日，张某将B公司人民币200万元注册资本抽逃汇出；2019年4月，被告人闫某在明知B公司账户无实缴注册资本的情况下，通过股权转让的方式成为该公司的股东、法定代表人，并实际控制该公司，事后亦未补缴注册资本。2021年9月3日，闫某接公安机关电话通知后主动投案，到案后如实供述上述事实。

法院经审理认为，被告人闫某伙同他人在公司成立后抽逃出资，数额巨大，其行为已构成抽逃出资罪。闫某具有自首情节，且自愿认罪认罚，依法从轻处罚。闫某在取保候审期间能遵纪守法，确有悔罪表现，依法可以适用缓刑予以考验。法院最终判决：被告人闫某犯抽逃出资罪，判处有期徒刑10个月，缓刑1年，并处罚金人民币5万元。

案例3：新疆维吾尔自治区某小额贷款公司老板程某抽逃出资案

2014年3月，被告人程某与钱某等人欲注册小额贷款有限责任公司，公司注册资本为5000万元人民币。为此，程某在张某和徐某不知情的情况下将二人列为公司股东，二人未实际出资。在程某的运作下，钱某实际出资400万元，程某某实际出资300万元，其余注册资本由程某本人出资。但程某收到钱某、程某某的出资后，未将该款项用于注册公司而是个人使用该款项。因小额贷款公司注册资本必须全部为实收货币资本且由出资人一次性足额缴纳，程某为使公司顺利通过验资，决定采用短期拆借的方式周转资金。2014年3月26日，程某通过他人借款共计5000万元，并将以上款项打入公司账户作为公司注册资本。2014年3月26日，某会计师事务所对该公司注册资本的实收情况进行审验，并出具验资报告。由于注册资本系向他人借款且利息高昂，必须及时归还，2014年4月2日，在程某授意下，由胡某和陈某使用该小额贷款有限责任公司公章、程某私章及程某提供的24人身份证复印件，在库尔勒某农商银行将公司注册资本5000万元以公司业务出借的形式转移到李某等24人名下，后用于归还注册资本的借款。

法院经审理认为，被告人程某作为某小额贷款有限责任公司的股东、实际控制人，明知小额贷款公司系实行注册资本实缴登记制公司，仍借入资金以作验资之用，在验资完成公司成立后立即将资金抽逃用于归还借款，数额巨大，其行为已构成抽逃出资罪。被告人系初犯、偶犯，主观恶意不大，且具有自首情节，主动认罪认罚。法院最终判决：被告人程某犯抽逃出资罪，判处有期徒刑2年，缓刑3年，并处罚金人民币100万元。

法律索引

《中华人民共和国刑法》

第一百五十九条　公司发起人、股东违反公司法的规定未交付货币、实物或者未转移财产权，虚假出资，或者在公司成立后又抽逃其出资，数额巨大、后果严重或者有其他严重情节的，处五年以下有期徒刑或者拘役，并处或者单处虚假出资金额或者抽逃出资金额百分之二以上百分之十以下罚金。

单位犯前款罪的，对单位判处罚金，并对其直接负责的主管人员和其他直接责任人员，处五年以下有期徒刑或者拘役。

最高人民检察院、公安部《关于公安机关管辖的刑事案件立案追诉标准的规定（二）》（公通字〔2022〕12号）

第四条　［虚假出资、抽逃出资案（刑法第一百五十九条）］公司发起人、股东违反公司法的规定未交付货币、实物或者未转移财产权，虚假出资，或者在公司成立后又抽逃其出资，涉嫌下列情形之一的，应予立案追诉：

（一）法定注册资本最低限额在六百万元以下，虚假出资、抽逃出资数额占其应缴出资数额百分之六十以上的；

（二）法定注册资本最低限额超过六百万元，虚假出资、抽逃出资数额占其应缴出资数额百分之三十以上的；

（三）造成公司、股东、债权人的直接经济损失累计数额在五十万元以上的；

（四）虽未达到上述数额标准，但具有下列情形之一的：

1. 致使公司资不抵债或者无法正常经营的；

2. 公司发起人、股东合谋虚假出资、抽逃出资的；

3. 二年内因虚假出资、抽逃出资受过二次以上行政处罚，又虚假出资、抽逃出资的；

4. 利用虚假出资、抽逃出资所得资金进行违法活动的。

（五）其他后果严重或者有其他严重情节的情形。

本条只适用于依法实行注册资本实缴登记制的公司。

律师解读

在公司注册资本金方面，《公司法》取消了有限责任公司注册资本最低限额3万元、一人有限公司注册资本最低限额10万元和股份有限公司注册资本最低限额500万元的限制，取消了首次出资比例限制，取消了出资方式和货币出资比例的限制，等等。这客观上提升了公司注册和经营的活跃度，也提高了股东资金的使用效率。然而，并不是所有类型的公司都享有这些福利，法律也没有取消对虚假出资、抽逃出资行为的限制和处罚。结合上述案例和相关法律规定，我们得到如下启示。

第一，虚假出资、抽逃出资构成犯罪的立案追诉标准，应当严格按照最高人民检察院、公安部《关于公安机关管辖的刑事案件立案追诉标准的规定（二）》的相关规定。首先，本条罪名仅适用于注册资本实缴登记制的公司。其次，虚假出资、抽逃出资的金额应当达到法律规定的应缴出资数额比例，或者该种行为实际达到一定损害程度、产生一定严重后果，如导致公司资不抵债甚至无法正常经营；公司发起人、股东合谋虚假出资、抽逃出资；行为人2年内因此受过2次以上行政处罚，而后又虚假出资、抽逃出资；利用虚假出资、抽逃出资所得资金进行违法活动；等等。

第二，作为企业家，在注册成立公司时应当自觉杜绝虚假出资、抽逃出资等违法行为。首先，应当充分认识和尊重公司的独立人格。依法登记设立的公司具有独立法人人格，享有独立的民事权利能力和民事行为能力。《公司法》第23条第1款规定："公司股东滥用公司法人独立地位和股东有限责任，逃避债务，严重损害公司债权人利益的，应当对公司债务承担连带责任。"因此，作为公司股东或控制人，虽然享有对公司的经营权和控制权，但不能将公司视为私有财产，尤其不应将公司财产与私人财产进行混同，否则有可能因法人人格混同而就公司债务承担连带责任，甚至因侵犯公司的财产受到相应的处罚。其次，应当从自身做起切实履行好出资义务。当以货币出资注册成立公司时，应当足额及时地将货币资本缴纳到指定账户，且不能随意利用股东或实际控制人的便利条件将资本金抽出使用。如果以非货币形式进行出资，还应当依法办理资产评估和财产转移手续，使公司财产的价值和归属明确。作为企业家应当知道，制作虚假财务会计报表、虚增利润进行分配、利用关联交易虚构债权债务等均有可能构成虚假出资罪、抽逃出资罪。最后，应当履行对其他股东的监督和督促义务。《公司法》第50条规定："有限责任公司设立时，股东未按照公司章程规定实际缴纳出资，或者实际出资的非货币财产的实际价额显著低于所认缴的出资额的，设立时的其他股东与该股东在出资不足的范围内承担连带责任。"第53条规定："公司成立后，股东不得抽逃出资。违反前款规定的，股东应当返还抽逃的出资；给公司造成损失的，负有责任的董事、监事、高级管理人员应当与该股东承担连带赔偿责任。"第99条规定："发起人不按照其认购的股份缴纳股款，或者作为出资的非货币财产的实际价额显著低于所认购的股份的，其他发起人与该发起人在出资不足的范围内承担连带责任。"因此，企业家在切实履行自己出资义务的同时，还应当监督和督促其他公司发起人、股东，避免其虚假出资、抽逃出资的行为损害自身的合法权益。

第三，虚假出资罪、抽逃出资罪与虚报注册资本罪在《刑法》中虽然是相对独立的罪名，理论上有较为清晰的界限，但在司法实践中这3个罪名对应的犯罪行为却往往容易混淆，甚至难以区分。笔者认为，三者之间的区别主要体现在以下几个方面。首先，罪名的立法目的不同。虚假出资、抽逃出资是指未按照法律规定向公司交付作为资本的货币、实物以及未履行转移财产权的义务，或者在公司成立后将资本金抽逃出来，因此该罪名的立法目的在于惩处因虚假出资、抽逃出资而损害其他股东利益、公司利益，以及损害交易安全和公司债权人合法权益的行为。虚报注册资本是指使用虚假证明文件或者采取其他欺诈手段虚报注册资本，欺骗行政主管部门、取得公司登记的行为，因此该罪名的立法目的在于惩处欺骗公司登记机关，扰乱公司登记秩序的行为。其次，犯罪的主观目的不同。行为人虚假出资的目主要是通过虚假手段欺骗公司其他股东或发起人，意图在逃避履行出资义务的情况下非法获取公司股份或其他利益。行为人抽逃资本的目的主要是通过各种方式抽回资金，意图将属于公司的资金占为己有。而行为人虚报注册资本的目的，主要是通过利用虚假的证明文件或采取其他欺诈手段，欺骗行政主管部门、取得公司登记。再次，犯罪侵害的对象不同。虚假出资、抽逃出资罪侵害的对象，主要是依法缴足出资的其他股东利益、公司利益，以及市场交易安全和公司债权人的合法权益。而虚报注册资本罪侵害的对象，是国家着力建立和维护的社会主义市场经济秩序，以及国家对公司、企业的管理秩序。最后，犯罪发生的时间不同。虚假出资的犯罪行为，主要发生在公司组建时股东履行出资义务过程中；抽逃资本的犯罪行为，主要发生在公司注册成立后及实际经营过程中；虚报注册资本的犯罪行为，主要发生在公司申请办理注册登记的过程中。

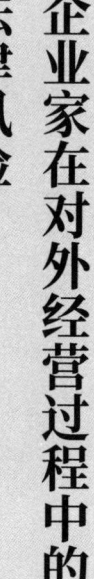

第二部分 企业家在对外经营过程中的法律风险

一、行贿

提起"行贿"大家并不陌生,贿赂之事自古有之,田炳信先生在《苀诞·荒诞:文字考古现场》一书中曾写道:贿赂是一种古老的祭祀行为。正如他所说,古人贿赂诸神以求得神灵的理解、谅解以及护佑,而这种朴素的情感久而久之形成一种习惯,成为人们生存的点缀。虽然人类文明的总体趋势是朝向进步的,但是随着经济社会的迅猛发展,贿赂这种陋习却越来越难以改正。贿赂对象从最初的神明到后来的权贵,再到现在的普通人,可谓处处可见,事事通用,人人都懂。贿赂的方式和手段也在翻新,除了明贿、暗贿,还有性贿、雅贿,可谓欲达目的机关算尽。大家对这种行为司空见惯,对其危害性也都心知肚明。因此,严重的贿赂行为不仅是道德谴责的对象,也是法律规制的重点内容。我国《刑法》将行贿定义为"为谋取不正当利益,给予国家工作人员以财物的"行为。依据法律规定,如果在经济往来中,违反国家规定,给予国家工作人员以财物,数额较大的,或者违反国家规定,给予国家工作人员以各种名义的回扣、手续费的,以行贿论处。但是,因被勒索给予国家工作人员以财物,没有获得不正当利益的,则不属于《刑法》规定的行贿行为。

典型案例

要点提示: 为谋取不正当利益,自己或协助他人给予国家工作人员以数额较大财物的可构成行贿罪,实际是否获得不正当利益不影响罪名成立。被索贿而实施该行为,未获得不正当利益的,不属于犯罪。

案例 1:海南某矿产公司法定代表人庄某辉行贿案

庄某辉为海南某矿产公司法定代表人。2015 年 3 月初,海南某公司总经理吴某为顺利通过审计,找到被告人庄某辉,谋求庄某辉的帮助。后吴某将现金 35 万元交给庄某辉,庄某辉截留 5 万元后,将剩余的 30 万元交给邬某赐(另案处理),用于疏通有关人员。邬某赐截留 25 万元后,将剩余的 5 万元和一条香烟交给时任海南省审计厅某部门工作人员冯某,冯某将钱收下。后冯某告知邬某赐要办理吴某所托之事,还需要准备钱打点。庄某辉将此事告诉吴某,吴某又将现金 40 万元交给庄某辉。庄某辉以吴某拖欠其款项为由截留 20 万元后,将剩余的 20 万元交给邬某赐,邬某赐截留 5 万元后将剩余的 15 万元交给冯某。冯某共收下 20 万元后,两次向审计人员提出帮助请求,但均被拒绝。后吴某因在审计中被发现存在严重问题而被纪检部门"双规"。2015 年 5 月,冯某分两次将 20 万元退给邬某赐。2015 年 6 月 8 日,邬某赐将 50 万元交付检察机关。

法院经审理认为,首先,被告人庄某辉主观上明知吴某意图行贿审计人员而接受吴某的请托,通过同案人邬某赐最终行贿国家工作人员冯某,形成行贿犯意联络,并依附行贿人一方参与商议行贿,截留、中转行贿款项,共同促使行贿行为的实施,符合行贿罪的构成要件,不属于介绍贿赂行为。其次,经查庄某辉截留的行贿赃款已经退缴,无须继续追缴。最后,由于庄某辉在本案被取保候审期间负案外逃,逃避审判,因此对其不宜适用缓刑。综上,法院最终判决:(1)被告人庄某辉犯行贿罪,判处有期徒刑 1 年,并处罚金人民币 10 万元。(2)扣押在案的人民币 25 万元系庄某辉的违法所得,予以没收，上缴国库。

案例2：贵港市某科技投资有限公司法定代表人庞某华行贿案

被告人庞某华系贵港市某科技投资有限公司法定代表人。2016年至2020年，庞某华为谋取不正当利益，送给时任钦州市某局副局长黄某（另案处理）、钦州市某公安局经侦支队副支队长蔡某（另案处理）、钦州市某区法院院长何某（另案处理）3人现金共计人民币220万元、加拿大元1万元。其中，庞某华请托黄某在钦州市某拘留所工程项目、某戒毒所迁建项目、某看守所土方平整工程项目的招标承建、项目推进、工程款拨付等事项上给予关照，分3次送给黄某现金人民币150万元、加拿大元1万元。庞某华为感谢蔡某在钦州市某公安局拍卖扣押的走私、无主物品等方面为其提供关照，送给蔡某现金人民币50万元，庞某华从中获得非法利益合计人民币862万元。庞某华受亲属之托，请托何某利用职务影响，对涉嫌非法采矿罪的秦某津判处缓刑，而何某亦利用职务便利过问此案并要求主办人对秦某津从轻处罚并宣告缓刑，庞某华送给何某现金人民币20万元。

法院经审理认为，庞某华为谋取不正当利益，给予国家工作人员财物共计人民币220万元、加拿大元1万元，已构成行贿罪。根据最高人民法院、最高人民检察院《关于办理贪污贿赂刑事案件适用法律若干问题的解释》第8条第1款第1项的规定，庞某华属犯罪情节严重。庞某华归案后如实供述犯罪事实并认罪认罚，依法可以从宽处理。案发后庞某华的近亲属代其退赔违法所得，可酌情从轻处罚。综上，法院判决如下：(1)庞某华犯行贿罪，判处有期徒刑5年，并处罚金人民币50万元；(2)庞某华退赔的违法所得人民币812万元，予以没收，上缴国库；追缴庞某华尚未退赔的违法所得人民币50万元，予以没收，上缴国库。

案例 3：湘潭某医院法定代表人、院长张某行贿案

被告人张某系湘潭某医院法定代表人、院长。2010 年 10 月至 2020 年 11 月，张某利用湘潭某医院法定代表人、院长的身份，为了实现通过湘潭某医院骗取医保资金从而谋取个人不正当利益的目的，先后向湘潭市医疗保障局医疗保障事务中心主任陈某、湘潭市医疗保障局医疗保障信息中心主任李某、湘潭市医疗保障局医疗保障基金核查中心主任罗某、湘潭市工伤保险服务中心老工伤事务科科长周某等人（均已判决）行贿共计人民币 674.14 万元、欧元 2000 元。

法院经审理认为，张某作为湘潭某医院的法定代表人、院长，为谋取不正当利益，向多名国家工作人员行贿，情节特别严重，构成行贿罪。张某到案后主动交代组织尚未掌握的其行贿犯罪事实，其行贿犯罪系自首并认罪认罚，依法对其从轻处罚。案发后张某检举揭发他人犯罪行为，并查证属实，具有一般立功表现，依法可减轻处罚。法院最终判决：(1) 张某犯行贿罪，判处有期徒刑 6 年，并处罚金人民币 50 万元；(2) 追缴被告人张某的违法所得，上缴国库。

法律索引

《中华人民共和国刑法》

第九十三条 本法所称国家工作人员，是指国家机关中从事公务的人员。

国有公司、企业、事业单位、人民团体中从事公务的人员和国家机关、国有公司、企业、事业单位委派到非国有公司、企业、事业单位、社会团体从事公务的人员，以及其他依照法律从事公务的人员，以国家工作人员论。

第三百八十九条 为谋取不正当利益,给予国家工作人员以财物的,是行贿罪。

在经济往来中,违反国家规定,给予国家工作人员以财物,数额较大的,或者违反国家规定,给予国家工作人员以各种名义的回扣、手续费的,以行贿论处。

因被勒索给予国家工作人员以财物,没有获得不正当利益的,不是行贿。

第三百九十条 对犯行贿罪的,处三年以下有期徒刑或者拘役,并处罚金;因行贿谋取不正当利益,情节严重的,或者使国家利益遭受重大损失的,处三年以上十年以下有期徒刑,并处罚金;情节特别严重的,或者使国家利益遭受特别重大损失的,处十年以上有期徒刑或者无期徒刑,并处罚金或者没收财产。

有下列情形之一的,从重处罚:

(一)多次行贿或者向多人行贿的;

(二)国家工作人员行贿的;

(三)在国家重点工程、重大项目中行贿的;

(四)为谋取职务、职级晋升、调整行贿的;

(五)对监察、行政执法、司法工作人员行贿的;

(六)在生态环境、财政金融、安全生产、食品药品、防灾救灾、社会保障、教育、医疗等领域行贿,实施违法犯罪活动的;

(七)将违法所得用于行贿的。

行贿人在被追诉前主动交待行贿行为的,可以从轻或者减轻处罚。其中,犯罪较轻的,对调查突破、侦破重大案件起关键作用的,或者有重大立功表现的,可以减轻或者免除处罚。

最高人民法院、最高人民检察院《关于办理贪污贿赂刑事案件适用法律若干问题的解释》（法释〔2016〕9号）

第七条 为谋取不正当利益，向国家工作人员行贿，数额在三万元以上的，应当依照刑法第三百九十条的规定以行贿罪追究刑事责任。

行贿数额在一万元以上不满三万元，具有下列情形之一的，应当依照刑法第三百九十条的规定以行贿罪追究刑事责任：

（一）向三人以上行贿的；

（二）将违法所得用于行贿的；

（三）通过行贿谋取职务提拔、调整的；

（四）向负有食品、药品、安全生产、环境保护等监督管理职责的国家工作人员行贿，实施非法活动的；

（五）向司法工作人员行贿，影响司法公正的；

（六）造成经济损失数额在五十万元以上不满一百万元的。

第八条 犯行贿罪，具有下列情形之一的，应当认定为刑法第三百九十条第一款规定的"情节严重"：

（一）行贿数额在一百万元以上不满五百万元的；

（二）行贿数额在五十万元以上不满一百万元，并具有本解释第七条第二款第一项至第五项规定的情形之一的；

（三）其他严重的情节。

为谋取不正当利益，向国家工作人员行贿，造成经济损失数额在一百万元以上不满五百万元的，应当认定为刑法第三百九十条第一款规定的"使国家利益遭受重大损失"。

第九条 犯行贿罪，具有下列情形之一的，应当认定为刑法第三百九十条第一款规定的"情节特别严重"：

（一）行贿数额在五百万元以上的；

（二）行贿数额在二百五十万元以上不满五百万元，并具有本解释第七条第二款第一项至第五项规定的情形之一的；

（三）其他特别严重的情节。

为谋取不正当利益，向国家工作人员行贿，造成经济损失数额在五百万元以上的，应当认定为刑法第三百九十条第一款规定的"使国家利益遭受特别重大损失"。

最高人民法院、最高人民检察院《关于办理行贿刑事案件具体应用法律若干问题的解释》（法释〔2012〕22号）

第十二条　行贿犯罪中的"谋取不正当利益"，是指行贿人谋取的利益违反法律、法规、规章、政策规定，或者要求国家工作人员违反法律、法规、规章、政策、行业规范的规定，为自己提供帮助或者方便条件。

违背公平、公正原则，在经济、组织人事管理等活动中，谋取竞争优势的，应当认定为"谋取不正当利益"。

律师解读

笔者认为，在本罪的认定等方面应注意以下问题。

一、谋取不正当利益是入罪前提

行为人如果不以谋取不正当利益为目的，实际也未获得不正当利益，则不属于犯罪。构成本罪的具体情形可分为：（1）以谋取不正当利益为目的，无论行为人基于自愿还是受到勒索而实施行贿，均以本罪论处。（2）因受勒索而实施行贿的，如果行为人事先没有谋取不正当利益的目的，实际也未获得不正当利益，不以犯罪论处；如果实际获得了不正当利益，则以本罪论处。

所谓不正当利益，依据相关司法解释的规定，主要是指违反法律、法规、规章、政策规定获取的利益，或者由国家工作人员违反法律、法规、规章、政策、行业规范的规定，为行贿人提供帮助或者方便条件而使其获取的利益等。违背公平、公正原则，在经济、组织人事管理等活动中谋取的竞争优势，也属于不正当利益。

二、行贿的对象是国家工作人员

本罪侵犯的客体是国家工作人员公务行为的廉洁性，行贿的对象是国家工作人员，因此如果接受贿赂的人并非国家工作人员，则不能构成本罪。行贿的对象如果是公司、企业或者其他单位的工作人员，则可能构成对非国家工作人员行贿罪。

这里所称的国家工作人员，依据《刑法》第93条的规定，主要指国家机关中从事公务的人员，国有公司、企业、事业单位、人民团体中从事公务的人员，国家机关、国有公司、企业、事业单位委派到非国有公司、企业、事业单位、社会团体从事公务的人员，以及其他依照法律从事公务的人员。

三、构成本罪的主体仅为自然人

本罪的犯罪主体是一般主体，行为人系达到刑事责任年龄、具备刑事责任能力的自然人。单位不是构成本罪的主体，《刑法》第393条就单位行贿问题作出了明确规定，以单位名义向国家工作人员行贿的，应以"单位行贿罪"对单位和直接责任人员定罪处罚；如果行为人以单位名义行贿后将违法所得据为己有，则以行贿罪定罪处罚。这一点与《刑法》第164条的"对非国家工作人员行贿罪"规定有所区别。单位和自然人均属于对非国家工作人员行贿罪的犯罪主体，《刑法》没有另行规定"单位对非国家工作人员行贿罪"。

四、协助他人行贿亦构成行贿罪

依据《刑法》第25条、第27条、第28条、第29条等相关条文的规定，二人以上共同故意犯罪的，为共同犯罪。就同一犯罪事实，对参与犯罪的人员一般按照同一罪名定罪处罚，但应按照行为人在犯罪中所起到的作用、实施犯罪的具体行为等，区分主犯、从犯、胁从犯、帮助犯、教唆犯等，予以不同处罚。因此，帮助他人行贿或者为他人行贿提供便利条件的，应按照共同犯罪追究刑事责任。

五、严格掌握本罪立案追诉标准

"礼尚往来""礼多人不怪"是中国人自古以来的处世之道。"送礼"虽是中国的传统文化，但是在把握不好尺度的情况下，也可能成为犯罪的开端。法律虽然要求严厉打击行贿犯罪，但是并未将行为人与国家工作人员之间的任何经济往来一概列为违法行为。在日常生活中，只要行为人给予国家工作人员的财物没有超过规定范围，就不应当以犯罪论处。最高人民法院、最高人民检察院《关于办理贪污贿赂刑事案件适用法律若干问题的解释》第7条、第8条、第9条就行贿罪的立案追诉标准、情节严重和特别严重的程度标准作出了明确规定，其中行贿数额在3万元以上的，应立案追究刑事责任；数额在1万元以上不满3万元的，符合法定条件的情况下应予立案追诉。当然，多次行贿的数额，应当累计计算。

二、单位行贿

"单位"作为法律意义上的主体,是指依法能够履行法律义务、承担法律责任的公司、企业、事业单位、机关、团体等。单位属于法律拟制人的范畴,即所谓的"法人"。现实中很容易将"法人"、"法定代表人"和"法人代表"的概念进行混淆。实际上,"法人"就是单位本身;"法定代表人"是依法代表单位行使职能活动的负责人,一般须进行行政登记;"法人代表"则是单位授权办理相关事宜的任何人,法人代表以单位名义办理事宜时应当持有授权委托文件。

我国《刑法》第393条明确规定,单位为谋取不正当利益而行贿,或者违反国家规定,给予国家工作人员以回扣、手续费,情节严重的,构成单位行贿罪。单位犯本罪的,应当对单位判处罚金,并对其直接负责的主管人员和其他直接责任人员判处刑罚。实践中,常见的单位行贿行为主要是指经单位集体研究决定的行贿行为、经单位主管人员批准实施的行贿行为,以及单位主管人员以法定代表人身份实施的行贿行为。在此过程中,如果行为人的行贿意图是为己谋取利益或者事后将违法所得据为己有,则属于以单位名义实施的个人犯罪,该行为根据《刑法》第393条的规定不构成单位行贿罪,而应当依照《刑法》第389条、第390条的规定,按行贿罪对个人定罪处罚。

典型案例

要点提示：单位为谋取不正当利益而行贿，情节严重的构成单位行贿罪，对其判处罚金，并对其直接负责的主管人员和其他直接责任人员判处刑罚。利用单位行贿的不构成本罪，应由个人承担法律后果。

案例1：蓝润科技（北京）有限公司单位行贿案

2014年至2015年，被告单位蓝润科技（北京）有限公司（以下简称蓝润公司）的法定代表人、董事长王某以及直接负责的主管人员陈某，找到时任北京某供销合作社党委书记、理事长高某（另案处理），请高某为该公司向供销合作社出售办公楼房提供帮助。为此，王某、陈某代表蓝润公司，伙同被告人徐某青，通过徐某青实际控制的北京祥和房地产公司，先后给予高某共计人民币1600万余元。

法院经审理认为，蓝润公司及王某、陈某伙同徐某青，为谋取不正当利益，给予国家工作人员财物，情节严重，其行为已构成单位行贿罪，依法应予惩处。王某系公司法定代表人、董事长，是对公司直接负责的主管人员，而陈某是公司的直接责任人员，二人依法均应承担刑事责任。鉴于陈某、徐某青到案后能够如实供述自己的罪行，徐某青在亲属的帮助下退赔部分赃款，均可依法从轻处罚。法院最终判决：(1)被告单位蓝润公司犯单位行贿罪，判处罚金人民币400万元。(2)王某犯单位行贿罪，判处有期徒刑2年6个月。(3)陈某犯单位行贿罪，判处有期徒刑2年6个月。(4)徐某青犯单位行贿罪，判处有期徒刑2年。

案例2：北京燕新商务管理有限公司单位行贿案

2017年至2019年，被告人赵某鹤利用实际控制的某商务管理有限公司主要从事代办公司注册业务。2018年12月12日,赵某鹤成立被告单位北京燕新商务管理有限公司(以下简称燕新公司),并以该公司名义承揽公司注册代办业务。由于代办公司需要提供注册地址,而被告存在不能提供房屋所有权证、一个地址注册多家公司等违规情况,为使代办业务顺利通过审核,赵某鹤多次给予时任北京市某局局长张某、时任该局登记注册科科长谢某地址费或好处费,共计人民币463.35万元。其中,自燕新公司2018年12月12日成立后,赵某鹤给予张某、谢某好处费共计104.33万元。案发后,扣押冻结赵某鹤用于收款、转款、分红等的建设银行账户资金175.94万元。案件审理期间,燕新公司及赵某鹤的家属分别主动预缴纳罚金100万元、20万元。

  法院经审理认为,被告人赵某鹤作为被告单位燕新公司直接负责的主管人员和直接责任人员,为单位谋取不正当利益,给予国家工作人员财物,情节严重,被告人及被告单位均已构成单位行贿罪,依法应予惩处。关于被告人及其辩护人所提其系在他人索要的情况下给予财物,并非主动行贿,主观恶性较小的意见,经查,在案证据能够证明赵某鹤长期从事代办工商注册业务,应当知道相关的政策法规,其在没有产权证明的情况下于同一地址注册大量公司,且所注册公司没有真实的经营业务,明显与相关政策法规不符;赵某鹤通过他人介绍主动结识张某并提出做孵化平台代办注册公司业务,商定给予张某等人地址费、好处费,目的就是利用张某等的职务便利使其违规代办注册业务审核通过,其行为危害了当地产业政策,造成不良影响,故该意见不能成立。鉴于被告人赵某鹤能如实供述犯罪事实,认罪悔罪,自愿适用认罪认罚制度并预缴罚金,主动表示愿意将扣押在案的建设银行账户中的资金用于退缴违法所得,宣告缓刑对其所居住社区没有重大不良影响，法院决定依法对被告单位燕新公司及被告人赵某鹤从轻处罚，并对赵某鹤适用缓刑。法院最终判决：(1)燕新公司犯单位行贿罪，判处罚金人民币100万元。(2)赵某鹤犯单位行贿罪，判处有期徒刑3年，缓刑3年，并处罚金人民币20万元。

案例3：中山市登云房地产开发有限公司单位行贿案

2008年年底至2017年年底，被告单位中山市登云房地产开发有限公司（以下简称登云公司）法定代表人、总经理秦某辉为感谢时任中山市某镇党委书记方某廷（另案处理）在解决该公司房地产项目工地被村民围堵、减免该项目公用设施配套折价款、为该公司寻求银行贷款支持等方面提供的帮助，以及为了使方某廷继续支持其公司业务，分多次从其公司开支款项给予方某廷共计人民币160万元、港元55万元、澳门元1万元。2018年12月8日，秦某辉主动到办案机关投案并如实供述上述犯罪事实。本案审理期间，登云公司主动缴纳罚金人民币50万元，秦某辉主动缴纳罚金人民币40万元。

法院经审理认为，被告单位登云公司无视国家法律，为谋取不正当利益而向国家工作人员行贿，情节严重；被告人秦某辉是上述单位犯罪中直接负责的主管人员，其行为构成单位行贿罪。秦某辉能够主动投案，并如实供述自己的犯罪行为，系自首；同时，秦某辉作为登云公司的法定代表人及总经理，是该单位实施犯罪的主要决策者，其主动投案并如实交代该单位及其本人罪行的行为，应视为单位自首的意愿和行为，因此，登云公司也具有自首情节；登云公司、秦某辉均自愿认罪认罚，且主动缴纳罚金，确有悔罪表现。为了依法保障民营企业的发展和正常的经营活动，依法可对登云公司、秦某辉从轻、从宽处罚，并对秦某辉适用缓刑。法院遂判决：(1)被告单位登云公司犯单位行贿罪，判处罚金人民币50万元。(2)被告人秦某辉犯单位行赂罪，判处有期徒刑1年6个月，缓刑2年，并处罚金人民币40万元。

法律索引

《中华人民共和国刑法》

第三百九十三条　单位为谋取不正当利益而行贿，或者违反国家规定，给予国家工作人员以回扣、手续费，情节严重的，对单位判处罚金，并对其直接负责的主管人员和其他直接责任人员，处三年以下有期徒刑或者拘役，并处罚金；情节特别严重的，处三年以上十年以下有期徒刑，并处罚金。因行贿取得的违法所得归个人所有的，依照本法第三百八十九条、第三百九十条的规定定罪处罚。

最高人民法院《关于审理单位犯罪案件具体应用法律有关问题的解释》（法释〔1999〕14号）

第二条　个人为进行违法犯罪活动而设立的公司、企业、事业单位实施犯罪的，或者公司、企业、事业单位设立后，以实施犯罪为主要活动的，不以单位犯罪论处。

第三条　盗用单位名义实施犯罪，违法所得由实施犯罪的个人私分的，依照刑法有关自然人犯罪的规定定罪处罚。

最高人民检察院《关于人民检察院直接受理立案侦查案件立案标准的规定（试行）》（高检发释字〔1999〕2号）

一、贪污贿赂犯罪案件立案标准

…………

（八）单位行贿案（第393条）

单位行贿罪是指公司、企业、事业单位、机关、团体为谋取不正当利益而行贿，或者违反国家规定，给予国家工作人员以回扣、手续费,情节严重的行为。

涉嫌下列情形之一的,应予立案:

1.单位行贿数额在20万元以上的;

2.单位为谋取不正当利益而行贿,数额在10万元以上不满20万元,但具有下列情形之一的:

(1)为谋取非法利益而行贿的;

(2)向3人以上行贿的;

(3)向党政领导、司法工作人员、行政执法人员行贿的;

(4)致使国家或者社会利益遭受重大损失的。

因行贿取得的违法所得归个人所有的,依照本规定关于个人行贿的规定立案,追究其刑事责任。

律师解读

关于本罪的法律认定问题,笔者认为应当注意以下几点。

一、如何判断单位行贿

判断单位行贿还是个人行贿,是司法实践中比较复杂的问题。笔者认为,区分的关键主要看决策的过程和不正当利益的归属两个方面。

首先,决策的过程体现了行为人的主观意志。《刑法》第393条规定"单位为谋取不正当利益而行贿",这里所说的"谋取"就代表主观意志的形成和表现。由于单位是拟制人,本身不能作出决策,不具备主观意志的形成和表现能力,因此单位意志的形成必须由某个或某些人通过一定的议事流程或者决策程序来完成。实践中,单位意志的形成和表现主要有三种情形,一是经单位集体研究并决定后,再由有关人员实施行贿;二是经单位主管人员批准后,由有关人员实施行贿;三是单位主管人员以法定代表人的身份实施行贿。

其次，确定不正当利益归属是入罪的必要条件。《刑法》第393条不仅规定单位为谋取不正当利益而行贿构成犯罪，亦明确规定因行贿取得的违法所得归个人所有的，依照个人行贿罪定罪处罚。可见，行贿获取的不正当利益归属哪一方，则应由哪一方承担行贿的法律后果。但是，关于利益归属问题，司法实践中也会遇到难以辨别的情形。比如个人基于单位意志而行贿，结果往往也从单位获得的不当利益中分得一部分作为提成或奖金。关于该问题，笔者认为如果利益全部由单位获取后再分配给个人，则应当认定为单位行贿；如果个人直接获得了不正当利益，则应当由个人自负其责。

二、如何认定"情节严重"

法律规定单位行贿"情节严重"的构成本罪，而如何认定为"情节严重"，应当严格按照相关司法解释的规定，从主、客观两方面予以认定。

首先，看主观上的罪过程度。本罪在主观方面表现为直接故意，过失或间接故意不能构成本罪，即行为人明确具有买通国家工作人员，促使其利用职务上的便利帮助本单位谋取不正当的利益的目的。因此，主观上为谋取不正当利益是构成本罪的必要条件。当然，行为人事前虽没有行贿故意或者受勒索而行贿，但是对行贿获得的不正当利益欣然接纳，也应构成本罪。

其次，看客观上的危害程度。依据相关司法解释的规定，单位行贿数额在20万元以上的，属于数额较大，应予立案。行贿数额在10万元以上不满20万元，但是具有其他严重情节的也应当予以立案追诉，具体包括：为谋取非法利益而行贿的；向3人以上行贿的；向党政领导、司法工作人员、行政执法人员行贿的；致使国家或者社会利益遭受重大损失的。

三、如何辨别本罪的罪与非罪

首先，为获取正当利益而行贿的不构成本罪。所谓利益可分为三种，第一种是"正当利益"，即行为人通过合法、正当的方式获得的、应受法律保护的利益；第二种是"不正当利益"，即违反法律、法规、规章或政策性规定，以及违反市场公平交易原则而获得的利益；第三种是"非法利益"，即行为人实施了法律、法规、规章或政策性规定明令禁止的行为而获取的利益。其中，非法利益一定是不正当的利益，但是不正当利益不一定都属于非法利益。依据《刑法》第393条的规定，为获取正当利益而实施行贿行为的，不能构成本罪。

其次，个人利用单位名义行贿的不构成本罪。个人利用单位名义实施犯罪主要分两种情形：一是个人为了实施违法犯罪活动而设立相关的单位，或者单位成立后主要实施的是犯罪活动的；二是个人盗用单位名义实施犯罪，违法所得由实施犯罪的个人据为己有。这两种情形均不能认定为单位犯罪，因为单位在此过程中仅是个人实施犯罪的工具或手段，由此带来的法律后果当然应由具体实施犯罪或者获取不正当利益的个人依法承担。

最后，财产高度混同情况下不宜认定为本罪。财产高度混同是指个人财产与单位财产存在混同、无法区分的情形，如合伙企业、个人独资企业、个体工商户等，其投资人的财产就与这些企业的财产高度混同。在此情形下，即使行为人以所经营的企业名义实施了行贿，但是由于企业没有独立于经营主体的财产，因此难以区分行为人的行贿目的是为企业还是为其个人谋取不正当利益。此外，这些企业的经营收益也完全归投资人个人所有，因此行为人进行行贿本质上也是为了其个人谋取不正当利益，所以应当由其个人承担相应的法律后果，而不应认定为单位犯罪。

三、对单位行贿

对单位行贿是指为谋取不正当利益,给予国家机关、国有公司、企业、事业单位、人民团体以财物,或者在经济往来中,违反国家规定,给予上述单位各种名义的回扣、手续费的行为。这种行为如果达到一定程度或者造成严重后果,就有可能构成犯罪。我国《刑法》第391条明确规定了"对单位行贿罪"的刑罚措施,即个人犯本罪的,应当处3年以下有期徒刑或者拘役,并处罚金;情节严重的,处3年以上7年以下有期徒刑,并处罚金。单位犯本罪的,在对单位判处罚金的同时,还应对单位直接负责的主管人员和其他直接责任人员以该罪名定罪处罚。归根结底,对单位行贿与其他的商业贿赂行为一样,都有违诚实信用和公平竞争的交易原则,严重破坏国家的经济管理活动,扰乱社会主义市场经济秩序,因此应当受到严厉抵制和法律制裁。

典型案例

要点提示:个人或单位为谋取不正当利益,而给予国家机关、国有公司、企业、事业单位、人民团体以较大数额的财物或者各种名义的好处费,可能构成对单位行贿罪。

案例1:湖南某公司老板李某瑞行贿、对单位行贿案

湖南湘乡某建设开发公司系国有控股公司,陈某任该公司总经理。2008年至2017年,被告人湖南某公司老板李某瑞为了获得陈某

在项目上的帮助,多次送给陈某现金共计人民币 170 多万元。2014 年应湖南湘乡某建设开发公司的要求,李某瑞就该公司发包的项目给予其 70 万元"返点";该公司从账外予以接受,并将其中 10 万元供当地房产局使用,另外 60 万元用于处理其他违规开支。

法院经审理认为,李某瑞为谋取不正当利益,给予国家工作人员财物共计 170 多万元,给予国有公司财物 70 万元,情节特别严重,已构成行贿罪、对单位行贿罪。法院最终判决:被告人李某瑞犯行贿罪,判处有期徒刑 4 年,并处罚金人民币 20 万元;犯对单位行贿罪,判处有期徒刑 6 个月,并处罚金人民币 10 万元。另结合李某瑞还犯有的串通投标罪,决定执行有期徒刑 4 年 6 个月,并处罚金人民币 40 万元。

案例 2:北京某公司及其法定代表人王某斌行贿、对单位行贿案

被告人王某斌在担任被告单位北京某投资有限公司(以下简称投资公司)法定代表人期间,为使公司谋取福彩大厦项目商业经营权等不正当利益,多次主动或经索要后给予青岛福彩中心主任王某现金人民币、美元、轿车、钢琴等财物,折合人民币共计 512 万余元。王某斌在获取福彩大厦项目经营权的过程中,根据王某的要求,先后多次由投资公司出资购买商务车、办公家具、电脑设备、果汁等,并提供给作为国有事业单位的青岛福彩中心使用,价值共计人民币 295.8 万余元。

一审法院经审理认为,投资公司为谋取不当利益向王某行贿,王某斌系该公司直接负责的主管人员,其行为构成单位行贿罪;投资公司为谋取不正当利益向青岛福利中心行贿,王某斌系该公司直接负责的主管人员,其行为构成对单位行贿罪。依法应予数罪并罚。一审法院遂判决:(1)被告单位投资公司犯单位行贿罪,判处罚金人民币 60 万元;犯对单位行贿罪,判处罚金人民币 40 万元。(2)王某斌犯单位行贿罪，判处有期徒刑1年，并处罚金人民币30万元；犯对单位行贿罪，判处有期徒刑6个月，并处罚金人民币20万元，决定执行有期徒刑1年3个月，缓刑2年，并处罚金人民币50万元。

一审判决作出后，王某斌不服，提起上诉。上诉理由如下：（1）投资公司给予王某及其单位财物没有谋取不正当利益。因投资公司购买的涉案房屋土地性质是工业用地，希望青岛福彩中心办理房产证，这属于正当利益，依法不构成犯罪。（2）一审对王某斌并处罚金不当，应予纠正。（3）王某斌主动交代单位行贿行为，依法可以减轻或免除处罚，请求对投资公司及王某斌免除刑事处罚。

二审法院经审理认为，关于王某斌的上诉理由和辩护意见，观点如下：（1）依据行贿罪相关司法解释的规定，违背公平、公正原则，在经济、组织人事管理等活动中，谋取竞争优势的，应当认定为谋取不正当利益。本案王某斌为使其公司在福彩大厦从事酒店商业经营活动，在明知该大厦土地性质为工业用地的情况下，以每平方米1.3万元的价格购买大厦房屋1万平方米。投资公司多次主动或经索要后给予王某及青岛福彩中心财物共计800余万元。上述事实说明投资公司给予王某及其单位财物具有为公司自身谋取不正当利益的主观目的，谋取不正当利益无论是否实现，均不影响本案罪名的成立。本案本质是一种权钱交易，侵害了国家工作人员职务行为的不可收买性，且行贿数额800万余元，具有严重的社会危害性，依法属于犯罪行为。（2）投资公司为谋取不正当利益实施单位行贿、对单位行贿行为，根据本案犯罪的事实、性质、情节和对于社会的危害程度，依法不能免除处罚，王某斌亦不能免除处罚。（3）本案发生在《刑法修正案（九）》颁布实施之前，鉴于《刑法修正案（九）》颁布实施之前对犯单位行贿罪、对单位行贿罪直接负责的主管人员量刑上没有规定并处罚金刑,按照从旧兼从轻的原则,原判对王某斌作出的量刑主刑适当,但是并处罚金不妥,应予纠正。二审法院最终判决:(1)投资公司犯单位行贿罪,判处罚金人民币60万元;犯对单位行贿罪,判处罚金人民币40万元,决定执行罚金人民币100万元。(2)王某斌犯单位行贿罪,判处有期徒刑1年;犯对单位行贿罪,判处有期徒刑6个月,决定执行有期徒刑1年3个月,缓刑2年。

案例3: 安徽某医疗器械公司及其负责人常某光对单位行贿、单位行贿案

安徽某医疗器械公司负责人为常某光。该公司先后向亳州市某人民医院、亳州市某中医院、亳州市某卫生院销售医用耗材及医疗设备。其间,常某光为取得相关单位及人员的帮助,多次送给相关单位及人员现金共计1211.8万元。2020年1月30日亳州市新冠疫情防控应急指挥部征用了由常某光任法定代表人、院长的亳州骨科医院;常某光带领全院职工在疫情救治工作中作出突出贡献,受到该疫情防控应急指挥部的表扬。

法院经审理认为,安徽某医疗器械公司在经济往来中,违反国家规定给予国有事业单位钱款585.3万元,给予国家工作人员钱款56.7万元,其行为分别构成对单位行贿罪、单位行贿罪。常某光作为安徽某医疗器械公司直接负责的主管人员,为谋取不正当利益,在经济往来中违反国家规定给予国有事业单位钱款1155.1万元,给予国家工作人员钱款56.7万元,其行为分别构成对单位行贿罪、单位行贿罪。本案中,常某光有自首情节,可依法从轻处罚;常某光具有立功表现,可依法从轻处罚;常某光在疫情防控救治工作中作出突出贡献,受到相关部门的表扬,且其已主动履行财产刑,可酌情从轻处罚。法院最终判决:(1)安徽某医疗器械公司犯对单位行贿罪,判处罚金人民币60万元；犯单位行贿罪，判处罚金人民币10万元；决定执行罚金人民币70万元。（2）常某光犯对单位行贿罪，判处有期徒刑2年，并处罚金人民币120万元；犯单位行贿罪，判处有期徒刑1年6个月，并处罚金人民币10万元；决定执行有期徒刑3年，缓刑5年，并处罚金人民币130万元。

法律索引

《中华人民共和国刑法》

第三百九十一条 为谋取不正当利益，给予国家机关、国有公司、企业、事业单位、人民团体以财物的，或者在经济往来中，违反国家规定，给予各种名义的回扣、手续费的，处三年以下有期徒刑或者拘役，并处罚金；情节严重的，处三年以上七年以下有期徒刑，并处罚金。

单位犯前款罪的，对单位判处罚金，并对其直接负责的主管人员和其他直接责任人员，依照前款的规定处罚。

最高人民法院、最高人民检察院《关于办理贪污贿赂刑事案件适用法律若干问题的解释》（法释〔2016〕9号）

第十九条第二款 对刑法规定并处罚金的其他贪污贿赂犯罪，应当在十万元以上犯罪数额二倍以下判处罚金。

最高人民检察院《关于人民检察院直接受理立案侦查案件立案标准的规定（试行）》（高检发释字〔1999〕2号）

一、贪污贿赂犯罪案件

……

（六）对单位行贿案（第391条）

对单位行贿罪是指为谋取不正当利益，给予国家机关、国有公司、企业、事业单位、人民团体以财物,或者在经济往来中,违反国家规定,给予上述单位各种名义的回扣、手续费的行为。

涉嫌下列情形之一的,应予立案:

1.个人行贿数额在10万元以上、单位行贿数额在20万元以上的;

2.个人行贿数额不满10万元、单位行贿数额在10万元以上不满20万元,但具有下列情形之一的:

(1)为谋取非法利益而行贿的;

(2)向3个以上单位行贿的;

(3)向党政机关、司法机关、行政执法机关行贿的;

(4)致使国家或者社会利益遭受重大损失的。

律师解读

就对单位行贿罪的法律认定等方面,笔者认为应注意以下问题。

1.本罪的犯罪对象中不包括非公单位。本罪的犯罪对象只能是国家机关、国有公司、企业、事业单位和人民团体,向非公有制单位行贿的,不构成本罪。如果是向公司、企业或者其他单位的工作人员行贿,则可能构成对非国家工作人员行贿罪;而单纯给予公司、企业或者其他单位以大额财物,则不能构成犯罪。公司、企业等非公有制单位一般不掌握社会公共资源,不履行公共资源的分配和使用职责,因此本身没有接受贿赂而为相对人谋取不正当利益的可能性,即使进行利益互换,其处分的也只能是自己的利益,相对而言不存在社会危害性。

2.行贿人以谋取不正当利益为目的。从本罪的客观表现可以看出,谋取不正当利益是本罪入罪的前提条件。实践中,评价行为人是否具有谋取不正当利益的目的,首先应看行贿、受贿双方事前是否有明确的意思联络,其中单位作为受贿方的意思表示主要依赖主管人员或直接负责人作出。其次应看行贿人是否实际获得了不正当利益,如果实际获得了不正当利益,则行为人即使非故意或非自愿实施贿赂(其有接受犯罪结果的主观意图,属于事后故意),也应当以犯罪论处。

3.构成本罪应符合法定的追诉标准。首先,应当区分罪与非罪。罪与非罪主要看行为人谋取的是正当利益还是不正当利益。如果行为人谋取的是正当利益,比如要求行政机关快速办理应当审核通过的证照、手续或者及时支付应当支付的款项等,无论行为人是自愿还是受到勒索而行贿,都不能构成犯罪。其次,应当按照法律规定立案追诉。虽然法律没有明确规定立案追诉标准,但是最高人民检察院等相关部门关于本罪立案追诉标准已出台相关的司法解释,实践中应当严格遵照执行。最后,处罚应当宽严相济。实践中应当考虑行为人的犯罪后果及其体现的社会危害性等因素,对于犯罪情节较轻、数额较小的,不应以犯罪论处。

4.对个人判处罚金刑的限制问题。首先,本罪判处个人罚金刑的依据是2015年11月1日起施行的《刑法修正案(九)》第47条。自2015年11月1日起,单位犯本罪的,应对其判处相应的罚金,而发生在之前的行为则按照从旧兼从轻的原则,不应当判处罚金刑。其次,关于罚金的判定标准,应当严格执行最高人民法院、最高人民检察院《关于办理贪污贿赂刑事案件适用法律若干问题的解释》第19条第2款的规定或者最新颁布施行的法律、司法解释的相关规定。

四、对非国家工作人员行贿

"行贿"笼统而言是指为了谋取不正当利益而给予相对方以财物或者其他好处的行为。市场经济背景下的商业贿赂,既存在于生产、销售领域,也存在于分配、消费等领域。随着市场经济的发展,越来越多的人为了增加交易机会、降低交易成本、取得竞争优势或摆脱竞争劣势,采用名目繁多、样式新奇的手段实施商业贿赂。在商品交易过程中,交易行为似乎只要获得双方认可就应当受到法律保护,所以很多人错误地认为商业贿赂不应当属于违法犯罪行为。但是,如果放纵这种行为,甚至任其泛滥,则整个宏观市场的交易秩序就会变得扭曲甚至混乱,带来的严重后果是市场资源配置功能和创新驱动功能的失调,消费者权益的损害,以及社会主义市场经济发展的迟滞。因此,我国《刑法》第164条明确规定了"对非国家工作人员行贿罪"的处罚措施,其根本目的是通过法律手段鼓励市场主体诚实守信、公平竞争,维护正常的社会主义市场经济秩序,保障广大人民群众的根本利益。

典型案例

要点提示:行为人为了谋取不正当利益,向公司、企业或者其他单位的工作人员贿赂大额财物的,可能构成对非国家工作人员行贿罪。行为人在被追诉前主动交待犯罪事实的,可以减轻处罚或者免除处罚。

案例1：徐州某公司罗某周等对非国家工作人员行贿案

2014年3月11日，被告人罗某周设立某电力燃料有限公司，为该公司股东、实际控制人。罗某周为保证公司能够以低热值煤炭冒充高热值煤炭后顺利销往电厂，遂收买某铁路管理站工作人员陈某、李某、杨某、朱某，让4人按其要求安排车辆夜间进厂，同时收买调度、程控等部门工作人员，将罗某周公司销售的煤炭加仓烧掉或用好煤覆盖以应对抽检。罗某周先后向陈某、李某、杨某、朱某、程某等30余名非国家工作人员行贿618万余元现金或者购物卡。在此期间，罗某甲听从其父亲罗某周的安排，也向电厂职工实施行贿，并向被收买的人员发送运煤列车的到达信息，使罗某周能够以公司名义顺利将煤炭冒充高热值煤炭销往电厂，罗某甲共参与行贿人民币现金131万元或者购物卡。

一审法院经审理认为，罗某周、罗某甲对非国家工作人员行贿，其行为均构成对非国家工作人员行贿罪，两人在部分犯罪中系共同犯罪。罗某甲在实施部分犯罪行为时不满18周岁，应当从轻或者减轻处罚。根据罗某周、罗某甲的犯罪事实、犯罪情节和对社会的危害程度及认罪态度，一审法院判决：(1)罗某周犯对非国家工作人员行贿罪，判处有期徒刑7年，并处罚金人民币100万元。(2)罗某甲犯对非国家工作人员行贿罪，判处有期徒刑4年，并处罚金人民币25万元。(3)公安机关查封、扣押在案的被告人罗某周的违法所得予以没收，上缴国库，其他涉案款物依法处置。一审判决作出后，罗某周及罗某甲不服，提起上诉。

二审法院经审理查明，根据公安机关出具的情况说明，罗某甲协助公安机关抓捕其他犯罪嫌疑人的行为，依法应认定为立功表现。罗某甲在对非国家工作人员行贿犯罪中系从犯，在实施部分犯罪行为时不满18周岁,且具有协助公安机关抓捕其他犯罪嫌疑人的立功情节,可在原判刑罚的基础上予以较大幅度的从轻处罚。二审法院最终判决:(1)维持一审判决关于罗某周定罪量刑和对违法所得予以没收的部分。(2)撤销一审判决对罗某甲定罪量刑的部分。(3)罗某甲犯对非国家工作人员行贿罪,判处有期徒刑3年,并处罚金人民币20万元。

案例2:河南某公司副总经理赵某某对非国家工作人员行贿案

北京某集团公司系自然人投资设立的民营企业,为便于生产经营,该集团公司在河南省内投资设立了河南某生物科技有限公司,并委任赵某某担任河南某生物科技有限公司副总经理。2019年3月至9月,赵某某为谋取不正当利益,先后向公司总部投融资总监、产业管理负责人李某行贿20万元,向总部派遣到河南某生物科技有限公司验收作物种植情况的刘某、侯某分别行贿20万元、15万元,向总部财务总监张某行贿10万元,共计向集团公司总部及其委派的工作人员行贿65万元。

法院经审理认为,赵某某为谋取不正当利益,给予对其业务工作有重大影响的上级公司工作人员以财物,数额较大,其行为已构成对非国家工作人员行贿罪。赵某某经传唤到案后,如实供述自己罪行和司法机关还未掌握的本人其他罪行,对其犯对非国家工作人员行贿罪以自首论,可以从轻或减轻处罚。法院最终判决:赵某某犯对非国家工作人员行贿罪,判处有期徒刑1年,并处罚金人民币20万元。

案例3:广东某环保技术有限公司龚某对非国家工作人员行贿案

被告人龚某实际经营广东某环保技术有限公司,并以该公司名义与中国某建筑公司组成联合体实施项目投标。为确保项目中标,龚某先后在2个项目招投标过程中向招标代理机构的工作人员罗某亮(另案判决)寻求帮助。罗某亮遂制定有利于龚某公司的招标文件,帮助联系专家审核并修改龚某公司的投标文件,以及要求专家提高龚某公司的评标分数等,龚某基于罗某亮的帮助而中标,为感谢罗某亮,向其行贿人民币65万元。

一审法院经审理认为,龚某已构成对非国家工作人员行贿罪、串通投标罪。龚某有自首情节,对该部分罪行可依法从轻处罚。龚某归案后如实供述其串通投标罪行,对该部分罪行可依法从轻处罚。一审法院遂判决:龚某犯对非国家工作人员行贿罪,判处有期徒刑1年4个月,并处罚金人民币30万元;犯串通投标罪,判处有期徒刑1年,并处罚金人民币5万元;决定执行有期徒刑2年,并处罚金人民币35万元。

一审判决作出后,龚某不服,提起上诉。上诉理由如下:(1)串通投标罪与对非国家工作人员行贿罪存在竞合,应择一罪处罚。(2)部分中标项目数额未达200万元,不符合追诉标准。(3)龚某主动供述与罗某亮之间的行贿受贿事实,有重大立功表现。(4)龚某犯罪情节较轻,有悔罪表现,符合缓刑的适用条件,请求对其适用缓刑。

二审法院经审理认为,原审判决认定事实清楚,证据确实、充分。对于龚某及其辩护人所提意见,二审法院综合评判如下:(1)龚某串通投标和对非国家工作人员行贿是两个独立的行为,侵犯了两个犯罪客体,且最高人民法院、最高人民检察院《关于办理行贿刑事案件具体应用法律若干问题的解释》第6条对于类似的情形规定"行贿人谋取不正当利益的行为构成犯罪的,应当与行贿犯罪实行数罪并罚",本案应当参照执行。(2)龚某多次串通投标均未被处理,当然应该按其累计的中标金额评价是否达到追诉标准。(3)行贿犯罪和受贿犯罪是对合犯,一方在供述自己的犯罪事实时必然会同时供述对方的犯罪事实,故该供述行为只属如实供述本人犯罪事实的范畴,不属立功。同时，原审判决已认定龚某为自首，若再认定为立功则显属重复评价，有违法理。（4）龚某犯罪情节较轻，有悔罪表现属实，可适用缓刑。二审法院最终判决：龚某犯对非国家工作人员行贿罪，判处有期徒刑1年4个月，并处罚金人民币30万元；犯串通投标罪，判处有期徒刑1年，并处罚金人民币5万元；决定执行有期徒刑2年，缓刑3年，并处罚金人民币35万元。

法律索引

《中华人民共和国刑法》

第一百六十四条 为谋取不正当利益，给予公司、企业或者其他单位的工作人员以财物，数额较大的，处三年以下有期徒刑或者拘役，并处罚金；数额巨大的，处三年以上十年以下有期徒刑，并处罚金。

为谋取不正当商业利益，给予外国公职人员或者国际公共组织官员以财物的，依照前款的规定处罚。

单位犯前两款罪的，对单位判处罚金，并对其直接负责的主管人员和其他直接责任人员，依照第一款的规定处罚。

行贿人在被追诉前主动交待行贿行为的，可以减轻处罚或者免除处罚。

最高人民检察院、公安部《关于公安机关管辖的刑事案件立案追诉标准的规定（二）》（公通字〔2022〕12号）

第十一条 ［对非国家工作人员行贿案（刑法第一百六十四条第一款）］为谋取不正当利益，给予公司、企业或者其他单位的工作人员以财物，个人行贿数额在三万元以上的，单位行贿数额在二十万元以上的，应予立案追诉。

第十二条　[对外国公职人员、国际公共组织官员行贿案（刑法第一百六十四条第二款）]为谋取不正当商业利益，给予外国公职人员或者国际公共组织官员以财物，个人行贿数额在三万元以上的，单位行贿数额在二十万元以上的，应予立案追诉。

最高人民法院、最高人民检察院《关于办理行贿刑事案件具体应用法律若干问题的解释》（法释〔2012〕22号）

第六条　行贿人谋取不正当利益的行为构成犯罪的，应当与行贿犯罪实行数罪并罚。

第七条　因行贿人在被追诉前主动交待行贿行为而破获相关受贿案件的，对行贿人不适用刑法第六十八条关于立功的规定，依照刑法第三百九十条第二款的规定，可以减轻或者免除处罚。

单位行贿的，在被追诉前，单位集体决定或者单位负责人决定主动交待单位行贿行为的，依照刑法第三百九十条第二款的规定，对单位及相关责任人员可以减轻处罚或者免除处罚；受委托直接办理单位行贿事项的直接责任人员在被追诉前主动交待自己知道的单位行贿行为的，对该直接责任人员可以依照刑法第三百九十条第二款的规定减轻处罚或者免除处罚。

第十二条　行贿犯罪中的"谋取不正当利益"，是指行贿人谋取的利益违反法律、法规、规章、政策规定，或者要求国家工作人员违反法律、法规、规章、政策、行业规范的规定，为自己提供帮助或者方便条件。

违背公平、公正原则，在经济、组织人事管理等活动中，谋取竞争优势的，应当认定为"谋取不正当利益"。

第十三条　刑法第三百九十条第二款规定的"被追诉前"，是指检察机关对行贿人的行贿行为刑事立案前。

律师解读

结合前述案例，笔者认为认定行为人构成本罪应当符合以下条件。

第一，确定以谋取不正当利益为目的。根据最高人民法院、最高人民检察院《关于办理行贿刑事案件具体应用法律若干问题的解释》（法释〔2012〕22号）第12条的规定，行贿人意图谋取的"不正当利益"，应当是法律、法规、规章或者政策性规定禁止其获得的利益，以及在公平商业竞争中其无法获取的利益。如前述案件中，行贿人在招标投标、公开采购等商业活动中，通过给予相关人员财物以谋取竞争优势、规避竞争劣势的行为，均属于"谋取不正当利益"。此外，行贿人是否实际获取了不正当利益，并不影响罪名的成立。也就是说，即使行贿人未实际获得其意图谋取的利益，也可能构成本罪。

第二，实施了给予数额较大财物的行为。构成本罪的客观方面，应当是行为人实际实施了给予公司、企业或者其他单位的工作人员数额较大财物的行为。上述行为既包括主动提供、交付财物的情形，也包括因对方索贿而被动给付的情形。需要注意的是，对于因索贿而被动给付的情形应当区别对待。如果行贿人实际获得了不正当利益，那么应当按照法律规定予以定罪量刑；如果行贿人没有实际获得不正当利益，则应当参照《刑法》第389条的规定，认定不构成本罪。此外，本处所称的"财物"指货币、物品、财产性权益或者可供价值衡量的商品、服务等。

第三，严重破坏了正常的市场交易秩序。实践中，行为人通常以给予回扣、手续费、顾问费、介绍费等方式实施本罪。这些"费用"

在商品经济发展中具有双面性，一方面可能有效加速商品流通，促进经济发展；另一方面可能破坏交易秩序，阻碍经济发展。因此，判断行为人的行为是否属于犯罪，应当看其行为是否符合诚实信用、公平交易的原则。如果其行为没有违反国家法律、法规、规章或政策性规定，也没有违反公平竞争的市场交易原则，那么即使行为人实施了给予公司、企业或者其他单位的工作人员数额较大财物的行为，也不应当以犯罪论处。

第四，行为后果须达到法定严重程度。《刑法》第164条规定，行贿人给予公司、企业或者其他单位的工作人员以财物，应当达到"数额较大"才具有刑事追诉的必要，而数额较大的标准法律并未明确规定。根据最高人民检察院、公安部《关于公安机关管辖的刑事案件立案追诉标准的规定（二）》（公通字〔2022〕12号）第11条规定，本罪个人行贿数额在3万元以上的，单位行贿数额在20万元以上的，应予立案追诉。也就是说，本罪刑事追诉的起点为个人行贿3万元以上、单位行贿20万元以上，只有达到该标准才意味着行贿人的行为所造成的损害后果达到了刑事追诉的条件，需要以刑事手段予以惩处，否则不应当以犯罪论处。

第五，企业经营者应当避免触犯本罪。首先，作为企业或个体经营者，在日常经济活动中应当秉承诚信经营、公平竞争的理念，只要不意图获取非法利益，就能够有效避免触犯法律、受到惩处。其次，本罪的犯罪主体属于特殊主体，即自然人或法人等均有可能成为本罪的主体。其中，单位犯本罪的，依据《刑法》第164条第3款的规定，在对单位判处罚金的同时，对单位中直接负责的主管人员和其他直接责任人员也以本罪进行处罚。因此，作为单位的主管人员和直接责任人员，在履行职务的过程中应当谨慎对待集体决策作出的贿赂决定，避免因单位犯罪而牵连入罪。

第六,把握好从轻、减轻处罚的条件。行为人一旦触犯本罪,应当尽早醒悟,争取获得从轻或者减轻处罚。本罪从轻或者减轻处罚应当符合以下两项法定条件:一是行贿人主动交代行贿行为。所谓的"主动交代",是指向司法机关或者其他有关部门如实交代行贿事实。如果因司法机关或相关部门调查而不得不交代,或者避重就轻、不如实交代,都不能称为主动交代。二是应当在被追诉之前交代行贿行为。这里所谓的"在被追诉之前",是指在司法机关刑事立案,也即开始追究刑事责任之前。

五、非国家工作人员受贿

"非国家工作人员"是与"国家工作人员"相对应的概念。两者的共同之处在于都属于工作人员，而不同之处则在于工作的职责和权力是否源于国家的赋予。通常情况下，非国家工作人员指在公司、企业或者其他单位工作的人员，也包括国有公司、企业以及其他国有单位中的非国家工作人员。如果这些人员存在利用职务上的便利索取他人财物或者非法收受他人财物，为他人谋取利益且数额较大的情况，则有可能构成《刑法》第163条规定的非国家工作人员受贿罪。《刑法》之所以将该种情形认定为犯罪行为，是因为这些行为不仅侵犯了国家对公司、企业以及非国有事业单位、其他组织工作人员职务活动的管理制度，也侵犯了行为人所在的公司、企业或者其他单位组织的利益，破坏了社会主义市场经济秩序。非国家工作人员受贿是国家严厉打击的违法犯罪，也是我们应当自觉抵制的不当行为。

典型案例

要点提示：非国家工作人员利用职务上的便利为他人谋取利益，并索取或收取对方给予的大额财物，或者利用职务便利违法违规收受各种名义的回扣、手续费的，有可能构成非国家工作人员受贿罪。

案例1：上海某园艺有限公司法定代表人、总经理金某明非国家工作人员受贿案

被告人金某明原系上海市闵行区某村村委会主任、上海A园艺有

限公司法定代表人、总经理。2014年至2021年，金某明在担任A公司总经理期间，利用全面负责公司日常经营管理的职务便利，根据上海B有限公司法定代表人余某的请托，允许余某以多家公司的名义承接A公司的相关绿化工程，在此过程中为余某及其公司提供相关帮助，并收受余某给予的现金共计人民币19.48万元。2016年3月金某明在担任某村村委会主任期间，利用负责监管民宅建造的职务便利，与在该村承建民宅的个体经营者吴某结算其个人建房尾款人民币15万元时，要求吴某减免了人民币7万元并出具全额收据。2022年2月，闵行区监察委员会因发现金某明存在非国家工作人员受贿的行为，故找其谈话，其到案后如实供述了上述事实，并退缴了上述全部赃款。

法院经审理认为，被告人金某明作为村委会主任及公司、企业的工作人员，利用职务上的便利，索取他人财物或者非法收受他人财物，为他人谋取利益，数额较大，其行为构成非国家工作人员受贿罪。金某明具有坦白情节，依法可以从轻处罚；其到案后能主动退缴赃款，且自愿认罪认罚，依法可以从宽处罚。法院最终判决：(1)被告人金某明犯非国家工作人员受贿罪，判处有期徒刑6个月，并处罚金人民币2万元。(2)退缴在案的违法所得予以没收。

案例2：北京某公司副总经理张某非国家工作人员受贿案

被告人张某先后担任北京某公司的客户总监、副总经理，主管客户项目拓展、项目执行、项目维护等。2018年至2019年，该公司先后两次中标中国银联的营销活动，后将该项目发包给上海某市场营销策划公司。张某负责具体执行该项目，并与上海某市场营销策划公司联系。在此期间，张某利用负责项目执行等职务上的便利，在其职权范围内为上海某市场营销策划公司在修改竞标方案、指导竞标演讲、指导客户对接、结清项目尾款等事宜上提供帮助，并向上海某市场营销策划公司索取好处费人民币10万元。2019年9月9日，张某所在公司报案。案发后张某家属代缴违法所得人民币10万元。

法院经审理认为，张某作为非国有公司工作人员，利用职务上的便利，索取他人财物，为他人谋取利益，数额较大，其行为已构成非国家工作人员受贿罪。鉴于被告人张某系初犯，到案后能够如实供述自己的罪行，自愿认罪认罚，涉案赃款已退缴，具有悔罪表现，法院对其依法从轻处罚，并适用缓刑。法院判决如下：（1）张某犯非国家工作人员受贿罪，判处有期徒刑10个月，缓刑1年。（2）扣押在案的赃款人民币10万元依法予以没收。

案例3：江西某公司法定代表人、执行董事杨某进非国家工作人员受贿案

江西某商业有限公司于2016年8月10日成立。公司成立前的2016年7月，被告人杨某进作为该公司股东，与深圳某商业公司代表宋某商谈加盟一事，双方约定加盟费18万元，其中深圳某商业公司加盟费7万元，杨某进好处费11万元。2016年7月17日，杨某进和深圳某商业公司签订加盟协议，深圳某商业公司授权杨某进使用深圳某商业公司字号及商标。2016年7月17日杨某进支付深圳某商业公司宋某7万元，2018年10月5日向公司报账18万元。2019年7月29日，杨某进通过个人账户转账11万元到深圳某商业公司的控股公司。2019年8月，宋某通过个人账户分3次向杨某进转账11万元。公安机关于2019年12月18日立案侦查。2020年1月2日，杨某进将95400元转给宋某。此外，2018年3月至12月，广东某工程公司承接了杨某进所在的江西某商业公司的装修。杨某进利用担任该公司法定代表人兼执行董事的便利，收取了广东某工程公司项目负责人左某转账支付的业务费5万元。2022年10月27日，杨某进上缴违法所得 16 万元。

法院经审理认为，杨某进身为江西某商业公司法定代表人兼执行董事，在经济往来中违反国家规定，利用职务上的便利收受他人回扣、好处费共计 16 万元归个人所有，数额较大，其行为构成非国家工作人员受贿罪。被告人杨某进主动投案，并如实供述自己的罪行，具有自首情节，可依法从轻处罚。被告人杨某进上缴全部违法所得，可酌情从轻处罚。自愿认罪认罚，可以从宽处理。法院最终判决：（1）杨某进犯非国家工作人员受贿罪，判处有期徒刑 7 个月，缓刑 1 年，并处罚金人民币 5000 元。（2）被告人杨某进上缴的违法所得 16 万元依法没收，上缴国库。

法律索引

《中华人民共和国刑法》

第一百六十三条 公司、企业或者其他单位的工作人员，利用职务上的便利，索取他人财物或者非法收受他人财物，为他人谋取利益，数额较大的，处三年以下有期徒刑或者拘役，并处罚金；数额巨大或者有其他严重情节的，处三年以上十年以下有期徒刑，并处罚金；数额特别巨大或者有其他特别严重情节的，处十年以上有期徒刑或者无期徒刑，并处罚金。

公司、企业或者其他单位的工作人员在经济往来中，利用职务上的便利，违反国家规定，收受各种名义的回扣、手续费，归个人所有的，依照前款的规定处罚。

国有公司、企业或者其他国有单位中从事公务的人员和国有公司、企业或者其他国有单位委派到非国有公司、企业以及其他单位从事公务的人员有前两款行为的，依照本法第三百八十五条、第三百八十六条的规定定罪处罚。

第一百八十四条第一款 银行或者其他金融机构的工作人员在金融业务活动中索取他人财物或者非法收受他人财物，为他人谋取利益的，或者违反国家规定，收受各种名义的回扣、手续费，归个人所有的，依照本法第一百六十三条的规定定罪处罚。

最高人民检察院、公安部《关于公安机关管辖的刑事案件立案追诉标准的规定（二）》（公通字〔2022〕12号）

第十条 ［非国家工作人员受贿案（刑法第一百六十三条）］公司、企业或者其他单位的工作人员利用职务上的便利，索取他人财物或者非法收受他人财物，为他人谋取利益，或者在经济往来中，利用职务上的便利，违反国家规定，收受各种名义的回扣、手续费，归个人所有，数额在三万元以上的，应予立案追诉。

律师解读

一、非国家工作人员受贿罪的认定标准

第一，实施犯罪的主体标准。根据最高人民法院、最高人民检察院《关于办理商业贿赂刑事案件适用法律若干问题的意见》（法发〔2008〕33号）第2条、第3条的规定，"公司、企业或者其他单位的工作人员"包括国有公司、企业以及其他国有单位中的非国家工作人员；而"其他单位"，既包括事业单位、社会团体、村民委员会、居民委员会、村民小组等常设性的组织，也包括为组织体育赛事、文艺演出或者其他正当活动而成立的组委会、筹委会、工程承包队等非常设性的组织。

第二，实施犯罪的行为标准。首先，关于职务便利的界定。所谓利用职务上的便利，一般是指利用自身掌握的职权或者基于工作职务、所在岗位形成的便利条件。其中，工作职务、所在岗位形成的便利条件通常是指虽未直接利用职权，但利用了本人职务、职位或岗位形成的特殊地位。其次，关于行为方式的界定。根据《刑法》第163条的规定具体分为两种情形，一是行为人利用职务上的便利索取他人财物或者非法收受他人财物，为他人谋取利益。二是行为人在经济往来中，利用职务上的便利违反国家规定，收受各种名义的回扣、手续费，归个人所有的。其中，索取或收受贿赂不论是直接索取还是间接索取，是事前收受还是事后收受，不管采取何种形式，都不影响本罪的成立。最后，关于替人谋取利益的界定。法律并未明确行为人为他人谋取利益的具体情形，因此按照立法本意，应当既包括正当利益也包括不正当甚至非法利益，既可以是有形利益也可以是无形利益，既可以是已经实际谋取的利益也可以是尚未谋得的利益。

第三，追诉与量刑金额标准。按照《刑法》第163条的规定，构成非国家工作人员受贿罪必须受贿数额较大，达不到数额较大的按一般受贿行为处理，不能以犯罪论处。首先，依据最高人民检察院、公安部《关于公安机关管辖的刑事案件立案追诉标准的规定（二）》（公通字〔2022〕12号）第10条的规定，本罪受贿数额在3万元以上的，应予立案追诉。其次，根据最高人民法院、最高人民检察院《关于办理贪污贿赂刑事案件适用法律若干问题的解释》（法释〔2016〕9号）第11条的规定，《刑法》第163条规定的非国家工作人员受贿罪中的"数额较大""数额巨大"的数额起点，按照该解释关于受贿罪相对应的数额标准规定的2倍、5倍执行，也即非国家工作人员受贿数额较大应为6万元以上、数额巨大应为100万元以上。虽然公通字〔2022〕12号及法释〔2016〕9号文件目前还存在衔接问题，即立案追诉标准为3万元，而量刑的数额较大标准为6万元，但是最高人民检察院、公安部《关于公安机关管辖的刑事案件立案追诉标准的规定（二）》（公通字〔2022〕12号）是2022年5月15日开始施行的较新规定，其将非国家工作人员受贿3万元确定为立案追诉起点，意味着公安、检察部门已确定将受贿金额3万元以上认定为涉嫌犯罪的行为，因此应当引起重视。

二、如何防范非国家工作人员受贿犯罪

非国家工作人员受贿罪属于职务类犯罪，在公司、企业的高级管理人员和购销人员等群体中高发。因为上述人员往往具有职务的便利，也具有为他人谋取利益的能力，即使不主动索取财物，有时也会有服务提供方、被管理方人员主动给予财物、回扣、手续费等好处。为了防范此类行为的发生，建议公司、企业等单位采取以下措施。

第一，未雨绸缪，构建制度防范体系。在公司、企业或者其他单位中，工作人员的职位、职权和岗位主要源于本单位、本部门的设定、授予和安排，因此单位或部门在设定职务、授予职权以及安排工作岗位时，应当配套构建与职务、职权或岗位相对应的履职制度，重点包括决策监督机制、人事管理制度、财务管理制度等。构建制度体系的目的是做好权力的设定、规范，制约权力的行使，监督权力的滥用和妄为，把"权力关进制度的笼子"，以制度防范法律风险。

第二，防微杜渐，确保制度发挥作用。公司、企业或者其他单位的管理制度就是本单位或本部门的现行"法律"，为使这些"法律"高效施行、起到应有的作用，一方面需要不断的实践和完善，另一方面需要公司、企业和单位的负责人有决心、有信心、有耐心地依靠制度治理公司、企业和单位，确保制度落实到位。作为负责人或者控制人，必须以身作则维护制度的权威，不厌其烦地构建和完善制度流程，始终如一地依靠制度进行管理。

　　第三，警钟长鸣，强化员工教育培训。公司、企业和单位应当定期对工作人员开展有针对性的教育培训。这一方面能丰富员工的法律知识，培育员工的法律意识，构建单位的法律文化；另一方面能提高员工的职业素养和道德素养，提升员工依法依规履行职责的自觉性。公司、企业和单位应结合不同人员的工作内容，通过以案释法、以案普法等方式，使员工充分认识自身不当行为与法治要求的距离，以及以身试法的严重后果，达到警钟长鸣的目的。

六、组织、领导、参加黑社会性质组织

相信很多人和笔者一样,对于"黑社会"的认知源于20世纪八九十年代的香港电影。关于黑社会的来历,也有不同说法。有人认为,黑社会起源于中国古代的游侠,而春秋战国时期的思想家、哲学家和军事家墨子则是最早的"黑老大";但是墨子倡导的是"兼爱""非攻",这与黑社会的破坏性质并不相符。到西汉时期,游侠中的"豪侠"逐渐壮大,形成了真正意义上以犯罪为主业的组织,典型的是汉武帝时期的关中"豪杰"郭解,虽然他嚣张狠辣、坏事做尽,但因人脉广博而屡屡逃脱法律制裁。郭解在当时的影响力巨大,甚至当地官员在无法制止洛阳城内发生的械斗时,都会请他出马"摆平"。然而,郭解最终因罪行累累,被汉武帝灭门诛族。

也有人认为,黑社会起源于中国古代的"秘密结社",可追溯到东汉末年的"黄巾起义",即黄巾军首领张角利用其创建和领导的"太平道",发动的一场规模巨大的农民起义。宋代出现的"白莲教"影响力巨大,就连明太祖朱元璋都曾是其信徒;朱元璋深知白莲教秘密结社的危害,因此在登基称帝后,立即颁令取缔了白莲教。清军入关后,很多反清义士也开始秘密结社,比如名噪一时的"洪门",不仅自身影响较大,其分散到各地形成的分支也广为人知,如天地会、漕帮(青帮)、袍哥会(哥老会)、三合会、致公堂等。这些帮会组织在失去政治斗争目标后,开始滋生贪图享乐、欺压良善的恶习和痼疾,逐渐走向堕落腐化,更接近现在所谓的黑社会。由此看来,黑社

会性质组织自古有之，而且也是历朝历代重点打击的对象。

"黑社会"一词，最早可能出现在19世纪20年代的上海。当时的上海人口众多、交通便利、经济发达，犯罪组织也自然繁杂；由于这些组织架构清晰、分工明确、等级森严，势力太过强大，普通人如不加入就会受到各种欺侮，因此许多人迫不得已选择加入相应的帮派。据统计，在当时上海近300万人口中，或有50万以上的人加入这些帮派组织。当时人们开始以"黑社会"一词来形容这些组织的非法性和危害性，此后"黑社会"一词逐渐被广泛使用，并成为特有词汇。

中华人民共和国成立后，党和政府一直采取高压政策严厉打击黑恶势力犯罪。1997年《刑法》首次将黑社会性质组织罪纳入其中。2018年1月，党和政府再次提出关于开展扫黑除恶专项斗争的要求，自此我国惩处黑恶势力犯罪不仅专项化，而且开始常态化，充分显示了党和政府严厉、彻底打击涉黑犯罪的坚定意志和坚强决心。

笔者认为，当前的黑社会性质组织主要呈现以下特点。一是以黑护商快速做大。如山西朔州黑老大王某，靠山挖煤，垄断行业，侵吞集体财产，侵占国有资源，短短十几年获利数亿元。二是以商养黑作恶多端。如山东日照黑老大张某玉、张某刚，在攫取巨额经济利益的同时实施寻衅滋事、强迫交易、敲诈勒索、故意伤害、非法买卖、运输枪支、破坏生产经营、骗取贷款、伪造国家机关印章等一系列违法犯罪活动。三是商黑结合腐蚀官员。如哈尔滨市呼兰区黑老大于某波，使用各种手段拉拢腐蚀公职人员，甚至重金贿赂不成就威胁恐吓，逼迫公职人员与其沆瀣一气。四是谋求光环逐渐洗白。如黑龙江密山黑老大翟某财，依托正规企业经营敛财，还曾任全国人大代表，获得过"全国劳动模范""黑龙江省五一劳动奖章""十大杰出青年农民""农民创业之星"等众多荣誉称号。总之，黑社会性质组织发展速度快、生存能力强、破坏力巨大，已然成为我国经济社会发展的"毒瘤"。作为企业家，应当远离这样的组织避免引狼入室，后患无穷。

典型案例

要点提示：黑社会性质组织是经济社会发展的"毒瘤"，企业家既不应当组织、领导、参加此类组织，自掘坟墓，也不应当沾惹此类组织和人员，企图"为我所用"。

案例1：吉林黑老大郭某被依法判处有期徒刑25年

2014年11月，郭某注册成立吉林省某工贸集团有限公司，自任法定代表人、董事长。后郭某以公司为依托，一方面以贿赂等手段拉拢腐蚀个别党政领导干部、金融高管，有组织地实施诈骗、骗取贷款、单位行贿等犯罪，非法获取巨大经济利益；另一方面聚拢、吸纳刑满释放人员或者社会闲散人员，通过暴力、软暴力等手段有组织地实施寻衅滋事、强迫交易、故意毁坏财物等违法犯罪活动，残害群众、欺压百姓。就是这样一个无恶不作的伪"企业家"，于2013年当选了吉林省第十二届人大代表，一时间官场、商场风光无限，在当地无人能及、无人不畏。2021年12月，郭某等人悉数伏法。

法院经审理认为，以郭某为核心的黑社会性质组织在双辽市横行多年，先后实施多起诈骗、骗取贷款等活动，涉及双辽、舒兰吉银村镇银行、工商银行、建设银行、华夏银行等多家金融机构及国家"粮安工程"补助款等多方面，涉案金额达人民币16亿余元。法院以郭某犯组织、领导黑社会性质组织罪、诈骗罪、骗取贷款罪等11项罪名，判决其有期徒刑25年，剥夺政治权利5年，并处没收个人全部财产。该黑社会性质组织其他骨干成员、积极参加者等人被判处有期徒刑20年、15年不等。

案例2：重庆黑老大王某被依法判处死刑

重庆市九龙坡人王某，化名王某雄，1987年因扰乱公共秩序被劳动教养3年。1995年前后，王某依托其注册成立的王氏房地产有限公司，在重庆经营的家用电器门店、成渝线客运业务等，纠集了舒某忠、张某富、涂某福、李某术、辛某、宋某华等人为其收账、看场子，在客运市场中逞强斗狠，进行违法犯罪活动，初步形成以其为首的恶势力团伙。此后，王某以高额经济利益为诱饵，直接或通过成员纠集大量社会闲散、劳动改造、劳动教养释放等人员，有组织地实施故意伤害、聚众斗殴、敲诈勒索、寻衅滋事、开设赌场、非法拘禁等违法犯罪活动，逐步形成了黑社会性质组织。2001年王某潜逃国外，2018年9月11日被抓获到案。

重庆市第五中级人民法院经审理认为，王某犯组织、领导黑社会性质组织罪，故意杀人罪，故意伤害罪，聚众斗殴罪，敲诈勒索罪，寻衅滋事罪，赌博罪，应当数罪并罚，决定判处王某死刑，剥夺其政治权利终身，并处罚金人民币500万元。2021年12月24日，经最高人民法院核准，重庆市第五中级人民法院依照法定程序对黑社会性质组织组织者、领导者王某执行死刑。检察机关依法派员临场监督。

案例3：海南昌江黑老大黄某发家族涉黑终覆没

20世纪90年代初，黄某发兄弟4人凭借其父亲黄某祥海南昌江县建委建安组组长的身份，逐渐发展成家族黑社会性质组织。该组织通过开设赌场、非法采矿、敲诈勒索、强迫交易等一系列违法犯罪活动大肆敛财，对当地赌场、铁矿、混凝土、砂场、石场、废品回收、娱乐场所、农贸市场、啤酒销售、烟花爆竹、建设工程、摩托车销售、典当行、驾校等多个行业、领域形成非法控制或重大影响。该黑社会性质组织实行"以商养黑""以黑护商"的策略，通过十几个经济实体攫取20余亿元的非法收益，并用于支持该组织的运行和发展。该组织长期在海南昌江地区通过暴力、威胁等手段有组织地实施大量违法犯罪活动，欺压残害群众，导致2人死亡、3人重伤、13人轻伤的严重社会危害。

此外，黄某发黑社会性质组织还大肆拉拢、腐蚀政府职能部门及政法机关领导干部充当"保护伞"。其中，曾担任昌江县公安局局长的王某、麦某章均在黄某发的腐蚀下成为其"保护伞"，黄某发还出资帮助王某东由一名基层派出所所长升任为县公安局副局长，王某东手中的权力也自然成了黄某发为非作恶的"安全带"。昌江县公安局原政委陈某曾经力主查处黄某发，但在黄某发的围猎之下发生蜕变，不但利用职务便利包庇黄某发，还枉法帮助黄某发从命案中脱身。在黄某发的拉拢腐蚀下，昌江县人大常委会原主任郭某理、原副县长周某东，昌江县人民检察院原检察长黄某，昌江县公安局的原三任局长、政委等一批公职人员被相继拉下水，收受黄某发行贿钱物累计1500多万元。该黑社会性质组织也因此长期未被打击处理，严重干扰当地人民群众的正常生产、生活和经营秩序，破坏政府及司法机关的公信力。

2020年1月，法院依法判处黄某发死刑，剥夺政治权利终身，并处没收个人全部财产。其余组织成员也分别获1年至25年不等的刑罚。2020年7月，遵照最高人民法院下达的执行命令，一审法院对黄某发执行死刑。

法律索引

《中华人民共和国刑法》

第二百九十四条 组织、领导黑社会性质的组织的，处七年以上有期徒刑，并处没收财产；积极参加的，处三年以上七年以下有期徒刑，可以并处罚金或者没收财产；其他参加的，处三年以下有期徒刑、拘役、管制或者剥夺政治权利，可以并处罚金。

境外的黑社会组织的人员到中华人民共和国境内发展组织成员的，处三年以上十年以下有期徒刑。

国家机关工作人员包庇黑社会性质的组织，或者纵容黑社会性质的组织进行违法犯罪活动的，处五年以下有期徒刑；情节严重的，处五年以上有期徒刑。

犯前三款罪又有其他犯罪行为的，依照数罪并罚的规定处罚。

黑社会性质的组织应当同时具备以下特征：

（一）形成较稳定的犯罪组织，人数较多，有明确的组织者、领导者，骨干成员基本固定；

（二）有组织地通过违法犯罪活动或者其他手段获取经济利益，具有一定的经济实力，以支持该组织的活动；

（三）以暴力、威胁或者其他手段，有组织地多次进行违法犯罪活动，为非作恶，欺压、残害群众；

（四）通过实施违法犯罪活动，或者利用国家工作人员的包庇或者纵容，称霸一方，在一定区域或者行业内，形成非法控制或者重大影响，严重破坏经济、社会生活秩序。

最高人民法院《关于审理黑社会性质组织犯罪的案件具体应用法律若干问题的解释》(法释〔2000〕42号)

第一条 刑法第二百九十四条规定的"黑社会性质的组织",一般应具备以下特征:

(一)组织结构比较紧密,人数较多,有比较明确的组织者、领导者,骨干成员基本固定,有较为严格的组织纪律;

(二)通过违法犯罪活动或者其他手段获取经济利益,具有一定的经济实力;

(三)通过贿赂、威胁等手段,引诱、逼迫国家工作人员参加黑社会性质组织活动,或者为其提供非法保护;

(四)在一定区域或者行业范围内,以暴力、威胁、滋扰等手段,大肆进行敲诈勒索、欺行霸市、聚众斗殴、寻衅滋事、故意伤害等违法犯罪活动,严重破坏经济、社会生活秩序。

律师解读

一、黑社会性质组织的基本特征

黑社会性质组织,概括而言是指以进行违法犯罪活动为目的聚合而成,为非作恶,称霸一方,欺压残害群众,严重破坏经济社会秩序的组织。根据相关法律、司法解释以及《全国部分法院审理黑社会性质组织犯罪案件工作座谈会纪要》的规定,黑社会性质组织具有以下特征。

第一,组织特征。黑社会性质组织内部一般结构比较紧密,人数较多,有比较明确的组织者、领导者,骨干成员基本固定,有较为严格的组织纪律。组织具有较明确的层级和职责分工,一般分为组织者、领导者与积极参加者、一般参加者（其他参加者）。组织成员在10人以上，一般认定为"人数较多"。

第二，经济特征。黑社会性质组织一般通过违法犯罪活动或者其他手段获取经济利益，而将所获经济利益用于支持违法犯罪活动和组织的生存、发展，是认定经济特征的重要依据。对于"经济实力"的认定，《全国部分法院审理黑社会性质组织犯罪案件工作座谈会纪要》认为各高级人民法院可以根据本地区的实际情况，在20万元至50万元幅度内自行划定一般掌握的最低数额标准。

第三，行为特征。黑社会性质组织一般通过贿赂、威胁等手段，引诱、逼迫国家工作人员为其提供非法保护，且采用暴力、威胁或者其他手段，有组织地多次进行违法犯罪活动，为非作恶，欺压、残害群众。虽然黑社会性质组织也可能实施非暴力性的违法犯罪活动，但是通过暴力或以暴力相威胁是其实施违法犯罪活动的基本手段。

第四，危害特征。黑社会性质组织一般通过上述行为或手段称霸一方，在一定区域或者行业内形成非法控制或者重大影响，严重破坏经济、社会生活秩序。这里所谓的区域或行业，既包括自然人居住、生活的区域，如乡镇、街道、村庄等，也包括承载一定生产、经营或社会公共服务功能的区域，如矿山、工地、市场、车站、码头等。

二、黑恶势力"保护伞"的基本特征

黑恶势力"保护伞"，主要是指党员干部或国家公职人员利用职权便利包庇、纵容黑恶势力违法犯罪，通常表现为对黑恶势力违法犯罪有案不立、立案不查、查案不力，为黑恶势力站台撑腰、出谋划策、请托说情，与黑恶势力勾肩搭背、沆瀣一气、串通牟利等情形。根据相关法律和《中国共产党纪律处分条例》的规定，黑恶势力"保护伞"一般具有以下特征。

第一，党员干部或国家公职人员对充当"保护伞"具有明确的主观故意，即明知自己所保护的对象是黑恶势力。该"明知"的判断标准，应当符合普通人民群众对黑恶势力的认知水平。因为黑恶势力为非作恶，欺压、残害群众，称霸一方的行为，势必产生一定的危害后果或者恶劣影响，而党员干部的政治敏锐性和常识性认知都不应当低于普通人民群众。

第二，党员干部或国家公职人员充当"保护伞"，通常情况下是利用职务、职权或影响力达到保护、纵容黑恶势力的目的。然而，《中国共产党纪律处分条例》并未将"利用职务便利或影响力"作为认定"保护伞"的限定条件，因此只要党员干部或国家公职人员的行为是为黑恶势力发展提供庇护，就应当认定为黑恶势力"保护伞"，予以严查严惩；但是，在职责范围内按正常程序办理本职工作事宜的，一般不构成违纪违法。

第三，党员干部或国家公职人员在充当"保护伞"的同时，有可能成为黑恶势力违法犯罪的共犯。有些党员干部或国家公职人员充当"保护伞"目的就是为黑恶势力生存、发展提供土壤和条件，再进一步利用黑恶势力欺压群众、干扰经济，从中获取利益。在此过程中，如果其与黑恶势力共同实施了犯罪，则在处罚其"保护伞"行为的同时，还应当就其实施的犯罪行为进行定罪处罚。

三、涉黑犯罪刑罚处罚通常较重

《刑法》第294条第1款将黑社会性质组织罪的刑罚分为3个档次，即组织、领导黑社会性质的组织的，处7年以上有期徒刑，并处没收财产；积极参加的，处3年以上7年以下有期徒刑，可以并处罚金或者没收财产；其他参加的，处3年以下有期徒刑、拘役、管制或者剥夺政治权利，可以并处罚金。其中，组织、领导者即通常所谓的"黑老大",是整个黑社会组织中起组织、策划、指挥作用的犯罪分子。积极参加者,即黑社会组织中的核心和骨干成员,通常从组织者、领导者那里直接受领任务,指挥和参与实施具体的犯罪活动。其他参加者,是指主观上积极参加黑社会组织,通常在骨干分子的纠集和指挥下具体实施违法犯罪活动的人员。

《刑法》第294条第4款规定,犯前3款罪又有其他犯罪行为的,依照数罪并罚的规定处罚。组织、领导、参加黑社会性质组织而又犯其他罪的,不仅要对其他具体犯罪进行处罚,还要加上一条涉黑犯罪的处罚罪名,因此组织、领导、参加黑社会性质组织的人,在刑罚适用方面比其他单独犯罪人员的刑罚都要重。其中,"黑老大"的基准刑为7年以上有期徒刑,并处没收财产。"黑老大"还需对整个犯罪组织的全部违法犯罪活动承担责任,因此通常情况下,"黑老大"的刑罚都比较重。扫黑除恶专项行动开展以来,现实中的"黑老大"多数被判死刑,即使不是死刑也会适用其他刑罚中的较高档次。因此,劝君莫成"黑老大",作恶到头终有报。

四、远离黑恶势力建设和谐企业

从上述典型案例、法律规定和具体分析来看,黑恶势力特别是黑社会性质组织的社会危害巨大,由于其组织严密、生存力强、手段暴力、常伴有"保护伞"等,较容易快速控制某些行业和领域,形成垄断经营,获取巨大经济利益。因此,有些企业家为了快速做大做强企业,妄想通过黑恶势力庇佑企业发展,以致越陷越深、无法自拔,终食恶果。笔者认为,企业家应当远离涉黑犯罪,建设和谐企业。

第一,支持党和政府铲除黑恶势力。彻底铲除黑恶势力的目的之一,就是为企业营造良好的营商环境,支持各行业和领域企业的健康发展。因此,企业家必须坚决与黑恶势力划清界限,全力支持和配合党和政府的扫黑除恶工作,掘去黑恶势力滋生蔓延的土壤,为经济社会发展和自身企业的发展营造良好的环境。

第二,自觉远离黑恶势力犯罪组织。首先,不组织、领导、参与黑恶势力。企业家一旦涉黑,终究无法洗白,等待其的只有法律的严惩。其次,不妄图利用黑恶势力解决企业发展问题。黑恶势力没有诚信可讲,更无道义可言,沾惹黑恶势力终将玩火自焚。最后,不惧怕黑恶势力的暴力威胁或敲诈勒索。扫黑除恶已经常态化,企业家要相信党和政府的坚强决心和坚定意志,坚决与黑恶势力斗争到底。

第三,合法合规经营实现健康发展。企业家应当树立正确的企业经营发展观,科学规划企业的未来,合理制定企业发展目标,不急功近利、急于求成,不依靠不正当手段破坏行业生态环境,而要依靠公平竞争、合法合规经营,稳扎稳打,实现企业的良性发展循环,不仅为企业自身创造更大的经济收益,也为社会发展作出应有的贡献。

第三部分 企业家在生产经营管理中的法律风险

一、非法经营

企业管理上的"经营",包含了组织筹划、目标控制、运营管理等众多内容。而在法律意义上,"经营"则是指从事某种商品的营销或者某个行业的营利性服务。本来在市场经济背景下,经营者的经营活动应当是自由的、宽泛的;但是,为了充分发挥宏观经济调控作用,稳定市场经济秩序,防止自由市场存在的漏洞给经济发展带来不利影响,我国对于商品经济中的某些行业和领域仍然实行准入制。也就是说,经营者只有在依法取得某种行业或领域的经营许可后,才能实际开展相应的生产或经营活动,否则就构成了"非法经营",甚至在违法情节严重的情形下有可能受到相应的刑事处罚。

其实,非法经营罪的前身是"投机倒把罪",该罪名早在1979年《刑法》之前就已经广泛适用,在相当长的一段历史时期,几乎任何经济犯罪都可以适用该罪名予以处罚。不可否认,该罪名为中华人民共和国成立初期的社会发展和秩序稳定作出了一定贡献。但是,由于该罪名过于宽泛,是典型的"口袋罪",在适用过程中无法体现出法律的公平公正,因此一直饱受诟病。在1997年《刑法》修订时,我国将投机倒把行为中的合同诈骗、强迫交易、非法转让、倒卖土地使用权等行为单独设立了罪名,而将其中非法倒卖货物、物品类型的行为统一设定为非法经营罪。

《刑法》第225条就非法经营罪的行为特征和处罚作出明确规定,即违反国家规定,扰乱市场秩序,情节严重的应处5年以下有期徒刑或者拘役,并处或者单处罚金;情节特别严重的,处5年以上有期徒刑，并处罚金或者没收财产。该条规定的具体情形包括：未经许可经营法律、行政法规规定的专营、专卖物品或者其他限制买卖的物品；买卖进出口许可证、进出口原产地证明以及其他法律、行政法规规定的经营许可证或批准文件；未经国家有关主管部门批准，非法经营证券、期货、保险业务或者非法从事资金支付结算业务；其他严重扰乱市场秩序的非法经营行为。但是，该条并未明确国家规定的具体内容，因此适用该罪还须结合国家相关方面的具体规定。

典型案例

要点提示：经营特定行业的企业或个人，未依照法律、法规、规章和政策性文件的规定开展生产、经营活动，或以其他手段扰乱市场秩序，情节严重的，构成非法经营罪。

案例1：陈某君等人非法经营股票交易类证券业务案

陈某君等人登记成立了南京浩奇环保科技有限公司（以下简称浩奇公司），并决定依托该公司非法从事新三板股票交易类证券业务。浩奇公司成立后，陈某君等人纠合被告人胡某波作为公司总经理负责业务事宜，被告人潘某负责人事、行政、财务等事宜。浩奇公司内设多个业务部门，日常业务模式为以"底薪加提成"的方式管理、激励受雇请而来的业务人员，要求他们操作多个工作微信，根据陈某君、潘某等人提供的手机号码，添加搭识以陌生中年男性为主的被害人为微信好友；随后按既定谈话模板（话术）统一编造"白、富、美"年轻女性形象，与受害人进行聊天，建立信任，并逐步引入新三板股票投资的话题，向受害人推荐、分析特定新三板股票，进而引诱受害人开户，并"指导"受害人以"互报成交确认委托方式""盘后协议"等操作方式高价交易受让陈某君等人提前联系好的新三板股票，陈某君等人再借助"低收高抛"的方式从中赚取差价。经统计，陈某君等人涉案金额达人民币 1695 万元，致使众多受害人因股票流通性较差等因素而遭受经济损失。

法院经审理认为，被告人陈某君、胡某波、潘某无视国家法律，未经国家证券监管部门批准，非法经营证券业务，扰乱市场秩序，情节特别严重，均已构成非法经营罪。陈某君、胡某波作为主犯，应当按照其所参与、组织、指挥的全部犯罪处罚；潘某作为从犯，依法应予减轻处罚。陈某君、胡某波、潘某归案后如实供述主要犯罪事实，当庭自愿认罪，依法可以从轻处罚。本案违法所得依法应予追缴并返还给各被害人，不足以弥补的损失部分责令各被告人予以共同退赔；查封、冻结、扣押在案的涉案财物按照前述认定结果依法予以处理。法院最终判决：(1) 陈某君、胡某波犯非法经营罪，均判处有期徒刑 6 年 6 个月，并处没收财产人民币 60 万元。(2) 潘某犯非法经营罪，判处有期徒刑 3 年 6 个月，并处罚金人民币 10 万元。(3) 继续追缴本案违法所得，按比例返还各被害人；不足以弥补的损失部分，责令各被告人共同予以退赔，其中被告人潘某在其非法所得范围内承担共同退赔责任。

案例 2：旷某生、顾某琼非法销售伪劣香烟案

被告人旷某生先后在顾某琼等人处购买玉溪、云烟、中华等品牌伪劣卷烟销售给他人。其中，与顾某琼交易 7 次，交易金额共 14.97 万元。在抓获顾某琼时，民警在顾某琼处查获伪劣云烟 50 条。经鉴定，该 50 条卷烟价值 1.15 万元。在抓获旷某生后，在其存放卷烟的门市等处查获玉溪等品牌伪劣卷烟 764.2 条。经鉴定，上述 764.2 条卷烟价值 21.92 万元。

法院经审理认为，根据最高人民法院、最高人民检察院《关于办

理非法生产、销售烟草专卖品等刑事案件具体应用法律若干问题的解释》第4条"非法经营烟草专卖品,能够查清销售或者购买价格的,按照其销售或者购买的价格计算非法经营数额。无法查清销售或者购买价格的,按照下列方法计算非法经营数额:(一)查获的卷烟、雪茄烟的价格,有品牌的,按照该卷烟、雪茄烟的查获地省级烟草专卖行政主管部门出具的零售价格计算;无品牌的,按照查获地省级烟草专卖行政主管部门出具的上年度卷烟平均零售价格计算;……"之规定,公诉机关指控旷某生的非法经营数额按烟草专卖局核定价格计算符合法律规定的,应予支持。此外,旷某生、顾某琼如实供述犯罪事实,认罪悔罪,可从轻处罚。公诉机关认为旷某生、顾某琼销售来路不明的卷烟,卷烟品质无法保证,系公众关切的涉及民生方面的犯罪,应从严惩处,建议不适用非监禁刑,法院予以支持。法院最终判决:(1)旷某生犯非法经营罪,判处有期徒刑3年6个月,并处罚金人民币4万元。(2)顾某琼犯非法经营罪,判处有期徒刑2年,并处罚金人民币2万元。(3)扣押在案的香烟予以没收;被告人旷某生、顾某琼的作案工具手机2部予以没收;上述物品交有关部门处理。追缴被告人旷某生的违法所得2万元、顾某琼的违法所得1万元,上缴国库。

案例3:河南某公司老板赵某某疫情期间暴利销售口罩案

赵某某系某电子商务有限公司法定代表人,其在天猫平台注册3家网店,日常主要销售艾草制品等。2020年1月,新冠疫情暴发,口罩紧缺。2020年1月22日至24日,赵某某从洛阳、盘锦等地以每只0.5元至5元不等的价格购入"三邦""朝美"等不同品牌口罩共48425只,共计支付金额139245元。赵某某为牟取暴利,在2020年1月22日至29日,抬高上述口罩价格,将销售价格从每只2.6元陆续涨至每只15元。经审计,赵某某经营的3家网店销售口罩的非法经营数额为人民币522216.4元。经认定，赵某某销售口罩的平均加价率为275%。2020年1月31日，洛阳市洛龙区市场监督管理局对本案立案调查，并于2020年2月10日将案件移送至洛阳市公安局洛龙分局。洛阳市公安局洛龙分局于当日立案后，将赵某某传唤到案。事发后，赵某某共计退款40万余元。

法院经审理认为，被告人赵某某在新冠疫情期间，违反国家有关市场经营、价格管理等规定，哄抬疫情防控急需的口罩的价格，牟取暴利，扰乱市场经济秩序，情节严重，其行为已构成非法经营罪。赵某某到案后如实供述自己的罪行，愿意接受处罚，可依法对其从轻处罚。鉴于赵某某主动退还违法所得，可酌情对其从轻处罚。法院最终判决：被告人赵某某犯非法经营罪，判处有期徒刑2年，缓刑2年，并处罚金人民币26万元。

法律索引

《中华人民共和国刑法》

第二百二十五条 违反国家规定，有下列非法经营行为之一，扰乱市场秩序，情节严重的，处五年以下有期徒刑或者拘役，并处或者单处违法所得一倍以上五倍以下罚金；情节特别严重的，处五年以上有期徒刑，并处违法所得一倍以上五倍以下罚金或者没收财产：

（一）未经许可经营法律、行政法规规定的专营、专卖物品或者其他限制买卖的物品的；

（二）买卖进出口许可证、进出口原产地证明以及其他法律、行政法规规定的经营许可证或者批准文件的；

（三）未经国家有关主管部门批准非法经营证券、期货、保险业务的，或者非法从事资金支付结算业务的；

（四）其他严重扰乱市场秩序的非法经营行为。

第二百三十一条 单位犯本节第二百二十一条至第二百三十条规定之罪的，对单位判处罚金，并对其直接负责的主管人员和其他直接责任人员，依照本节各该条的规定处罚。

律师解读

一、常见的非法经营案件立案追诉标准

根据最高人民检察院、公安部《关于公安机关管辖的刑事案件立案追诉标准的规定（二）》（公通字〔2022〕12号）第71条的规定，相关行业非法经营案件的立案追诉标准如下。

1.非法经营烟草专卖品，具有下列情形之一的，应予立案追诉：（1）非法经营数额在5万元以上，或者违法所得数额在2万元以上的；（2）非法经营卷烟20万支以上的；（3）3年内因非法经营烟草专卖品受过2次以上行政处罚，又非法经营烟草专卖品且数额在3万元以上的。

2.非法经营证券、期货、保险业务，或者非法从事资金支付结算业务，具有下列情形之一的，应予立案追诉：（1）非法经营证券、期货、保险业务，数额在100万元以上，或者违法所得数额在10万元以上的。（2）非法从事资金支付结算业务，数额在500万元以上，或者违法所得数额在10万元以上的。（3）非法从事资金支付结算业务，数额在250万元以上不满500万元，或者违法所得数额在5万元以上不满10万元，且具有因该行为受过刑事追究、2年内因该行为受过行政处罚、拒不交代资金去向或不配合追缴工作致使赃款无法追缴、造成其他严重后果等情形之一的。（4）使用销售点终端机具（POS机）等方法，以虚构交易、虚开价格、现金退货等方式向信用卡持卡人直接支付现金,数额在100万元以上的,或者造成金融机构资金20万元以上逾期未还的,或者造成金融机构经济损失10万元以上的。

3.出版、印刷、复制、发行严重危害社会秩序和扰乱市场秩序的非法出版物,具有下列情形之一的应予立案追诉:(1)个人非法经营数额在5万元以上的,单位非法经营数额在15万元以上的;(2)个人违法所得数额在2万元以上的,单位违法所得数额在5万元以上的;(3)个人非法经营报纸5000份或者期刊5000本或者图书2000册或者音像制品、电子出版物500张(盒)以上的,单位非法经营报纸1.5万份或者期刊1.5万本或者图书5000册或者音像制品、电子出版物1500张(盒)以上的;(4)虽未达到上述数额标准,但具有2年内因该行为受过2次以上行政处罚后又实施该行为、因该行为造成恶劣社会影响或者其他严重后果等情形。

4.非法从事出版物的出版、印刷、复制、发行业务,严重扰乱市场秩序,具有下列情形之一的应予立案追诉:(1)个人非法经营数额在15万元以上的,单位非法经营数额在50万元以上的;(2)个人违法所得数额在5万元以上的,单位违法所得数额在15万元以上的;(3)个人非法经营报纸1.5万份或者期刊1.5万本或者图书5000册或者音像制品、电子出版物1500张(盒)以上的,单位非法经营报纸5万份或者期刊5万本或者图书1.5万册或者音像制品、电子出版物5000张(盒)以上的;(4)虽未达到上述数额标准,但是2年内因该行为受过2次以上行政处罚后又实施该行为的。

5.实施下列危害食品安全行为,非法经营数额在10万元以上,或者违法所得数额在5万元以上的应予立案追诉:(1)以提供给他人生产、销售食品为目的,违反国家规定,生产、销售国家禁止用于食品生产、销售的非食品原料的;(2)以提供给他人生产、销售食用农产品为目的,违反国家规定,生产、销售国家禁用农药、食品动物中禁止使用的药品及其他化合物等有毒、有害的非食品原料,或者生产、销售添加上述有毒、有害的非食品原料的农药、兽药、饲料、饲料添加剂、饲料原料的;(3)违反国家规定,私设生猪屠宰厂(场),从事生猪屠宰、销售等经营活动的。

6.未经监管部门批准,或者超越经营范围,以营利为目的,以超过36%的实际年利率经常性地向社会不特定对象发放贷款,具有下列情形之一的应予立案追诉:(1)个人非法放贷数额累计在200万元以上的,单位非法放贷数额累计在1000万元以上的;(2)个人违法所得数额累计在80万元以上的,单位违法所得数额累计在400万元以上的;(3)个人非法放贷对象累计在50人以上的,单位非法放贷对象累计在150人以上的;(4)造成借款人或者其近亲属自杀、死亡或者精神失常等严重后果的;(5)虽未达到上述数额标准,但具有2年内因该行为受过2次以上行政处罚、以超过72%的实际年利率实施非法放贷行为10次以上等情形。黑恶势力非法放贷的,按照第1、2、3项规定的相应数额、数量标准的50%确定。同时具有第5项规定情形的,按照相应数额、数量标准的40%确定。

7.从事其他非法经营活动,具有下列情形之一的应予立案追诉:(1)个人非法经营数额在5万元以上,或者违法所得数额在1万元以上的;(2)单位非法经营数额在50万元以上,或者违法所得数额在10万元以上的;(3)虽未达到上述数额标准,但2年内因非法经营行为受过2次以上行政处罚,又从事同种非法经营行为的;(4)其他情节严重的情形。

二、非法经营罪的入罪条件及预防概述

第一，本罪属于破坏社会主义市场经济秩序罪的一种，其立法本意在于打击破坏市场经济秩序的行为，保障社会主义市场经济持续稳定发展。本罪的犯罪主体既包括自然人，也包括单位。构成本罪要求行为人的行为必须达到"扰乱市场秩序"且"情节严重"的程度，这里的情节严重应当按照最高人民检察院、公安部《关于公安机关管辖的刑事案件立案追诉标准的规定（二）》（公通字〔2022〕12号）的相关规定也即本罪立案追诉的具体标准予以认定，如果未能达到"情节严重"的程度，则不能以本罪定罪处罚。

第二，预防触犯本罪，应当着重注意以下几个方面。首先，政治高度应建立。作为企业家应当明白，经济秩序和政治秩序是紧密联系的，经济的安定和发展是政治稳定的重要基础。因此，良好的市场经济秩序不仅是建立健全社会主义市场经济体制的客观要求，也是维护社会主义政治稳定的必然要求，破坏经济秩序就是破坏我国的社会主义制度体系，必将成为党和政府重点打击的目标。其次，市场秩序要遵守。遵守市场秩序的最低标准是依据法律、法规、规章及政策性规定开展生产、经营。作为企业家应当学法、知法、守法，只有在法律的框架内开展经营，所产生的经营收益才能受到法律保护，否则有可能产生不必要的损失，甚至会因不当的经营行为而受到法律的严惩。最后，牟取暴利须谨慎。有人戏谑称，能赚大钱的生意基本已经被写入《刑法》。虽然事实并不尽然，但也体现出了《刑法》对于部分暴利经营的规制和限制。实际上，暴利行业或领域因为经营周期短、利润回报高，越来越受到大家的青睐，但是很多暴利经营获取的却是"不义之财"，例如案例3中赵某某在疫情期间哄抬口罩价格的行为等，作为企业家应当谨慎为之，不可因小失大。

三、非法经营罪与其他罪名的竞合问题

第一,法条竞合问题。法条竞合是指一个犯罪行为同时触犯数个具有包容关系的具体法律条文。比如《刑法》第225条关于非法经营罪的规定情形中包括"买卖进出口许可证、进出口原产地证明以及其他法律、行政法规规定的经营许可证或者批准文件的",而《刑法》第174条又规定了"转让金融机构经营许可证、批准文件罪",如果行为人实施了转让金融机构经营许可证、批准文件的行为,则两个条文均具备适用的条件,也就构成了法条竞合的情况。在此情况下,应当按照特别法优于普通法的原则,优先适用特别法的规定,即以转让金融机构经营许可证、批准文件罪定罪处罚。

第二,想象竞合问题。想象竞合是指行为人以一个主观故意实施一种犯罪行为,触犯两个以上罪名。比如案例2旷某生、顾某琼非法销售伪劣香烟案中,两人因未取得销售许可构成非法经营罪,由于两人销售的是伪劣香烟,因此亦构成销售伪劣产品罪,此情形就构成了非法经营罪与销售伪劣产品罪的想象竞合。在此情形下,应当从一重罪处罚,即在同一犯罪行为所触犯的不同罪名中,选择刑罚较重的罪名定罪处罚。

二、重大责任事故

重大责任事故，是指企业在生产、作业中违反有关法律、法规、规章或行业规范的安全管理规定，因而发生重大人员伤亡、产生巨大经济损失或者造成其他严重后果的事故。随着经济社会的快速发展，我国的生产安全事故时有发生，其中重大生产安全事故多发生在矿山、化工、交通运输、建筑工程等行业或领域。虽然经国务院批准，确定每年6月为我国的"安全生产月"，但是安全生产月并不能阻止安全生产事故的发生，仅2022年6月全国就发生了甘肃兰州某地污水处理车间爆炸、浙江杭州某建材市场火灾、山东泰安某地液化气罐泄漏爆炸、天津某地违规施工致燃气泄漏等典型生产安全事故10余起，造成至少29人死亡、83人受伤。生产安全事故已然成为威胁人民群众生命、财产安全的重大隐患。

企业因重大安全责任事故造成严重后果的，其责任人可能构成重大责任事故罪。《刑法》第134条第1款规定，犯重大责任事故罪的，处3年以下有期徒刑或者拘役；情节特别恶劣的，处3年以上7年以下有期徒刑。因此，生产安全事故也是影响企业持续健康发展的主要因素，有些企业不仅因一场事故倒闭或者破产，甚至老板、直接责任人和相关负责人等也将面临牢狱之灾。企业重大安全责任事故频发的主要原因之一，是企业家普遍存在重生产、轻安全的思想偏差，疏于安全管理，未能防微杜渐，甚至抱有侥幸心理，以致酿成事故。

典型案例

要点提示：发生重大责任事故造成以下后果的应予立案追诉：死亡1人以上或者重伤3人以上；直接经济损失50万元以上；发生矿山生产安全事故，造成直接经济损失100万元以上；其他严重后果。

案例1：陕西某矿业公司总经理张某锁等重大责任事故案

2019年1月某日，陕西某矿业公司的煤矿发生煤尘爆炸事故，造成21人死亡。被告人张某锁身为该矿业公司的法定代表人、总经理、安委会主任，负责全面工作，是安全生产第一责任人。张某锁虽不直接主管生产、安全工作，但将井下采掘工程违规承包分包，导致管理体制混乱，职责相互交叉，责任不明确，现场安全管理失控；张某锁将煤矿安全、生产、技术日常工作委托给总工程师屠某德，对屠某德的工作及其他生产、安全责任人员监督不力，疏于管理，故应对本次事故的发生负主要责任。被告人屠某德系该矿业公司总工程师，直接管理本次事故发生的连采面，其未正确履行职责，对连采面使用不符合标准的无轨胶轮车违法进入老空区组织回采、开采老空保安煤柱、向监督管理部门隐瞒相关问题、隐蔽致灾因素没有治理等负有直接责任，对事故的发生负有主要责任。被告人胡某贞系该煤矿矿长，全面负责煤矿安全生产管理工作，对事故的发生负有主要责任。被告人张东旭系该煤矿掘进队长，是本区队的安全生产第一责任人，对事故的发生负有主要责任。

法院经审理认为，被告人张某锁等人在生产作业中违反有关安全管理的规定，导致发生重大伤亡事故，其行为均已构成重大责任事故罪。各被告人的行为造成21人死亡的严重后果，情节特别恶劣；在共同犯罪中，应当根据作用地位，在量刑上予以区分。本案中，各被告人在案发后主动报警，并在案发现场等待，积极配合救援、调查，属自首，且各被告人取得了全部受害人家属的谅解，结合各被告人的犯罪情节，决定对张某锁、屠某德从轻处罚，对张某旭等减轻处罚。法院最终判决：（1）屠某德犯重大责任事故罪，判处有期徒刑4年；（2）张某锁犯重大责任事故罪，判处有期徒刑3年；（3）其余人犯重大责任事故罪，分别判处1年7个月至2年6个月不等的有期徒刑。

案例2：河南某物流公司老板苏某某等重大责任事故案

苏某某系洛阳市老城区某物流服务公司的经营者，其为了满足日常物流货物搬运需要，购买了一部特种设备叉车在其物流部内使用。但是苏某某的物流公司并未按照国家规定配备特种设备安全管理人员、检测人员、作业人员等，而是雇用了未取得驾驶叉车资格的李某某，且在未对李某某进行任何的相关安全教育培训的情况下，安排其驾驶叉车进行作业。2019年1月某日，李某某准备驾驶叉车作业时，未对车辆及周围进行安全检查而径行启动叉车，致使叉车门架自动倾斜收缩，将该公司人员郭某某颈部挤压在门架和车顶护架之间，造成郭某某死亡的重大安全事故。经鉴定，郭某某死亡原因为机械性窒息。案发后，苏某某、李某某与被害人家属达成赔偿协议。

法院经审理认为，被告人苏某某、李某某在生产、作业中违反有关安全管理规定，造成1人死亡的重大安全事故，构成重大责任事故罪。苏某某、李某某均系初犯，到案后能够如实供述自己的罪行，已与被害人家属达成赔偿协议，愿意接受处罚，对其可以从轻处罚。法院遂判决：苏某某、李某某犯重大责任事故罪，均判处有期徒刑2年，缓刑2年，禁止在缓刑考验期限内从事与安全生产相关联的特定活动。

案例 3：江苏某工程老板周某重大责任事故案

2020年8月，被告人周某在未取得任何施工资质的情况下，与无锡市锡山区某冷作厂法定代表人严某口头约定，由周某承包该厂厂房屋顶修缮翻新工作，负责拆除厂房屋顶约1200平方米旧屋面及铺装新屋面。2020年9月6日，周某通知与其长期合作的任某（另案处理）组织工人并负责现场施工，后任某联系包括被害人王某在内的无施工资质的7名工人进行施工。2020年9月8日6时许，任某等8人到施工地点，被告人周某负责联系的农用货车、吊车亦到达现场。经任某指挥，1名工人在地面处理拆除的旧瓦吊装落地装车事宜，其余人员至屋顶并分散进行拆除旧瓦作业。被告人周某短暂查看现场后离开，并与严某补签《施工安全协议书》。当日10时许，在屋顶作业的王某不慎坠落，送至医院后经抢救无效死亡。经查，周某、任某在组织施工过程中，除向施工工人提供安全帽外，未设置任何安全防护措施，未开展安全作业培训和交底工作。案发后，周某经民警电话通知后主动到案，并如实供述自己的犯罪事实，且向被害人近亲属赔偿人民币75万元，某冷作厂法定代表人严某向被害人近亲属赔偿人民币25万元，被害人近亲属对周某表示谅解。

法院经审理认为，被告人周某在作业过程中，违反安全管理规定，发生1人死亡的重大伤亡事故，其行为已构成重大责任事故罪。周某自动投案，并如实供述了自己的罪行，系自首，且自愿认罪认罚，依法可以从轻处罚；周某对被害人家属进行赔偿并取得谅解，可酌情从轻处罚。根据周某的犯罪事实、情节和悔罪表现，符合适用缓刑的条件，可宣告缓刑。法院遂判决：周某犯重大责任事故罪，判处有期徒刑1年，缓刑1年。

法律索引

《中华人民共和国刑法》

第一百三十四条第一款 在生产、作业中违反有关安全管理的规定,因而发生重大伤亡事故或者造成其他严重后果的,处三年以下有期徒刑或者拘役;情节特别恶劣的,处三年以上七年以下有期徒刑。

最高人民检察院、公安部《关于公安机关管辖的刑事案件立案追诉标准的规定(一)》(公通字〔2008〕36号)

第八条 [重大责任事故案(刑法第一百三十四条第一款)]在生产、作业中违反有关安全管理的规定,涉嫌下列情形之一的,应予立案追诉:

(一)造成死亡一人以上,或者重伤三人以上;

(二)造成直接经济损失五十万元以上的;

(三)发生矿山生产安全事故,造成直接经济损失一百万元以上的;

(四)其他造成严重后果的情形。

最高人民法院、最高人民检察院《关于办理危害生产安全刑事案件适用法律若干问题的解释》(法释〔2015〕22号)

第六条第一款 实施刑法第一百三十二条、第一百三十四条第一款、第一百三十五条、第一百三十五条之一、第一百三十六条、第一百三十九条规定的行为,因而发生安全事故,具有下列情形之一的,应当认定为"造成严重后果"或者"发生重大伤亡事故或者造成其他严重后果",对相关责任人员,处三年以下有期徒刑或者拘役:

(一)造成死亡一人以上,或者重伤三人以上的;

(二)造成直接经济损失一百万元以上的;

(三)其他造成严重后果或者重大安全事故的情形。

最高人民法院、最高人民检察院《关于办理危害生产安全刑事案件适用法律若干问题的解释（二）》（法释〔2022〕19号）

第二条 刑法第一百三十四条之一规定的犯罪主体，包括对生产、作业负有组织、指挥或者管理职责的负责人、管理人员、实际控制人、投资人等人员，以及直接从事生产、作业的人员。

律师解读

一、重大责任事故罪的法律认定问题

第一，本罪的主体是特定岗位上的自然人。首先，我国《刑法》并未规定单位犯本罪应受到何种处罚，说明《刑法》并未将单位列为本罪的犯罪主体。其次，早在2011年12月30日，最高人民法院《关于进一步加强危害生产安全刑事案件审判工作的意见》（法发〔2011〕20号）第8条即明确规定："多个原因行为导致生产安全事故发生的，在区分直接原因与间接原因的同时，应当根据原因行为在引发事故中所起作用的大小，分清主要原因与次要原因，确认主要责任和次要责任，合理确定罪责。一般情况下，对生产、作业负有组织、指挥或者管理职责的负责人、管理人员、实际控制人、投资人，违反有关安全生产管理规定，对重大生产安全事故的发生起决定性、关键性作用的，应当承担主要责任。……"该意见不仅明确了本罪责任追究的顺序和人员范围，也明确了在多种原因引发安全生产事故发生时，应当实行"由上而下""由高到低"的责任审查原则。最高人民法院、最高人民检察院《关于办理危害生产安全刑事案件适用法律若干问题的解释（二）》（法释〔2022〕19号）第2条规定，《刑法》第134条之一规定的犯罪主体，包括对生产、作业负有组织、指挥或者管理职责的负责人、管理人员、实际控制人、投资人等人员，以及直接从事生产、作业的人员。根据上述意见和司法解释的规定，本罪的主体应当是在企业特定岗位上任职、负有特定职责和义务的自然人。

第二，主观方面存在过失是构成本罪的条件。本罪属于"过失犯罪"，即行为人应当预见到自己的行为可能导致重大伤亡事故发生或者造成其他严重后果，因为疏忽大意而没有预见或者已经预见到却轻信不会发生，以致事故发生。但对于违反安全管理规定本身，则不要求是过失，且行为人往往是明知而故意或者是因过于自信的过失，放任了违反安全管理规定行为的发生。如果行为人主观上存在的是故意，则不构成本罪，可能构成的是强令、组织他人违章冒险作业罪，《刑法》第134条第2款规定，犯强令、组织他人违章冒险作业罪，处5年以下有期徒刑或者拘役；情节特别恶劣的，处5年以上有期徒刑。

第三，客观方面存在违章作业是入罪的前提。本罪的客观方面表现为，企业在生产经营过程中，违反法律、法规、规章或行业规范的安全管理规定或相关管理制度，引发了重大责任事故。其中，违法性的具体表现是，企业没有按照相关规定建立健全安全生产管理制度，制定和完善安全管理操作流程，落实安全检查巡查、安全教育培训、安全操作管理等具体要求。如果企业不存在这些方面的问题，其已经尽到了安全管理和安全保障的义务，则即使发生事故也应当属于意外事件，而不能构成犯罪。

二、重大责任事故罪处罚标准和原则

第一，危害结果认定标准。根据最高人民法院、最高人民检察院《关于办理危害生产安全刑事案件适用法律若干问题的解释》（法释〔2015〕22号）第6条第1款规定，在生产、作业中违反有关安全管理的规定因而发生安全事故，具有下列情形之一的，应当认定为"造成严重后果"或者"发生重大伤亡事故或者造成其他严重后果"，对相关责任人员，处 3 年以下有期徒刑或者拘役：(1) 造成死亡 1 人以上，或者重伤 3 人以上的；(2) 造成直接经济损失 100 万元以上的；(3) 其他造成严重后果或者重大安全事故的情形。

第二，法院审理裁判原则。最高人民法院《关于进一步加强危害生产安全刑事案件审判工作的意见》（法发〔2011〕20 号）明确要求，审理危害生产安全刑事案件，应综合考虑生产安全事故所造成的伤亡人数、经济损失、环境污染、社会影响、事故原因与被告人职责的关联程度、被告人主观过错大小、事故发生后被告人的施救表现、履行赔偿责任情况等，正确适用刑罚，确保裁判法律效果和社会效果相统一。

第三，关于"造成直接经济损失"的具体数额，最高人民检察院、公安部《关于公安机关管辖的刑事案件立案追诉标准的规定（一）》与最高人民法院、最高人民检察院《关于办理危害生产安全刑事案件适用法律若干问题的解释》之间尚存在衔接问题，但是目前两个文件均有效，因此大家应当注意追诉标准，以最严格的标准约束自己的行为，才能确保不触犯法律底线。

综上所述，笔者在此提醒企业家，在企业的生产、经营过程中应当时刻关注安全管理，确保将安全隐患消灭在萌芽状态。也许安全管理无法给企业带来直接的经济效益；相反，需要企业持续、大量的投入，但是安全事故一旦发生，企业不仅面临巨大损失和巨额赔偿，企业家也有可能面临牢狱之灾，作为企业家切勿因小失大、得不偿失。

三、合同诈骗

合同是商品经济中最为常见，也是最为重要的交易方式，它几乎涵盖了我们日常经济生活的方方面面。由于人们的日常交易活动越来越依赖合同，因此利用合同实施的违法犯罪行为也越来越多，其中以合同诈骗较为典型。《刑法》第 224 条明确规定，犯合同诈骗罪应处 3 年以下有期徒刑或者拘役，并处或者单处罚金；数额巨大或者有其他严重情节的，处 3 年以上 10 年以下有期徒刑，并处罚金；数额特别巨大或者有其他特别严重情节的，处 10 年以上有期徒刑或者无期徒刑，并处罚金或者没收财产。可以看出，《刑法》对于合同诈骗罪的刑罚相对较重，这主要是因为合同诈骗犯罪不仅给受害人带来了巨大的经济损失，而且严重破坏了社会主义市场经济秩序，对整个社会的诚信体系、道德风尚都将带来难以估量的损害。

当前，我国的合同诈骗犯罪案件数量逐渐增多，且呈现犯罪领域广、涉案金额高、作案手段复杂、追赃难度较大等特点，严重影响我国的经济健康发展和社会和谐稳定。作为企业家，首先，应当承担起维护经济社会稳定发展的重要责任，严格要求自己遵纪守法，合规经营，远离合同诈骗等违法犯罪行为；其次，在经济交往或经营交易过程中要学会提高警惕、合理分析，降低预期、冷静思考，细致观察、多方求证，及时辨别出对方可能隐藏的合同诈骗等违法犯罪行为，避免遭受不必要的经济损失。

典型案例

要点提示： 个人或单位在签订、履行合同过程中，存在以冒用他人名义、虚构事实、隐瞒真相、伪造履约证明、收款后逃匿等情况，达到骗取对方当事人大额财物的目的，可能构成合同诈骗罪。

案例1：长春某公司法定代表人申某某合同诈骗案

申某某系长春市某生物科技有限公司法定代表人。2020年4月18日，申某某以公司名义与沈阳某技术有限公司网签购销口罩合同，在签订该合同的过程中，申某某虚构其公司有车间、设备生产口罩的事实，并隐瞒真相，后以高价从王某处购买口罩后再以低价销售给沈阳某技术公司，骗取该公司及其实际控制人李某的信任。在上述口罩购销合同履行期间，申某某于2020年5月15日以通过正规合同方式开具增值税发票为由，要求李某将人民币330万元公对公转账至申某某的公司账户，并承诺立即退还。该款项到账后，申某某继续虚构事实、隐瞒真相，并将该款项转给个人使用。后申某某分别于2020年5月20日、23日、26日分7笔向沈阳某技术公司员工孙某转款130万元，用于偿还欠款。综上可知，被告人申某某共计骗取被害人李某人民币200万元。

法院经审理认为，申某某以非法占有为目的，在履行合同过程中虚构事实、隐瞒真相，骗取他人的财物，数额特别巨大，其行为已构成合同诈骗罪。申某某系主动投案，到案后能如实供述其采用虚构公司具有大量生产口罩能力的事实，隐瞒其高买低卖获取被害人信任的真相，利用在签订、履行合同过程中与被害人建立的信任，使被害人陷入错误认识交付了330万元。在收到该330万元后，申某某又制作虚假银行交易明细，向被害人谎称未收到330万元汇款，而将该款用于偿还个人债务。法院最终判决:(1)申某某犯合同诈骗罪,判处有期徒刑10年,并处罚金人民币10万元;(2)责令申某某于判决生效后退赔被害人李某人民币200万元。

案例2:河北某商贸有限公司老板高某立合同诈骗案

被告人高某立系河北某商贸有限公司股东、实际控制人。高某立谎称其名下的河北某商贸有限公司与石家庄某热电有限公司有垫付煤款业务,高某立利用伪造的盖有河北某热电厂字样印章的《受理通知书》,与河北某担保有限公司达成协议,即由河北某担保有限公司先行支付高某立垫付款,高某立于25个工作日后再返还给河北某担保有限公司垫付款并支付5%的手续费。高某立利用其与河北某担保有限公司的垫付款合作协议,多次骗取河北某担保有限公司向其提供的垫付资金,并将诈骗所得钱款用于购车消费及放高利贷等,致河北某担保有限公司损失9800多万元。

法院经审理认为,高某立以非法占有为目的,谎称其名下公司与石家庄某热电有限公司有垫付煤款业务,并伪造相关材料,诱骗河北某担保有限公司签订、履行合同,骗取钱财。高某立将骗取的钱款一部分用于放高利贷、购买个人商品房、高档轿车,另一部分用于购买运输车辆、游泳馆等,该部分资产在案发前均抵偿了高某立个人债务,致使资金无法返还。综上,高某立的行为已构成合同诈骗罪,且属数额特别巨大。法院最终判决:(1)高某立犯合同诈骗罪,判处无期徒刑,剥夺政治权利终身,并处没收个人全部财产;(2)赃款、赃物予以追缴,返还河北某担保有限公司。

案例3:乌鲁木齐某公司法定代表人李某合同诈骗案

被告人李某系乌鲁木齐某新能源开发有限公司(以下简称新能源公司)法定代表人,该公司与四川某电器有限公司(以下简称川电公司）签订了工矿产品购销合同（以下简称购销合同），该合同载明新疆伊犁电力公司（以下简称伊电公司）向新能源公司订购高压开关柜一批，川电公司负责依据购销合同向伊电公司进行供货，新能源公司预付定金11.7万元。伊电公司收到货物后，共计向新能源公司支付货款1976677.77元，其中30万元按李某要求汇入李某为法定代表人的上海某电力设备制造有限公司。1997年3月后，李某代理川电公司销售产品，双方一直未就代销费进行结算。1998年6月，川电公司致函新能源公司要求限期付清欠款，李某收到该函后未予履行。之后，川电公司因无法联系李某，遂报案。李某又先后在自贡经营歌舞厅，在成都购买住房、商铺，设立其他公司等。

一审法院经审理认为，李某作为新能源公司法定代表人，一方面，明知新能源公司已收到大部分货款而不按合同约定向川电公司付款；另一方面，在新能源公司被吊销营业执照后，未依法进行清算和主动清理债权债务，也未将该事实告知川电公司，在川电公司多次催要货款及收到伊电公司全部货款后，均谎称未收到伊电公司货款。李某还要求伊电公司将货款30万元汇至其在上海设立的某公司账户，且又在自贡、成都从事经营活动，购置小汽车、住房、商铺等。李某收到全部货款后不主动与川电公司联系，致后者长期不知道其下落并无法与其联系，其行为应当认定为逃匿。综上可知，李某的行为符合合同诈骗罪的构成要件，新能源公司只是李某利用合同诈骗的犯罪工具。2004年1月9日，一审法院判决：（1）李某犯合同诈骗罪，判处有期徒刑10年，并处罚金人民币10万元；（2）现扣押在案的被告人李某的财物退赔川电公司，不足部分继续退赔。一审判决作出后，李某不服一审判决，提起上诉。

二审法院经审理认为，李某以非法占有为目的，以公司名义签订供货合同,在履行合同过程中采用欺骗手段逃避给付货款的义务,其主观上具有利用签订合同非法占有川电公司货款的故意。新能源公司的各项经营业务均是李某个人意志的直接体现,上述行为均在李某个人意志支配下实施,该行为不属于公司行为。李某的行为符合合同诈骗罪的构成要件,已构成合同诈骗罪。2004年3月30日,二审法院裁定:驳回上诉,维持原判。

二审裁定作出后,四川省人民检察院提出抗诉,抗诉理由如下:(1)原审裁判认定新能源公司是李某实施犯罪的工具不当;(2)李某不具有非法占有对方当事人财物的主观故意;(3)李某未实施合同诈骗的客观行为。李某及其辩护人对四川省人民检察院的抗诉意见无异议,并请求判决其无罪。

再审法院经审理认为,原审裁判认定李某的行为符合合同诈骗罪的证据不足,理由如下。

第一,本案中存在的两个销售合同系不同的民事法律关系。川电公司向新能源公司催交货款,并不以伊电公司是否已向新能源公司履行完全部付款义务为条件。虽然在川电公司催要货款时,李某已收到伊电公司支付的全部货款,仍以货款尚未收完为由拒绝支付,但李某的行为并不会导致川电公司产生错误认识并免除新能源公司的付款责任的后果,该行为性质属民事欺诈行为。原判以此认定李某具有虚构事实、隐瞒真相的证据不充分。

第二,新能源公司虽然于1997年被吊销,但系因未能按期年检,与公司主动注销有区别。同时,川电公司工作人员王某证言和李某的供述均证实,双方在1998年7月至8月还在联系。故原判仅以李某公司被吊销后与川电公司无法联系即认定其具有逃匿行为,证据不充分。

第三，经济纠纷是指平等主体之间发生的，以经济权利义务为内容的社会纠纷。本案中，李某作为新能源公司法定代表人，应向川电公司支付货款。川电公司工作人员王某证言和李某供述亦证实川电公司认可李某代销了该公司产品，且双方一直未结算李某应得的代销费。因川电公司与李某一直未结算李某应得的代销费，李某又欠川电公司货款，即双方之间有相互拖欠代销费或货款的情形，故川电公司与李某之间存在经济纠纷。李某应付货款不按期归还，违背诚实信用原则，属于商业交往中的不诚信行为。

综上所述，原审裁判认定李某犯合同诈骗罪的证据不足，指控的犯罪不能成立。但李某本应支付尚欠川电公司的货款而未支付，将该款项用于个人另行经营，购买住房、商铺、小汽车及家庭生活等支出，李某违法所得的一切财物，依法应当责令退赔，原审裁判李某将相关财物退赔川电公司，并无不当。2020年8月26日，再审法院最终判决：(1)维持原审关于扣押在案的被告人李某的财物退赔川电公司，不足部分继续退赔部分；(2)撤销原审关于被告人李某犯合同诈骗罪，判处有期徒刑10年，并处罚金人民币10万元部分；(3)原审上诉人（原审被告人）李某无罪。

法律索引

《中华人民共和国刑法》

第二百二十四条 有下列情形之一，以非法占有为目的，在签订、履行合同过程中，骗取对方当事人财物，数额较大的，处三年以下有期徒刑或者拘役，并处或者单处罚金；数额巨大或者有其他严重情节的，处三年以上十年以下有期徒刑，并处罚金；数额特别巨大或者有其他特别严重情节的，处十年以上有期徒刑或者无期徒刑，并处罚金或者没收财产：

（一）以虚构的单位或者冒用他人名义签订合同的；

（二）以伪造、变造、作废的票据或者其他虚假的产权证明作担保的；

（三）没有实际履行能力，以先履行小额合同或者部分履行合同的方法，诱骗对方当事人继续签订和履行合同的；

（四）收受对方当事人给付的货物、货款、预付款或者担保财产后逃匿的；

（五）以其他方法骗取对方当事人财物的。

最高人民检察院、公安部《关于公安机关管辖的刑事案件立案追诉标准的规定（二）》（公通字〔2022〕12号）

第六十九条　[合同诈骗案（刑法第二百二十四条）] 以非法占有为目的，在签订、履行合同过程中，骗取对方当事人财物，数额在二万元以上的，应予立案追诉。

律师解读

一、本罪所指合同的范围和特征

对于合同诈骗罪中"合同"的概念，并无明确的法律或司法解释予以规定。有人认为，能够体现出平等主体之间设立、变更、终止法律关系的合同都应当属于该范围。笔者不赞同该观点，首先，从刑法的立法体系来看，合同诈骗罪是扰乱市场秩序罪中的一种，换言之打击合同诈骗行为的目的主要是维护社会主义市场经济秩序，因此其应体现出经济性。其次，最高人民法院《关于审理诈骗案件具体应用法律的若干问题的解释》(已废止)第 2 条第 2 款规定:"利用经济合同进行诈骗的,诈骗数额应当以行为人实际骗取的数额认定,合同标的数额可以作为量刑情节予以考虑。"从该款规定可以看出,最高人民法院认为合同诈骗罪的"合同"应是能够反映市场交易内容的"经济合同"。因此,本罪中所指的合同,应当是具备交易特征的经济类合同。

笔者认为,合同诈骗罪中所指的合同应当具有两方面特征,一是合同具有法律效力。打击合同诈骗犯罪的目的是保障合同当事人的合法权益,维护市场正常交易秩序,确保社会主义市场经济稳定发展。因此,法律在打击犯罪的同时,也在维护合同交易的合法性和有效性,这也就决定了认定合同诈骗犯罪的前提是合同具有法律效力,否则就会失去刑罚目的。二是合同具有书面特征。法律规定除即时结清的合同外,其他合同应当采用书面形式。即时结清的合同一般是指标的额较小、交易过程简单、能够现实交付的合同,这种交易类型的合同,即使存在欺诈的情况也不符合合同诈骗罪的特征。因此,合同诈骗罪中的合同应当具备书面合同基本特征。

二、合同诈骗与合同欺诈的主要区别

合同欺诈与合同诈骗在法律性质方面存在很大区别,这也直接关系行为人应承担的法律责任,两者之间的区别主要体现在以下方面。

第一,交易前提不同。在合同诈骗中,行为人根本没有履行合同的意愿或者根本不具备合同履行的能力,而完全是利用合同骗取对方当事人的财物。合同欺诈则出现在正常的交易过程中,行为人具有真实的身份,交易具有真实的背景和规则等,只是采用了夸大宣传、误导相对方等欺诈手段实施营销,侵害了合同相对方的合法权益。

第二,交易目的不同。合同诈骗的行为人缺乏履行合同的真实意愿，只是通过虚构事实、隐瞒真相的方式，使相对人基于错误认识处分财物。这种情况下的交易形同虚设，也即是民间常说的"空手套白狼"。合同欺诈的目的是通过对价的方式促成合同交易、获取经营利润，行为人提供虚假信息、隐瞒真实情况的行为并不影响实质性交易的真实目的。

第三，法律责任不同。实施合同诈骗，行为人须承担刑事法律责任，刑罚的目的主要是对犯罪行为的处罚和预防，通过刑罚手段教育广大公民遵纪守法。合同欺诈一般适用民事法律进行调整，其法律后果包括解除合同、返还财产、赔偿损失等，目的是恢复受损害的民事权益，或给予一定的补偿、赔偿。行政机关也可以依据行为人的合同欺诈行为具体情况，给予一定的行政处罚。

第四，慎重适用刑法。依据刑法的谦抑性原则，不应当随意将欺诈行为定性为"诈骗"，如案例3中李某确实存在欺骗合同相对方的行为，但是李某的行为并不必然导致合同相对方产生错误认识进而对财产作出违反其意愿的处分，再审法院最终改判李某无罪是正确的。现实中，只有秉承主客观相统一原则，审慎运用刑事手段，才能做到既不枉不纵也最大限度地保护社会的诚信体系、公平秩序和善良风俗。

四、串通投标

所谓投标，是指商业组织向采购方提交特定的服务或供货方案，以争取获得采购订单或合同签约机会的行为。随着商品经济的发展和市场交易秩序的不断完善，越来越多的采购特别是政府实施的大型项目采购均通过招投标的方式完成。招投标制度的本质是维护招投标双方的合法权益，最大限度地体现商业竞争的公平性。公平公正的招投标，对于招标方是降低采购成本、提高采购质量的有效方式，对于投标方也是通过相对公平的竞争方式获取新的商业机会或市场份额的有效手段。但是，自从招投标制度被广泛应用以来，串通投标等违法违规的现象就时有发生，甚至在某些行业和领域已经形成了潜规则。串通投标往往使中标结果操纵在少数人手中，而有优势、有实力的潜在中标人则只能徘徊门外。这种行为扰乱了正常的招投标秩序，妨碍了市场机制应有功能的充分发挥，是破坏商业规则、扰乱社会主义市场经济的典型违法行为。为了打击串通投标行为，我国《刑法》第223条规定，串通投标情节严重的，处3年以下有期徒刑或者拘役，并处或者单处罚金。笔者提醒各位企业家，串通投标看似能够获取额外的商业回报，但是无异于饮鸩止渴，这种恶性竞争带来的危害迟早会因果循环到自己身上，并且串通投标行为一旦情节严重，还将面临相应的刑事处罚。

典型案例

要点提示：在投标过程中，行为人组织或参与串通投标报价、围标等行为，又对主管招标事项的人行贿，两种行为虽有一定的牵连关系，但实质侵害了不同的法益，应当以行贿罪、串通投标罪数罪并罚。

案例1：湖南某建设公司董事长刘某行贿、串通投标案

被告人刘某系湖南株洲某基础设施建设有限公司的法定代表人、董事长。刘某为谋取工程项目承揽、获取招标前相关内幕信息、任意修改招标条款等不正当利益，先后多次给予国家工作人员苏某（时任某县县长，另案处理）、王某（时任某市国有资产投资集团有限公司董事长，另案处理）、周某（某市金城投资控股集团有限公司，另案处理）以财物共计140万元人民币。被告人刘某、刘某敏在上述工程项目招投标的过程中，组织数个工程公司"围标"相关工程项目，串通投标报价，损害招标人或其他投标人的利益。

法院经审理认为，被告人刘某为谋取不正当利益，给予国家工作人员以财物，情节严重，其行为已构成行贿罪；被告人刘某、刘某敏共谋组织数个工程公司"围标"相关工程项目，串通投标报价，损害招标人或者其他投标人利益，情节严重，其行为均已构成串通投标罪。刘某一人犯数罪，依法应数罪并罚。其中，刘某、刘某敏在串通投标罪中系共同犯罪，刘某系主犯，应当按照其所参与的全部犯罪处罚；刘某敏系从犯，应当从轻处罚。刘某在被追诉前主动交代其主要行贿行为，依法可以减轻处罚。刘某到案后能如实供述自己的犯罪事实，且愿意接受处罚，依法可从轻处罚；刘某敏主动到有关机关投案并如实供述自己的罪行，系自首，可以从轻处罚。案发后刘某主动退缴违法所得，可酌情从轻处罚。综上，法院判决如下：(1) 刘某犯行贿罪，判处有期徒刑2年6个月，并处罚金人民币30万元；犯串通投标罪，判处有期徒刑1年，并处罚金人民币70万元，合并执行有期徒刑3年，并处罚金人民币100万元。(2) 被告人刘某敏犯串通投标罪，判处有期徒刑6个月，宣告缓刑1年，并处罚金人民币5万元。(3) 被告人刘某违法所得予以追缴，上缴国库。

案例2：湖南某工程公司副总经理刘某某行贿、串通投标案

被告人刘某某原系湖南省某工程集团下属路桥工程有限公司副总经理。2018年至2022年，刘某某为谋取不正当利益，违规借用相关承建单位的资质，采取串通其他公司投标、围标的非法手段，同时借助湖南省某厅原副厅长陈某某等人在中标过程中的关照，先后承接了多个高速公路建设工程项目，业务合同共计人民币约10亿元。刘某某在获得上述工程业务的过程中，为了得到和感谢陈某某等人的帮助，先后送给陈某某等人共计人民币68万元、美元1万元、欧元4万元。

一审法院审理后，以行贿罪判处被告人刘某某有期徒刑5年。一审宣判后，当地人民检察院提出抗诉，认为一审判决认定被告人刘某某的行贿犯罪行为与串通投标犯罪行为之间存在牵连关系，仅以行贿罪对刘某某定罪科刑，定性错误，适用法律不当，量刑畸轻。刘某某也以其不是个人行贿，而是单位行贿等理由提出上诉。

二审法院经审理认为，刘某某在高速公路招投标过程中，为谋取不正当利益，给予国家工作人员财物，情节特别严重，其行为已构成行贿罪；刘某某在招投标活动中，违规借用相关单位的建设资质，采取内部承包或联营的形式（但实为独立核算、自负盈亏、自担风险的非法经营模式）承接工程，且在招投标过程中自行决定并使用自有资金向相关负有领导、管理职责的国家工作人员行贿，故应认定为刘某某个人行贿。刘某某向陈某某等人行贿，是为了利用招标单位领导、管理者的职权，排挤对手，串通投标，最后实现中标获利的目的。其中，中标获利是目的行为，行贿和串通投标都是手段行为，不构成原因与结果行为或手段与目的行为的牵连关系。同时，根据最高人民法院、最高人民检察院《关于办理行贿刑事案件具体应用法律若干问题的解释》第6条的规定，行贿人谋取不正当利益的行为构成犯罪的，应当与行贿罪实行数罪并罚。二审法院遂判决：刘某某犯行贿罪，判处有期徒刑5年；犯串通投标罪，判处有期徒刑1年，并处罚金人民币20万元。决定执行有期徒刑5年6个月，并处罚金人民币20万元。

案例3：湖南商人蔡某串通投标案

2018年3月，被告人蔡某欲通过串通投标的方式中标益阳市大通湖人民医院医护人员周转用房及后勤综合楼项目。蔡某安排张某将30万元转给何某（另案处理）作为安排其他公司投标的费用。2018年4月，蔡某通过何某利用湖南宏伟建筑工程有限公司等11家公司来串通投标医院项目。2018年4月16日，被告人蔡某在11家公司陪标下，通过暗自挂靠的张家界某建筑公司中标了该项目，中标价格为5440521.66元。此外，2017年蔡某曾利用何某的某建筑公司以及殷某（另案处理）的某工程公司串通投标南湾湖治超站、服务区、中心养护站建设项目。2017年11月13日，湖南建锋工程有限公司中标该建设项目，中标价格为8339493.18元。

法院经审理认为，被告人蔡某为实际承建工程，联系多家公司参与项目投标，以串通投标方式中标两个工程项目，中标金额合计13780014.84元，损害了招标人或者其他投标人利益，情节严重，其行为已构成串通投标罪。根据被告人蔡某的犯罪情节及悔罪表现，法院判决如下：被告人蔡某犯串通投标罪，判处有期徒刑 1 年，缓刑 1 年 6 个月，并处罚金人民币 20 万元。

法律索引

《中华人民共和国刑法》

第二百二十三条　投标人相互串通投标报价，损害招标人或者其他投标人利益，情节严重的，处三年以下有期徒刑或者拘役，并处或者单处罚金。

投标人与招标人串通投标，损害国家、集体、公民的合法利益的，依照前款的规定处罚。

最高人民检察院、公安部《关于公安机关管辖的刑事案件立案追诉标准的规定（二）》（公通字〔2022〕12 号）

第六十八条　[串通投标案（刑法第二百二十三条）]投标人相互串通投标报价，或者投标人与招标人串通投标，涉嫌下列情形之一的，应予立案追诉：

（一）损害招标人、投标人或者国家、集体、公民的合法利益，造成直接经济损失数额在五十万元以上的；

（二）违法所得数额在二十万元以上的；

（三）中标项目金额在四百万元以上的；

（四）采取威胁、欺骗或者贿赂等非法手段的；

（五）虽未达到上述数额标准，但二年内因串通投标受过二次以上行政处罚，又串通投标的；

（六）其他情节严重的情形。

律师解读

一、串通投标罪的客观表现形式

为便于大家识别和规避串通投标的违法犯罪行为,有必要帮助大家了解一下串通投标的不同表现形式,具体有以下几个方面。

第一,投标人之间相互串通。这种行为俗称"围标",是指几个投标人之间相互约定,通过限制竞争、排挤其他投标人等方式,使指定的投标人中标,从而谋取不正当利益。其中发起者称为围标人,参与投标的人称为陪标人。具体表现形式包括:(1)投标人之间相互约定一致抬高投标报价;(2)投标人之间相互约定一致压低投标报价;(3)投标人之间约定在类似项目中轮流以高价位或低价位中标;(4)其他串通投标的行为。

第二,投标人与招标人串通。投标人与招标人串通投标报价是典型的串通投标行为,直接损害了其他投标人或者国家、集体、公民的合法利益。具体表现形式包括:(1)招标人故意向特定投标人泄露标底或评标人信息;(2)招标人私下启标泄露投标人信息;(3)招标人故意引导特定投标人中标;(4)招标人对不同投标人实行差别对待;(5)招标人故意使不合格投标者中标;(6)其他串通投标的行为。

二、犯罪行为的罪数与处罚原则

第一,牵连犯实施数罪并罚。投标人为了能够顺利中标,通常采用贿赂招标单位领导、管理者等手段,进而在相关领导、管理者的帮助或关照下实施串通投标行为,如上述案例1、案例2均属于该种情形,这种情形也被称为"牵连犯"。所谓牵连犯,是指在实施某种犯罪的过程中,行为人的犯罪手段或者犯罪结果又触犯了其他罪名。而由于多个独立的犯罪行为之间没有明显的主从之分,因此在法律后果上应当遵循就不同犯罪行为承担不同的法律后果的原则，实行数罪并罚。

第二，吸收犯择一重罪处罚。吸收犯是指一个犯罪行为是另一个犯罪行为的必经阶段、组成部分或当然结果，因此被另一个犯罪行为吸收的情况。比如，行为人在实施串通投标的过程中，获取了招标人违规传递的标底信息，这种获取标底信息的行为，如果情节严重则可单独构成侵犯商业秘密罪。但是，这里侵犯商业秘密的行为属于串通投标行为的一部分，因此不宜认定行为人构成两个不同的罪名，而应当以重罪吸收轻罪，择一重罪进行处罚。

三、串通投标案的罪与非罪问题

第一，本罪只能是故意犯罪，过失不能构成本罪。行为人在主观方面必须出于故意，即明知自己的行为会损害招标人或其他投标人的合法权益，仍决意实施串通投标的行为，并且希望或放任这种危害结果的发生。行为人的犯罪动机可能各有不同，比如为了自己能够中标而获取不正当利益、为了排挤其他投标人、碍于情面进行陪标等，但无论动机如何，均不影响本罪的成立。

第二，情节严重是入罪前提，不达标准不应定罪。最高人民检察院、公安部《关于公安机关管辖的刑事案件立案追诉标准的规定（二）》（公通字〔2022〕12号）第68条明确规定了本罪的立案追诉标准，应当严格执行司法解释的规定，避免刑罚适用的扩大化。但是达不到立案追诉标准，并不意味着串通投标的行为就是合法的，对于该行为仍然应当依据招投标相关法律法规、规章或政策性规定予以严厉查处，追究相关责任人的责任，维护市场交易秩序。

笔者在此提醒各位企业家，招标投标作为基本建设领域促进竞争的全面经济责任制形式，是国家保证基本建设顺利实施、社会主义市场经济健康稳定发展的重要手段。串通投标行为既侵犯了国家和集体的合法权益，也侵犯了社会主义市场经济的自由交易和公平竞争秩序，必将受到国家的严厉打击和社会的严厉抵制。大家在进行招投标时应当遵守公开、公正、公平和诚实信用的原则，切勿为了谋取非法利益，走上违法犯罪的道路。

五、生产、销售伪劣产品

随着我国社会主义市场经济的发展，产品的真实性、安全性问题越来越突出，我国《刑法》第 140 条规定了生产、销售伪劣产品罪，它是指行为人以非法牟利为目的，在产品的生产、销售过程中违反国家产品质量管理的法律法规，实施掺杂、掺假，以假充真，以次充好或者以不合格产品冒充合格产品，严重损害用户或者消费者权益，危害社会主义市场经济秩序的行为。除该罪名外，《刑法》第 141 条至第 148 条还针对关系广大人民群众生命、财产安全的制售伪劣药品、食品、特种产品、农药、兽药、化肥、种子、化妆品等行为，专门规定了相应的罪名和刑罚。同时《刑法》第 149 条规定，在该法第 141 条至第 148 条所列罪名与该法第 140 条规定之罪存在法条竞合时，依照处罚较重的规定定罪处罚。

典型案例

要点提示：对于生产、销售伪劣产品罪，法律规定的刑罚措施最高为无期徒刑，并处罚金或者没收财产，企业家应当高度警惕这种行为，切莫贪图一时之利而毁掉自己的美好生活和事业前途。

案例 1：湖南商人张某生、张某国生产、销售伪劣产品案

被告人张某生、张某国在湖南省某市经商。2020 年 3 月至 4 月，张某生通过网络联系上线李某斌（另案处理），并从李某斌处进购假冒伪劣芙蓉王（硬）卷烟共计 600 条，由张某国分别销售给陈某、邓

某等人,已销售金额累计达10万元。2021年5月31日,该市烟草局执法人员在陈某店内查获假冒伪劣芙蓉王(硬)卷烟11条;2021年5月31日,公安机关在张某国的家中查获假冒伪劣芙蓉王(硬)卷烟70条。经烟草质量监督检测部门鉴别检验,上述查获的卷烟为假冒注册商标且伪劣的卷烟。

法院经审理认为,公诉机关对于张某生、张某国犯销售伪劣产品罪的指控成立。在共同犯罪中,张某生起主要作用,系主犯,应按照其所参与的全部犯罪处罚。张某国起次要作用,系从犯,应当从轻、减轻处罚或者免除处罚。两人均系坦白,可以依法从轻处罚;且自愿认罪认罚,可以依法从宽处理。二人主动退缴赃款,可以酌定从轻处罚。法院遂判决:(1)张某生犯销售伪劣产品罪,判处有期徒刑1年,缓刑1年,并处罚金人民币5万元;(2)张某国犯销售伪劣产品罪,判处有期徒刑10个月,缓刑1年,并处罚金人民币5万元;(3)追缴违法所得人民币3万元,没收上缴国库。

案例2:山东临沂王某、陈某某销售伪劣产品案

2019年10月至2021年5月,被告人王某伙同陈某某在某电商平台上注册8家店铺,销售从他人处购买以及自己生产的假冒注册商标的"冷火"牌、"玉龙"牌灭火器。在共同经营过程中,王某负责假冒灭火器的进货、销售、财务等日常管理工作,陈某某负责装货、发货等工作。其中,2019年10月9日至2020年8月31日,王某从他人处购买并销售假冒注册商标的灭火器金额336万余元;陈某某于2020年4月开始参与销售,销售金额为311万余元。2020年9月1日至2021年5月4日,王某伙同陈某某租赁厂房,组织工人通过灌装滑石粉的方式加工生产假冒注册商标的"冷火"牌、"玉龙"牌灭火器并销售,销售金额为1070万余元。经检验,涉案灭火器为不合格产品。

2022年1月29日，检察机关以生产、销售伪劣产品罪对王某、陈某某二人提起公诉。2022年10月26日，一审法院以生产、销售伪劣产品罪判处王某有期徒刑15年，并处罚金人民币705万元；判处陈某某有期徒刑11年，并处罚金人民币500万元。一审宣判后，王某、陈某某提起上诉。2022年12月17日，二审法院裁定：驳回上诉，维持原判。

案例3：浙江杭州郑某某等人销售伪劣产品案

被告人郑某某自2015年以来从河北某厂家定制伪劣电缆，并自制合格证、出厂检验报告等证明材料，以不合格电缆冒充合格电缆向浙江杭州等地进行销售，销售金额5500余万元。被告人王某某明知郑某某处的电缆系不合格产品，仍购入并加价销售，自2016年3月起至案发时销售金额1200余万元。被告人潘某某明知郑某某处的电缆系不合格产品，仍与郑某某合作，自2019年3月起帮助郑某某销售，销售金额598万余元。

2021年3月23日，检察机关以销售伪劣产品罪对郑某某等3人提起公诉。2021年12月30日，一审法院以销售伪劣产品罪判处郑某某无期徒刑，剥夺政治权利终身，并处没收个人全部财产；判处王某某有期徒刑15年，并处罚金人民币800万元；判处潘某某有期徒刑10年，并处罚金人民币300万元。一审宣判后，郑某某等3人提起上诉，二审法院裁定：驳回上诉，维持原判。

法律索引

《中华人民共和国刑法》

第一百四十条 生产者、销售者在产品中掺杂、掺假，以假充真,以次充好或者以不合格产品冒充合格产品,销售金额五万元以上不满二十万元的,处二年以下有期徒刑或者拘役,并处或者单处销售金额百分之五十以上二倍以下罚金;销售金额二十万元以上不满五十万元的,处二年以上七年以下有期徒刑,并处销售金额百分之五十以上二倍以下罚金;销售金额五十万元以上不满二百万元的,处七年以上有期徒刑,并处销售金额百分之五十以上二倍以下罚金;销售金额二百万元以上的,处十五年有期徒刑或者无期徒刑,并处销售金额百分之五十以上二倍以下罚金或者没收财产。

最高人民法院、最高人民检察院《关于办理生产、销售伪劣商品刑事案件具体应用法律若干问题的解释》(法释〔2001〕10号)

第一条 刑法第一百四十条规定的"在产品中掺杂、掺假",是指在产品中掺入杂质或者异物,致使产品质量不符合国家法律、法规或者产品明示质量标准规定的质量要求,降低、失去应有使用性能的行为。

刑法第一百四十条规定的"以假充真",是指以不具有某种使用性能的产品冒充具有该种使用性能的产品的行为。

刑法第一百四十条规定的"以次充好",是指以低等级、低档次产品冒充高等级、高档次产品,或者以残次、废旧零配件组合、拼装后冒充正品或者新产品的行为。

刑法第一百四十条规定的"不合格产品",是指不符合《中华人民共和国产品质量法》第二十六条第二款规定的质量要求的产品。

对本条规定的上述行为难以确定的,应当委托法律、行政法规规定的产品质量检验机构进行鉴定。

第二条第二款 伪劣产品尚未销售,货值金额达到刑法第一百四十条规定的销售金额三倍以上的，以生产、销售伪劣产品罪（未遂）定罪处罚。

第九条 知道或者应当知道他人实施生产、销售伪劣商品犯罪，而为其提供贷款、资金、账号、发票、证明、许可证件，或者提供生产、经营场所或者运输、仓储、保管、邮寄等便利条件，或者提供制假生产技术的，以生产、销售伪劣商品犯罪的共犯论处。

第十条 实施生产、销售伪劣商品犯罪，同时构成侵犯知识产权、非法经营等其他犯罪的，依照处罚较重的规定定罪处罚。

第十一条 实施刑法第一百四十条至第一百四十八条规定的犯罪，又以暴力、威胁方法抗拒查处，构成其他犯罪的，依照数罪并罚的规定处罚。

律师解读

一、选择性罪名相关法律常识

选择性罪名是指法律规定的罪名中所包含的犯罪构成具体内容能够反映出多种犯罪行为，此种罪名既可概括使用，又可分解使用。生产、销售伪劣产品罪属于典型的选择性罪名。针对选择性罪名主要应注意以下几个方面。

第一，选择性罪名的定罪问题。我国《刑法》分则规定的选择性罪名具体可分为三种情形。一是行为方式的选择。如前述案例中涉及的生产、销售伪劣产品罪，该类罪名包括两种或两种以上的犯罪行为方式，当犯罪分子实施了其中一种行为或多种行为时，均可构成该罪，该罪名既可整体使用，也能拆分使用。二是行为对象的选择。如《刑法》第240条"拐卖妇女、儿童罪"，当行为人既有拐卖妇女的行为又有拐卖儿童的行为时，则可构成拐卖妇女、儿童罪；而司法实践中通常出现的仅是其中一种犯罪行为，因此行为人要么构成拐卖妇女罪，要么构成拐卖儿童罪。三是行为对象加行为方式的选择。如《刑法》第147条"生产、销售伪劣农药、兽药、化肥、种子罪"，该种情形中既包括多种行为对象也包括多种行为方式，罪名应当依据具体案情并结合上述原则予以认定。

第二，选择性罪名的量刑问题。虽然选择性罪名属于复杂的刑法罪名，但是不论行为方式和行为对象有多大的选择范围，实际上都只有一个犯罪构成，因此只能按照一罪处罚。法律并未对一个犯罪构成中的行为或对象的量刑作出区分，但是现实中行为人的犯罪行为是有区别的，比如生产、销售伪劣产品应当比单纯的销售伪劣产品的社会危害性更大，因此为了使处罚结果更符合罪责刑相适应的原则，即使选择性罪名的刑罚不适用数罪并罚，也应当结合犯罪人的行为方式或对象的数量以一罪从重处罚情节较重者、从轻处罚情节较轻者。

二、本罪与他罪交叉竞合问题

生产、销售伪劣产品罪所涉及的犯罪行为广、对象多，经常出现与其他罪名交叉竞合问题。比如，行为人在生产、销售伪劣产品的过程中又涉嫌假冒注册商标，如果假冒注册商标的商品同时也是伪劣商品，行为人就同时符合生产、销售伪劣产品罪和假冒注册商标罪的犯罪构成，这种情况被称为竞合犯。竞合犯的行为人只存在一个主观故意，实施的是一个犯罪行为，因此只能按照一个罪名定罪处罚，而不能数罪并罚。对于竞合犯的处罚，一是遵从特别法优于普通法的原则，二是遵从在法律位阶相同的情况下择一重罪处罚的原则，其根本目的就是做到罪刑法定和罪责刑相适应，而不使有罪者逃避法律的制裁、罪重者受到较轻的处罚。

三、本罪的罪与非罪界限问题

行为人是否构成生产、销售伪劣产品罪，应当严格按照法律规定的犯罪构成要素予以认定。首先，行为人主观上应当明知其生产、销售的是伪劣产品，如果不知是伪劣产品而予以生产、销售，则不应构成本罪。其次，《刑法》第140条明确规定本罪的犯罪金额刑罚起点为销售金额5万元以上，也即行为人生产、销售伪劣产品的销售金额未达到5万元的，属于一般违法行为，不应以犯罪论处。但根据最高人民法院、最高人民检察院《关于办理生产、销售伪劣商品刑事案件具体应用法律若干问题的解释》（法释〔2001〕10号）第2条第2款的规定，伪劣产品尚未销售，货值金额达到《刑法》第140条规定的销售金额3倍以上的，以生产、销售伪劣产品罪（未遂）定罪处罚。在这种情形下应当以未遂犯参照既遂标准定罪处罚，而不能按无罪处理。

六、拒不支付劳动报酬

劳动报酬是劳动者付出体力或脑力劳动所获得的对价，体现的是劳动者创造的社会价值，也是劳动者应获得的基本生存权利和职业尊严。然而，当前社会上恶意欠薪的行为屡禁不止，不仅严重损害了劳动者的合法权益，同时也扰乱了社会主义市场经济秩序，破坏了社会和谐稳定。2011年《刑法修正案（八）》正式将拒不支付劳动报酬的行为纳入刑法调整范围，2011年4月最高人民法院、最高人民检察院联合发布《关于执行〈中华人民共和国刑法〉确定罪名的补充规定（五）》，正式将恶意欠薪的罪名确定为"拒不支付劳动报酬罪"。2013年1月22日，最高人民法院对外发布了《关于审理拒不支付劳动报酬刑事案件适用法律若干问题的解释》，针对拒不支付劳动报酬罪所涉及的术语界定、定罪量刑标准、单位犯罪等问题，进一步明确了相关刑事案件的法律适用标准。笔者想提醒企业家，劳动者是为企业创造财富的重要力量，其本身也是企业的重要财富，企业的健康、稳定发展和企业家的事业前途都离不开普通劳动者的贡献。作为企业家应当尊重劳动者、保护劳动者，而不应当随意侵犯劳动者的合法权益，更不应因此承担刑事责任，被社会所唾弃。

典型案例

要点提示：行为人逃避支付或拒不支付劳动者的大额劳动报酬，经政府有关部门责令后仍不支付的，可能构成拒不支付劳动报酬罪。单位犯本罪，其直接负责的主管人员和其他直接责任人员一并受罚。

案例1：湖南老板陈某平拒不支付劳动报酬案

2018年至2021年，被告人陈某平分别从刘某手中承包某县高标准农田建设工地，从谢某、李某手中承包某县水泥路面硬化工地，并雇用张某某等26名工人施工。施工完成后，陈某平共拖欠工人工资16万元，其在陆续取得全部工程款的情况下，未及时支付拖欠的工人工资。此后，工人在多次向陈某平索要工资无果的情况下，向某县人力资源和社会保障局投诉，某县人力资源和社会保障局于2022年3月2日下达《劳动保障监察限期改正指令书》，并责令陈某平限期支付所拖欠的工人工资，陈某平虽一直口头表示将尽快支付工资，但实际上却一直拒不履行支付工资的义务。2022年4月7日，部分工人又通过向法院提起诉讼的方式向陈某平索要工资，陈某平在法院的调解下虽与工人达成支付协议，但事后又拒不按协议履行支付工资的义务。2022年7月19日，公安机关接到某县劳动监察大队移交的案件线索后立案侦查。2022年8月9日，陈某平向公安机关投案，但仍未支付其所拖欠的工资。

法院经审理认为，被告人陈某平在收到工程款后有能力支付而拒不支付劳动者的劳动报酬，数额较大，经政府有关部门责令支付仍不支付，其行为已构成拒不支付劳动报酬罪。陈某平自动投案，并如实供述自己的罪行，系首首，且愿意接受处罚，予以从轻处罚。陈某平及其辩护人关于其不支付劳动报酬的原因提出其他债权未能及时追讨及工程款用于自己家人治病开支的辩护意见。经查，陈某平已经在工程竣工后获得了全部工程款，但并未用于支付上述农民工工资。公安机关调取的医疗保障机构出具的证明及住院费用结算单证实，2019年至 2022 年，陈某平用于自己及其家人的治疗费用共计 2 万余元。而工程盈亏、其他债务导致的不能支付的后果，也不应当由雇用的农民工承担。法院对被告人陈某平及辩护人提出的该项辩解及辩护意见不予采纳。法院最终判决：被告人陈某平犯拒不支付劳动报酬罪，判处有期徒刑 6 个月，并处罚金人民币 5000 元。

案例 2：广东某装饰工程公司及其法定代表人刘某新拒不支付劳动报酬案

2020 年 12 月 7 日，被告广东某装饰工程公司登记成立，被告人刘某新为法定代表人。2022 年 7 月 4 日，该公司股东变更为被告人刘某新 1 人。因经营不善，该公司于 2022 年 5 月和 6 月拖欠了公司员工朱某等 44 名工人工资共计 250841 元，拖欠承揽装修项目 25 名工人工资 512858 元，总计拖欠工人工资 763699 元。2022 年 7 月 8 日，当地劳动监察部门对该公司下达《劳动保障监察限期改正指令书》，但该公司未在指定期限内结清工人工资并且处于停业状态。在此期间，当地劳动局工作人员多次致电被告人刘某新，均无人接听，后当地劳动局工作人员分别于 2022 年 7 月 14 日、18 日短信告知其在指定时间到劳动局配合解决工人工资支付问题，但均未联系上被告人刘某新。2022 年 8 月 17 日，刘某新在广西柳州某小区被抓获归案。

法院经审理认为，广东某装饰工程公司及作为被告单位的直接责任人刘某新以转移财产、逃匿等方法逃避支付劳动报酬 76 万余元，数额较大，经政府有关部门责令支付仍不支付，其行为均已构成拒不支付劳动报酬罪，应予依法惩处。刘某新具有坦白情节，依法可以从轻处罚。法院遂判决：(1) 被告单位广东某装饰工程公司犯拒不支付劳动报酬罪，判处罚金人民币 3 万元；(2) 被告人刘某新犯拒不支付劳动报酬罪，判处有期徒刑 1 年 3 个月，并处罚金人民币 2 万元。

案例 3：甘肃某养殖公司法定代表人侯某拒不支付劳动报酬案

2017 年 3 月至 2019 年 9 月，被告人侯某作为某养殖公司法定代表人，在修建公司经营场所期间雇用李某等 10 人为其打地坪，雇用张某等给其搞养殖、打零工。后拖欠李某等 10 人劳动报酬 11 万元、张某等劳动报酬 17.4 万元。当地劳动监察部门通过电话、微信等方式联系被告人侯某，要求其积极配合解决劳动报酬问题，侯某采用更换住址、不接电话、不回微信等方式不配合当地劳动保障监察部门工作。2020 年 5 月 14 日公安机关立案侦查，后对侯某采取取保候审强制措施。

一审法院经审理认为，侯某以逃匿的方法逃避支付劳动报酬数额较大，且经当地劳动监察部门责令限期改正仍不支付，其行为已构成拒不支付劳动报酬罪。案发后，侯某支付受害人李某等 10 人的全部劳动报酬及受害人张某等部分劳动报酬，与张某等就拖欠的剩余劳动报酬达成协议，并取得受害人的谅解。法院遂判决：侯某犯拒不支付劳动报酬罪，判处有期徒刑 6 个月，并处罚金人民币 1 万元。

一审判决作出后，侯某认为所欠劳动报酬在一审判决前已履行完毕，所欠张某等劳动报酬不应认定为犯罪，遂提起上诉，请求改判无罪或判处缓刑。

二审法院经审理查明，侯某拖欠张某等劳动报酬 17.4 万元，但张某等未向政府有关部门反映，政府有关部门也未责令上诉人侯某支付，系张某于 2021 年 1 月 8 日向公安机关报案后形成该案。

二审法院经审理认为，根据《刑法》第 276 条之一关于拒不支付劳动报酬罪的规定，构成本罪必须在客观方面同时具备下列要件，缺一不可。第一，以转移财产、逃匿等方法逃避支付劳动者的劳动报酬或者有能力支付而不支付劳动者的劳动报酬；第二，拒不支付的劳动报酬达到"数额较大";第三,经政府部门责令支付仍不支付。本案中,侯某以逃匿方法逃避支付李某等劳动报酬合计 11 万元,数额较大,经当地劳动监察部门责令支付仍不支付,其行为构成拒不支付劳动报酬罪。侯某拖欠张某等劳动报酬 19.02 万元未经政府有关部门处理,不属于经政府部门责令支付仍不支付的情形,不符合拒不支付劳动报酬罪的犯罪构成,故拖欠该笔劳动报酬不构成犯罪。原判将拖欠该笔劳动报酬认定为犯罪,属适用法律错误,致量刑不当,应予纠正。侯某所提拖欠该笔劳动报酬不应认定为犯罪的上诉理由成立,予以采纳。法院最终判决:侯某犯拒不支付劳动报酬罪,判处拘役 3 个月,并处罚金人民币 5000 元。

法律索引

《中华人民共和国刑法》

第二百七十六条之一 以转移财产、逃匿等方法逃避支付劳动者的劳动报酬或者有能力支付而不支付劳动者的劳动报酬,数额较大,经政府有关部门责令支付仍不支付的,处三年以下有期徒刑或者拘役,并处或者单处罚金;造成严重后果的,处三年以上七年以下有期徒刑,并处罚金。

单位犯前款罪的,对单位判处罚金,并对其直接负责的主管人员和其他直接责任人员,依照前款的规定处罚。

有前两款行为,尚未造成严重后果,在提起公诉前支付劳动者的劳动报酬,并依法承担相应赔偿责任的,可以减轻或者免除处罚。

最高人民法院《关于审理拒不支付劳动报酬刑事案件适用法律若干问题的解释》(法释〔2013〕3号)

第二条 以逃避支付劳动者的劳动报酬为目的,具有下列情形之一的,应当认定为刑法第二百七十六条之一第一款规定的"以转移财产、逃匿等方法逃避支付劳动者的劳动报酬":

(一)隐匿财产、恶意清偿、虚构债务、虚假破产、虚假倒闭或者以其他方法转移、处分财产的;

(二)逃跑、藏匿的;

(三)隐匿、销毁或者篡改账目、职工名册、工资支付记录、考勤记录等与劳动报酬相关的材料的;

(四)以其他方法逃避支付劳动报酬的。

第三条 具有下列情形之一的,应当认定为刑法第二百七十六条之一第一款规定的"数额较大":

(一)拒不支付一名劳动者三个月以上的劳动报酬且数额在五千元至二万元以上的;

(二)拒不支付十名以上劳动者的劳动报酬且数额累计在三万元至十万元以上的。

各省、自治区、直辖市高级人民法院可以根据本地区经济社会发展状况,在前款规定的数额幅度内,研究确定本地区执行的具体数额标准,报最高人民法院备案。

第五条 拒不支付劳动者的劳动报酬,符合本解释第三条的规定,并具有下列情形之一的,应当认定为刑法第二百七十六条之一第一款规定的"造成严重后果":

(一)造成劳动者或者其被赡养人、被扶养人、被抚养人的基本生活受到严重影响、重大疾病无法及时医治或者失学的;

（二）对要求支付劳动报酬的劳动者使用暴力或者进行暴力威胁的；

（三）造成其他严重后果的。

律师解读

一、行为人有能力支付而不支付如何认定

行为人有能力支付而不支付是构成本罪的主要行为方式。确定行为人是否有支付能力，应当从企业或个人的经营状况、账户资金流动、债权债务管理、资产转移情况等方面综合认定。比如前述案例1中，被告人陈某平施工完成后已陆续取得全部工程款，而其拖欠的工人工资也完全基于该工程的施工所产生，在此情形下工程款完全可以覆盖工人的工资。陈某平应当将工程款全部用于工程建设，包括支付工人工资，而不应将款项挪作他用。因此，足以认定陈某平系有能力支付工人工资，而故意不予及时支付。至于工程款实际用于何种事项，只要不存在紧急状况，均不能成为对抗工人工资支付义务的合理事由。即使工程实际出现亏损，承揽人也应当及时足额支付工人工资，因为工人不是工程项目的承揽方，没有承担工程项目盈亏后果的义务。

二、行为人无支付能力的也可能构成本罪

行为人以转移财产、逃匿等方法逃避支付劳动者的劳动报酬，系拒不支付劳动报酬罪的行为方式之一。其中，行为人转移财产说明其具有支付能力，应当以犯罪论处；而行为人以逃匿等方法逃避支付劳动报酬的，笔者认为无论其是否具有支付能力，均应当以犯罪论处，主要理由如下：（1）《刑法》明确将"以转移财产、逃匿等方法逃避支付劳动者的劳动报酬"和"有能力支付而不支付劳动者的劳动报酬"两种行为方式并列进行规定，从法律体系解释的角度看，立法者认为就该种行为,行为人即使没有支付能力也可构成犯罪。(2)行为人拖欠劳动报酬后不是想方设法解决问题,而是通过逃匿等方式躲避债务,充分证明其具有拒不支付劳动报酬的主观故意,因此即使其客观上没有支付能力,仍应对其行为予以惩处。

三、政府相关部门责令支付是入罪的前提

《刑法》第276条之一明确将拒不支付劳动报酬罪的客观要件分为三个方面,一是以转移财产、逃匿等方法逃避支付劳动者的劳动报酬或者有能力支付而不支付劳动者的劳动报酬;二是拒不支付的劳动报酬达到"数额较大";三是经政府有关部门责令支付仍不支付。在犯罪构成方面,客观行为要件必须全部具备,缺一不可,否则不能以犯罪论。因此,政府相关部门责令支付也就成为本罪的入罪前提,如果未经政府相关部门责令支付,是不能构成本罪的。比如前述案例3中,法院认为侯某拖欠张某等的17.4万元未经政府有关部门处理,因此不属于经政府部门责令支付而仍不支付的情形,也就不符合拒不支付劳动报酬罪的犯罪构成,侯某拖欠该笔款项不能构成犯罪。

上述情况也从侧面提醒我们,一是作为劳动者,在遭遇恶意欠薪时应当及时向政府相关部门反映情况、请求帮助,通过正常途径维护自身的合法权益;二是作为雇主,对于政府相关部门的责令支付要求应当严肃对待,不应置之不理,更不应采取各种方式进行回避、对抗,否则将承担由此带来的刑事法律风险。

七、损害商业信誉、商品声誉

商业信誉和商品声誉简称商誉，是指企业在长期的生产经营活动过程中积累形成的，能为企业在同等条件下带来高于正常投资回报率的市场声誉和品牌形象，它是企业的核心竞争力之一，也是一种无形资产。社会主义市场经济是法治经济，也是信用经济，其中法律保护的是市场的基本交易规则，信用调整的是市场的价值取向。没有法律和信用的保护、调整，不仅市场交易秩序将受到严重破坏，整体的社会道德风尚也会受到严重影响。在此意义上，商誉作为市场信用价值的重要体现，无疑是企业的安身之本、立命之基，也是保证整个社会良性发展的重要基础。然而，随着互联网、大数据和人工智能的迅猛发展，一方面市场经济主体的商誉价值更加突出，另一方面损害商誉的侵权行为和方式方法也在随之不断地升级换代，因此商誉的法律保护需求和难度在同时增加。

典型案例

要点提示：采用捏造并散布虚伪事实的方式侵害他人商誉的，达到一定侵害程度则可能构成损害商业信誉、商品声誉罪，随着互联网、大数据、人工智能等手段的发展，本罪的犯罪率也在逐步上升。

案例1：内蒙古自治区某火锅店老板杨某常损害商业信誉案

被告人杨某常系内蒙古某火锅店老板，潘某某（已判刑）系该火锅店大堂经理。2015年11月的一天，杨某常蓄意破坏科尔沁左翼中旗某火锅城的商业信誉,交给潘某某一部手机,内存一段顾客与科尔沁左翼中旗某火锅城大堂经理叶某发生争执的视频,并要求潘某某再到科尔沁左翼中旗某火锅城,现场录制一段在火锅店内吃出老鼠的视频,将两段视频合成后发布到网络上。后杨某常又安排杨某、段某、王某等与潘某某一起到科尔沁左翼中旗某火锅城吃饭,并拍摄了一段火锅内夹出老鼠的视频。2015年11月10日至11日,潘某某用自己的笔记本电脑将两段视频剪辑合成为一个视频,并配上"在科左中旗饭店吃饭竟然吃出耗子啦"的字幕,于2015年11月11日将该视频发布到优酷网,并通过优酷网转发到自己的微信朋友圈,后于当晚20时许将该视频删除。经公安机关调查核实,该视频已累计播放30135次,对科尔沁左翼中旗某火锅城的商业信誉造成影响。

法院经审理认为,杨某常伙同潘某某捏造并散布虚伪事实,利用互联网损害他人商业信誉,其行为已构成损害商业信誉罪,且系共同犯罪。在案件审理期间,杨某常的亲属自愿代为缴纳罚金3万元。鉴于杨某常案发后积极赔偿被害人损失并得到谅解,审理中如实供述自己的犯罪事实,认罪悔罪态度较好,积极缴纳罚金等情节,可以对其从轻处罚。法院最终判决:杨某常犯损害商业信誉罪,判处有期徒刑6个月,并处罚金人民币3万元。

案例2:山东淄博虞某某损害商业信誉案

被告人虞某某因与山东某教育科技股份有限公司常某等工作人员就预付款、退换货等纠纷起怨,为达到泄愤和给山东某教育科技股份有限公司施加压力解决纠纷的目的,于2013年8月23日通过其个人使用的QQ账号在互联网QQ群上捏造散布山东某教育科技股份有限公司申请破产倒闭并涉嫌欺诈、偷税犯罪的虚假事实,号召客户停止与该公司继续发生业务,随后该信息在互联网上被转发传播,众多客户退单或停止与该公司交易业务，造成恶劣影响，致使山东某教育科技股份有限公司商业信誉遭到严重损害，经司法会计鉴定直接经济损失620073.61元。

法院经审理认为，虞某某捏造并散布虚伪事实，损害他人的商业信誉，给他人造成重大损失，其行为已构成损害商业信誉罪，应予惩处。虞某某犯损害商业信誉罪，应处2年以下有期徒刑或者拘役，并处或者单处罚金，鉴于其归案后如实供述自己的罪行，庭审中认罪态度较好，对其可酌情从轻处罚。被告人的辩护人提出的被告人认罪态度较好，具有悔过表现，犯罪前表现一贯良好，系初犯，依法可从轻处罚的相关辩护意见成立，法院予以采纳。法院遂判决：被告人虞某某犯损害商业信誉罪，判处有期徒刑9个月，并处罚金人民币1万元。

案例3：河南某公司老板魏某某损害商业信誉、商品声誉案

2016年8月10日，被告人魏某某生产加工的"玫瑰纯露""玫瑰花酱"等产品被食品药品监督管理部门查处，魏某某怀疑举报人为某商贸有限公司经理董某某。2016年8月20日左右，为诋毁董某某的商贸有限公司，魏某某将其拍摄的位于一家废弃煤场的照片标注为董某某的商贸有限公司注册地点，将该公司的货物周转发货场地照片标注为产品生产车间，编辑"董某某公司销售的化妆品因添加违禁品，有关执法部门正在调查"等虚假信息，后魏某某将上述图片及文字通过微信发送给被告人王某某，指使王某某将其提供的图片及文字整理后发布在互联网上。后王某某通过淘宝网委托他人将上述虚假信息制作成网址链接，利用互联网发布在王某某微信朋友圈及其QQ空间，上述网址链接的浏览次数累计为175136次，被转发次数累计为1315次。

法院经审理认为，魏某某、王某某捏造并利用互联网散布虚伪事实，损害他人商业信誉、商品声誉，情节严重，其行为已构成损害商业信誉、商品声誉罪，公诉机关指控罪名成立，应当予以刑事处罚。法院遂判决：（1）被告人魏某某犯损害商业信誉、商品声誉罪，判处有期徒刑6个月，并处罚金人民币5000元；（2）原被告人王某某犯损害商业信誉、商品声誉罪，判处有期徒刑6个月，并处罚金人民币5000元。

法律索引

《中华人民共和国刑法》

第二百二十一条　捏造并散布虚伪事实，损害他人的商业信誉、商品声誉，给他人造成重大损失或者有其他严重情节的，处二年以下有期徒刑或者拘役，并处或者单处罚金。

最高人民检察院、公安部《关于公安机关管辖的刑事案件立案追诉标准的规定（二）》（公通字〔2022〕12号）

第六十六条　[损害商业信誉、商品声誉案（刑法第二百二十一条）]捏造并散布虚伪事实，损害他人的商业信誉、商品声誉，涉嫌下列情形之一的，应予立案追诉：

（一）给他人造成直接经济损失数额在五十万元以上的；

（二）虽未达到上述数额标准，但造成公司、企业等单位停业、停产六个月以上，或者破产的；

（三）其他给他人造成重大损失或者有其他严重情节的情形。

律师解读

一、散布虚伪事实与发表自由言论的区分

捏造并散布虚伪事实是损害商业信誉、商品声誉罪的主要犯罪手段。因为行为人捏造虚伪事实后散布的行为，与通常情况下对企业或商品进行市场评价的行为具有相似性，因此应当严格予以区分，避免刑罚的不当适用和扩大化。所谓虚伪事实，是指全部或者大部分系捏造的事实，也包括在部分真实事件基础上进行虚构、歪曲的事实，因此本罪的构成基础是行为人存在捏造事实的情况，而非对行为人单纯主观论断的处罚。行为人单纯对企业或商品的市场评价，虽然也能对商业信誉、商品声誉造成影响，但它是行为人对企业或商品的主观认识，在没有刻意歪曲事实的情况下，这种评价行为属于言论自由的范畴，即使带有某些感情色彩，也不能作为刑法规制的对象。比如著名的"鸿茅药酒案"，检察机关最终以案件事实不清、证据不足为由，将案件退回公安机关补充侦查并变更强制措施。在行为人谭某东被取保候审后，鸿茅药酒公司也发布声明接受谭某东致歉并撤回报案及侵权诉讼。

二、达到一定损害程度才能构成本罪

首先，应当严格执行最高人民检察院、公安部《关于公安机关管辖的刑事案件立案追诉标准的规定（二）》（公通字〔2022〕12号）规定的立案追诉标准，即给他人造成直接经济损失50万元以上，或者导致公司、企业等单位停业、停产6个月以上甚至者破产的，才应以本罪立案追诉。

其次，上述规定中关于"其他给他人造成重大损失或者有其他严重情节的情形"属于兜底条款，一方面对于其他危害程度较高的行为必须予以惩罚，另一方面也应当慎用，以避免刑罚的扩大化。从该规定的立法目的及司法实践来看，应当着重打击通过信息网络等媒体损害他人商誉的违法犯罪行为。

最后，本罪属于结果犯，即行为人捏造并散布虚伪事实的行为必须给他人或者社会造成一定的损害后果，才能构成本罪。如果行为人确实实施了捏造散布虚伪事实的行为，但并不足以造成任何损害后果，则不能以犯罪论处，本罪不存在预备犯、未遂犯、中止犯的情形。

三、本罪与破坏生产经营罪的界限

在某起损害商业信誉、商品声誉案中，公安机关先以涉嫌破坏生产经营罪提请检察机关批准对行为人进行逮捕，而检察机关最终却以涉嫌损害商业信誉、商品声誉罪批准逮捕，可见在司法实务中这两项罪名是容易被混淆的。但是经细致分析，我们发现这两项罪名存在根本性的不同。《刑法》第276条破坏生产经营罪，是指通过毁坏机器设备、残害耕畜或其他方法破坏正常生产经营活动的犯罪行为。在传统观念上破坏生产经营的行为无疑是针对受害方所拥有的具体财物，而随着互联网、大数据和人工智能的迅猛发展，利用这些手段损毁对方商誉的行为，能否解释成破坏他人生产经营的"其他方法"呢？从《刑法》的体例结构上我们可以看出，破坏生产经营罪属于《刑法》分则中"侵犯财产罪"的一项罪名，而损害商业信誉、商品声誉罪则是《刑法》分则中"破坏社会主义市场经济秩序罪"的一项罪名，因此两者之间的根本性区别在于行为人的行为是侵犯了受害方的财产权益，还是在侵害对方财产权益的同时也损害了社会主义市场经济秩序。实施损害他人商誉的行为表面上看也会使对方生产、经营产生困难，甚至导致企业停业、停产，但是这种损害并非直接作用于生产经营活动本身，而是商誉问题间接导致的生产、经营受阻，是对企业商誉权和市场正当竞争秩序的侵害，而不是对受害方财产的直接破坏，因而这种行为即使存在严重的损害后果，也不能构成破坏生产经营罪，而属于损害商业信誉、商品声誉罪。

八、发布虚假广告

随着市场经济的蓬勃发展,广告已经成为商家传播商品、推销服务、拓展市场的重要信息手段,也是普通大众了解企业商誉、获取商品和服务信息,进而作出购买决定的主要信息媒介。如今大量的产品或服务信息通过各种各样的广告媒体被消费者知悉,广告宣传也逐渐成为商品产销或服务企业不可缺少的宣传途径。可是广告宣传也是一把"双刃剑",当今市场上存在大量的不法分子,他们通过虚假、夸张、不负责任的广告宣传达到促成销售目的。比如,某企业为推销其生产的减肥药,不仅谎称具有国家权威部门的医疗许可,还重金聘请名人代言,然而消费者使用后根本不能达到其宣传的效果,有些甚至出现严重的副作用。再如,某医院在电视广告中宣称能治疗某种疑难杂症,但是病人就诊后病情没有得到好转,而所花费的医疗费却十分高昂。这些不良的广告宣传行为严重侵害了广大消费者的合法权益,也严重扰乱了市场交易秩序,破坏了社会诚信体系。针对这种情况,我国《刑法》专门设置了"虚假广告罪"这项罪名。笔者在此提醒各位企业家,利用广告对商品或者服务作虚假宣传,情节严重的情况下,已不仅仅是单纯的行政违法行为,极有可能被以扰乱市场秩序的犯罪行为予以严惩。

典型案例

要点提示:广告主、广告经营者或广告发布者等单位或个人,通过广告对商品或者服务作虚假宣传,情节严重的,可能构成虚假广告罪。犯本罪的处 2 年以下有期徒刑或者拘役,并处或者单处罚金。

案例 1:天津老板唐某峰、王某苹虚假广告案

2017 年 9 月至 2019 年 6 月,被告人唐某峰借用某房地产开发有限公司资质,在未取得建设工程规划许可证、土地使用权、销售许可等审批手续的情况下,在天津市静海区某村集体用地上开发并对外销售水岸风情小区。被告人王某苹在明知水岸风情小区项目未取得相关行政许可手续的情况下,受唐某峰委托以其所经营的天津某置业有限公司向公众销售该小区房屋,对外发布"水岸风情小区是 70 年大产权房,可落户"等含虚假内容的广告。2018 年 4 月 24 日,2019 年 7 月 9 日、9 月 2 日,天津市静海区市场监督管理局 3 次对水岸风情小区项目虚假宣传行为进行处罚。唐某峰、王某苹在明知被处罚的情况下仍继续进行虚假宣传,唐某峰因无力退款造成多名购房者损失。2020 年 6 月 6 日,唐某峰经民警电话传唤到案。2020 年 7 月 1 日,王某苹经民警电话传唤到案。案发后,王某苹主动向公安机关退缴电商款 37 万元,唐某峰、王某苹退还了部分购房者的房款及电商费。

法院经审理认为,被告人唐某峰、王某苹违反法律规定,利用广告对商品作虚假宣传,2 年内受过行政处罚 2 次以上,仍利用广告作虚假宣传,属情节严重,其行为均构成虚假广告罪。两人经民警电话传唤到案并如实供述自己的罪行,均认定自首,且二被告人自愿认罪认罚,可依法对二被告人予以从轻处罚。王某苹主动向公安机关退缴电商款 37 万元由公安机关依法处理,结合被告人唐某峰及王某苹退还部分购房者房款及电商费的情节,法院在量刑时对二被告人酌情予以从轻处罚。综上,法院判决如下:(1)被告人唐某峰犯虚假广告罪,判处有期徒刑 8 个月,并处罚金人民币 5 万元。(2)被告人王某苹犯虚假广告罪,判处有期徒刑8个月,缓刑1年6个月,并处罚金人民币3万元。

案例2:贵州商人刘某井虚假广告案

被告人刘某井于2018年2月从贵州某生物科技有限公司以每瓶人民币90元的价格购进"苗王蛇酒",并于2018年3月起先后在启东市多个城镇开设会场,通过向附近村民上门发放传单宣传参加集会可以领取面条、鸡蛋等手段吸引村民。刘某井明知售卖的"苗王蛇酒"系普通食品酒,为谋取非法利益,在会场通过宣讲、播放视频等方式虚假宣传"苗王蛇酒"可以治疗高血压、脑梗、类风湿性关节炎等各种疾病,并以每瓶人民币290元的价格向村民销售。至2018年6月,刘某井通过上述手段共销售该"苗王蛇酒"894瓶,赠送"苗王蛇酒"422瓶,销售额计人民币259260元,违法所得计人民币140820元。刘某井于2019年5月27日到公安机关自动投案,到案后如实供述主要犯罪事实。审理期间,刘某井向法院退缴违法所得人民币9万元。

法院经审理认为,被告人刘某井违反国家规定,利用广告对商品作虚假宣传,情节严重,其行为已构成虚假广告罪。刘某井案发后自动投案,如实供述自己的罪行,认定为自首,可以从轻处罚。刘某井认罪认罚,可以从宽处理。刘某井退缴部分违法所得,有一定悔罪表现,酌情从轻处罚。综上,法院判决如下:(1)被告人刘某井犯虚假广告罪,判处拘役4个月,并处罚金人民币1万元。(2)责令被告人刘某井退缴违法所得人民币50820元,连同退缴在案的违法所得人民币9万元予以没收,上缴国库。

案例3:江西瑞邦健康产业有限公司及其销售人员虚假广告案

被告单位江西瑞邦健康产业有限公司注册成立于2017年7月,经营范围为健康管理咨询、预包装视频、日用百货、零售处方药与非处方药等依法需经批准的项目。2017年7月，该公司先后开设瑞邦满庭春店等6家门店，并要求6家门店的区域销售经理王某、店长龚某霞等人，在日常经营活动中向广大中老年消费者推销由公司销售的"君钛"胶原蛋白肽；各门店店长通过播放该公司提供的宣传视频、开展讲座等形式宣传"君钛"胶原蛋白肽具有治疗癌症、脑出血、降"三高"等医疗疗效。6家门店店长通过微信群"四区四区、争夺第一"的店长群进行沟通，"君钛"胶原蛋白肽销售款由门店店长直接汇入江西瑞邦健康产业有限公司，各门店店长通过销售提成从该公司获利。该公司销售的"君钛"胶原蛋白肽出厂价200元左右，门店出售价由公司统一定价685元至695元。2018年9月至10月，已查明以上6家门店"君钛"胶原蛋白肽销售金额合计1347090元。经鉴定，该公司各门店销售的"君钛"胶原蛋白肽为一般性固体饮料，系普通食品。

法院经审理认为，被告单位江西瑞邦健康产业有限公司，被告人王某、龚某霞等无视国家法律，利用广告对商品做虚假宣传，情节严重，其行为已构成虚假广告罪，应予以惩处。王某、龚某霞等人归案后如实供述自己的罪行，系坦白，依法可以从轻处罚。综上，法院判决如下：(1)被告单位江西瑞邦健康产业有限公司犯虚假广告罪，判处罚金人民币30万元；(2)被告人王某、龚某霞等人犯虚假广告罪，各判处有期徒刑10个月，并各处罚金人民币3万元。

法律索引

《中华人民共和国刑法》

第二百二十二条　广告主、广告经营者、广告发布者违反国家规定，利用广告对商品或者服务作虚假宣传，情节严重的，处二年以下有期徒刑或者拘役，并处或者单处罚金。

最高人民检察院、公安部《关于公安机关管辖的刑事案件立案追诉标准的规定（二）》（公通字〔2022〕12号）

第六十七条 ［虚假广告案（刑法第二百二十二条）］广告主、广告经营者、广告发布者违反国家规定，利用广告对商品或者服务作虚假宣传，涉嫌下列情形之一的，应予立案追诉：

（一）违法所得数额在十万元以上的；

（二）假借预防、控制突发事件、传染病防治的名义，利用广告作虚假宣传，致使多人上当受骗，违法所得数额在三万元以上的；

（三）利用广告对食品、药品作虚假宣传，违法所得数额在三万元以上的；

（四）虽未达到上述数额标准，但二年内因利用广告作虚假宣传受过二次以上行政处罚，又利用广告作虚假宣传的；

（五）造成严重危害后果或者恶劣社会影响的；

（六）其他情节严重的情形。

律师解读

一、本罪的犯罪主体是特殊主体

依据法律和司法解释的相关规定，本罪的犯罪主体包括广告主、广告经营者、广告发布者。其中，广告主是指为推销商品或者提供服务，而自行或者委托他人设计、制作、发布广告的单位或个人；广告经营者是指接受他人委托，提供广告设计、制作、服务的单位或个人；广告发布者是指为广告主或广告经营者具体实施广告发布的单位或个人。可以看出，本罪的犯罪主体包括各类单位，比如案例3中江西瑞邦健康产业有限公司就被法院以虚假广告罪判处罚金人民币30万元。依据法律规定，单位犯罪还应对单位直接负责的主管人员或其他直接责任人员判处刑罚。

二、虚假广告罪与诈骗罪的区别

首先，犯罪主体不同。虚假广告罪的犯罪主体是广告主、广告经营者和广告发布者，非此类主体不能构成本罪。而诈骗罪的犯罪主体属于一般主体，即任何自然人都可以构成该罪。单位不能成为普通诈骗犯罪的主体，但可以成为集资诈骗罪、票据诈骗罪、金融凭证诈骗罪、信用证诈骗罪、保险诈骗罪等特殊的诈骗犯罪主体。

其次，侵犯的客体不同。虚假广告罪侵犯的是国家对广告经营的管理制度，以及正常的市场交易秩序和社会诚信体系，犯罪对象是商品经济广告。而诈骗罪直接侵犯的则是公私财物的所有权，也即行为人意图通过实施诈骗的方式达到占有公私财物的目的，其犯罪对象是具体明确的公私财物。

再次，客观方面不同。虚假广告罪表现为违反国家关于广告管理的法律法规，通过广告对商品或服务作虚假宣传。通常情况下，对商品以及服务方面没有如实广而告之的，均属于欺诈性质的宣传。而诈骗罪则是采用隐瞒真相和虚构事实的方式，诱使受骗方直接交付财物，达到骗取对方财物的目的。

最后，刑罚程度不同。《刑法》第222条规定，犯虚假广告罪情节严重的，处2年以下有期徒刑或者拘役，并处或者单处罚金，也即虚假广告罪的刑罚上限为2年有期徒刑。而《刑法》第266条对诈骗罪的法定刑最高标准为无期徒刑，可见《刑法》对诈骗犯罪的刑罚措施更加严厉。

九、走私普通货物、物品

走私犯罪是一种由来已久的犯罪行为，世界各国对走私行为都予以严厉的法律制裁，以保障本国的市场经济秩序、国际贸易利益和社会和谐稳定。近年来，我国党和政府采取严厉的刑罚措施打击走私犯罪，有力震慑了走私分子的嚣张气焰，遏制了走私犯罪频繁发生的不良势头。但是，走私行为的暴利性质仍然吸引着很多人铤而走险，以身试法。2023年3月海关总署发布的2022年度典型走私案中，海关总署缉私局侦办的走私贵重金属案，涉案黄金57.57吨，钯金47.95吨，其他贵重金属53.63吨；拱北海关侦办的走私液晶显示屏案，案值40亿元；上海海关侦办的走私进口弹药案，查获各类火药动力制式手枪弹2.2万发；南宁海关侦办的走私水果案，案值47.3亿元；宁波海关侦办的走私文物案，查获国家二级文物1件、三级文物97件、一般文物1428件；汕头海关侦办的走私冻海产品案，案值9亿元；等等。可见，走私行为涉及的行业领域广，案值也越来越大，打击走私犯罪的形势依然严峻。在走私案件中，可将走私的物品分为普通货物、物品和特殊货物、物品，我国《刑法》除对走私普通货物、物品作出明确规定外，也对走私特殊货物、物品专门规定了刑罚措施。

典型案例

要点提示：我国针对走私武器、弹药、假币、文物、贵金属等专门制定了刑罚措施，走私除此之外的货物、物品，情节严重的，可构成走私普通货物、物品罪。"套购"情节严重的也属于走私犯罪。

案例1：上海商人王某走私普通货物案

王某系上海普宁商贸有限公司（以下简称普宁公司）法定代表人、总经理。2014年1月至2020年5月，普宁公司（另案处理）为谋取非法利益，经与外商共谋，在从西班牙、匈牙利等地进口葡萄酒、橄榄油等货物的过程中，由公司总经理王某决定，采取低报价格、伪报贸易方式以及瞒报设计费用等手段走私进口涉案货物，并指使时任公司副总经理金某（另案处理）向外商支付货款、差额货款、运费以及设计费，指使时任公司进口操作业务员翁某、陈某（另案处理）制作低价报关单证用于向海关申报进口。相关差额货款、运费、设计费则通过公司员工的个人账户以及"预付款""管理咨询费"等名义向外商支付。经海关部门核定，王某采用上述方式申报进口涉案货物，偷逃应缴税额共计人民币5658608.89元。2022年9月13日，王某主动回国投案，到案后如实交代了上述犯罪事实。

法院经审理认为，普宁公司为谋取非法利益，违反海关法规、逃避海关监管，采用低报价格、伪报贸易方式等方式向海关申报进口涉案货物，偷逃应缴税额达565万余元，情节特别严重。王某作为普宁公司总经理，决定并指使他人实施走私犯罪，应当追究其作为直接负责的主管人员的刑事责任，其行为已构成走私普通货物罪，依法应予惩处。在共同犯罪中，王某起主要作用，系主犯，应当按照其所参与的全部犯罪处罚。王某犯罪后能自动投案，如实供述自己的罪行，系自首，依法可以从轻或者减轻处罚；曾以普宁公司名义缴纳暂扣款160万元、罚金570万元，具有悔罪表现，可以酌情从轻处罚；自愿认罪认罚，依法可以从宽处理。综上，法院判决如下：(1)王某犯走私普通货物罪，判处有期徒刑3年，缓刑5年。(2)走私犯罪违法所得予以追缴。

案例 2：上海某公司走私普通货物、物品案

被告单位上海昌达国际贸易有限公司（以下简称昌达公司）成立于 2022 年 8 月 16 日，法定代表人为干某昌。2019 年 1 月至 9 月，昌达公司作为外贸经营单位为上海 A 有限公司代理进口热玛吉美容仪的业务。昌达公司法定代表人干某昌在明知 A 公司提供的申报价格低于实际成交价格及货物原产地是美国的情况下，仍接受 A 公司实际控制人郝某（另案处理）的委托制作虚假报关单证，以低于实际成交价格的金额、虚假的原产地向海关申报进口涉案货物，并依据郝某的要求对外支付部分差额货款。经海关部门计核，昌达公司、干某昌采用上述方式帮助 A 公司进口涉案货物 6 票，偷逃应缴税额共计人民币 1484717.35 元。2022 年 7 月 19 日，干某昌应侦查机关要求前往 A 公司办公场所配合问询，如实交代了上述犯罪事实，并配合提供相关单证，后主动跟随侦查人员至某局接受讯问。案发后，被告单位昌达公司主动缴纳暂扣款 5 万元。

法院经审理认为，被告昌达公司在代理进口业务过程中，为谋取非法利益，经与他人共谋共同违反海关监管法律法规，逃避海关监管，采取低报价格、伪报原产地的方式走私涉案货物入境，偷逃应缴税额 148 万余元，情节严重。被告人干某昌作为昌达公司直接负责的主管人员，决定并参与实施上述低报、伪报行为，昌达公司及干某昌的行为均已构成走私普通货物罪，依法应予惩处。干某昌作为昌达公司直接负责的主管人员，自动投案并如实供述自己及单位的罪行。昌达公司和干某昌均系自首，均可以从轻或者减轻处罚；自愿认罪认罚，庭前缴纳了暂扣款和全部罚金，均可以从宽处理。综上，法院判决如下：(1) 昌达公司犯走私普通货物罪，判处罚金人民币 50 万元。

(2)干某昌犯走私普通货物罪,判处有期徒刑1年3个月,缓刑1年3个月。(3)违法所得予以追缴,扣押在案的供犯罪所用的手机等财物予以没收。

案例3:海南谢某妮、李某英以"套购"方式走私普通货物案

2020年2月起,被告人谢某妮、李某英分别按照收购免税商品的客户要求,招募身边的亲朋好友作为代购人员,先后使用其本人及其母亲冯某手机号码为代购人员购买离岛船票,利用代购人员离岛免税额度,在中国免税品(集团)有限公司(以下简称中免公司)等公司网上购物App及海口市各实体免税店购买免税商品,购买完毕后由代购人员从海口市新海港至海安港码头提取套购的免税商品后乘船离岛,到达广东省徐闻县海安港后将免税商品直接面交、邮寄给谢某妮、李某英客户,或者带回海口市交由谢某妮、李某英邮寄给客户谋取非法利益。经查,2020年2月至2021年3月,谢某妮、李某英利用他人离岛身份信息及免税额度套购走私免税商品分别为2206件、899件,货值1569940.33元、972891.20元,经海口海关计核,两人偷逃应缴税额分别为284298.28元、164300.46元。此外,谢某妮、李某英还共同招募组织代购人员,套购走私离岛免税商品1326件,货值1612765.04元,经海口海关计核,偷逃应缴税额249143.58元。2021年3月10日,谢某妮、李某英经三亚海关缉私分局办案民警传唤到案,并如实供述自己的罪行;案发后,被告人谢某妮、李某英积极补缴偷逃税款,谢某妮向三亚海关补缴税款250704.76元,李某英向三亚海关补缴税款242202.28元,二人共计补缴税款492907.04元。

法院经审理认为,被告人谢某妮、李某英利用他人套购特定免税进口的货物,在未经海关许可并且未补缴应缴税额的情况下,擅自将特定免税进口的货物在境内销售牟利,谢某妮偷逃应缴税额533441.86

元，偷逃应缴税额巨大；李某英偷逃应缴税额413444.04元，偷逃应缴税额较大。谢某妮、李某英到案后如实供述自己的行为，系坦白。谢某妮、李某英自愿认罪认罚，且二人全额补缴税款，依法可以从宽处理。谢某妮、李某英共同以补缴税款的名义向法院预交款项204835.28元，予以折抵罚金，可以酌情从轻处罚。综上，法院判决如下：（1）谢某妮犯走私普通货物罪，判处有期徒刑3年，缓刑5年，并处罚金人民币42万元。（2）李某英犯走私普通货物罪，判处有期徒刑2年，缓刑3年，并处罚金人民币30万元。（3）涉案手机三部：谢某妮iPhone12手机一部、iPhone7手机一部，李某英iPhone11手机一部，予以没收，上缴国库。

法律索引

《中华人民共和国刑法》

第一百五十三条 走私本法第一百五十一条、第一百五十二条、第三百四十七条规定以外的货物、物品的，根据情节轻重，分别依照下列规定处罚：

（一）走私货物、物品偷逃应缴税额较大或者一年内曾因走私被给予二次行政处罚后又走私的，处三年以下有期徒刑或者拘役，并处偷逃应缴税额一倍以上五倍以下罚金。

（二）走私货物、物品偷逃应缴税额巨大或者有其他严重情节的，处三年以上十年以下有期徒刑，并处偷逃应缴税额一倍以上五倍以下罚金。

（三）走私货物、物品偷逃应缴税额特别巨大或者有其他特别严重情节的，处十年以上有期徒刑或者无期徒刑，并处偷逃应缴税额一倍以上五倍以下罚金或者没收财产。

单位犯前款罪的，对单位判处罚金，并对其直接负责的主管人员和其他直接责任人员，处三年以下有期徒刑或者拘役；情节严重的，处三年以上十年以下有期徒刑；情节特别严重的，处十年以上有期徒刑。

对多次走私未经处理的，按照累计走私货物、物品的偷逃应缴税额处罚。

第一百五十四条 下列走私行为，根据本节规定构成犯罪的，依照本法第一百五十三条的规定定罪处罚：

（一）未经海关许可并且未补缴应缴税额，擅自将批准进口的来料加工、来件装配、补偿贸易的原材料、零件、制成品、设备等保税货物，在境内销售牟利的；

（二）未经海关许可并且未补缴应缴税额，擅自将特定减税、免税进口的货物、物品，在境内销售牟利的。

第一百五十六条 与走私罪犯通谋，为其提供贷款、资金、帐号、发票、证明，或者为其提供运输、保管、邮寄或者其他方便的，以走私罪的共犯论处。

第一百五十七条 武装掩护走私的，依照本法第一百五十一条第一款的规定从重处罚。

以暴力、威胁方法抗拒缉私的，以走私罪和本法第二百七十七条规定的阻碍国家机关工作人员依法执行职务罪，依照数罪并罚的规定处罚。

最高人民法院、最高人民检察院《关于办理走私刑事案件适用法律若干问题的解释》（法释〔2014〕10号）

第十六条第一款 走私普通货物、物品，偷逃应缴税额在十万元以上不满五十万元的，应当认定为刑法第一百五十三条第一款规定的"偷逃应缴税额较大";偷逃应缴税额在五十万元以上不满二百五十万元的,应当认定为"偷逃应缴税额巨大";偷逃应缴税额在二百五十万元以上的,应当认定为"偷逃应缴税额特别巨大"。

第二十条第一款 直接向走私人非法收购走私进口的货物、物品,在内海、领海、界河、界湖运输、收购、贩卖国家禁止进出口的物品,或者没有合法证明,在内海、领海、界河、界湖运输、收购、贩卖国家限制进出口的货物、物品,构成犯罪的,应当按照走私货物、物品的种类,分别依照刑法第一百五十一条、第一百五十二条、第一百五十三条、第三百四十七条、第三百五十条的规定定罪处罚。

律师解读

一、本罪与其他走私犯罪的区别

本罪与其他特殊货物、物品走私犯罪的区别主要是犯罪对象不同。法律对其他特殊货物、物品走私犯罪进行了明确规定,如禁止走私毒品、武器、弹药、核材料、伪造的货币、珍贵动物及其制品、珍稀植物及其制品、国家禁止出口的文物、黄金、白银和其他贵重金属、淫秽物品,等等。本罪则是除这些物品之外的其他货物、物品。但是随着国家对走私犯罪的严厉、精确打击,越来越多的货物、物品被作出单独的刑罚规定,因此本罪的犯罪对象也在逐渐缩小。

二、避免成为走私犯罪的共犯

《刑法》第156条明确规定,与走私罪犯通谋,为其提供贷款、资金、账号、发票、证明,或者为其提供运输、保管、邮寄或者其他方便的,均以走私犯罪的共犯论处。现实生活中,人们很容易被犯罪分子蒙蔽和蛊惑,帮助其实施上述犯罪行为,而不知不觉中成为走私犯罪分子的共犯。因此,大家必须时刻警惕身边可能存在的犯罪行为，抵制外界的各种诱惑，识破犯罪分子的圈套和伎俩，及时纠正自己的不当行为，避免受到刑事处罚。

三、"套购"可能构成走私犯罪

在海南离岛免税商品交易过程中，逐渐产生了一种新型的"套购"走私行为。所谓"套购"，是指行为人利用他人离岛免税购物资格和额度，组织分散购买免税品再进一步销售牟利的违法行为。这种行为由于违反了离岛免税购物"不得进入国内市场再次销售"的强制性规定，明确属于违法行为，因此在情节严重的情况下可能构成走私犯罪。比如前述案例3中，法院明确认定谢某妮、李某英利用他人套购特定免税进口的货物，在未经海关许可并且未补缴应缴税额情况下，擅自将特定免税进口的货物在境内销售牟利，且数额分别为巨大和较大，因此以走私普通货物罪判决两人承担相应的刑事责任。

第四部分 企业家在企业财务管理中的法律风险

一、职务侵占

职务侵占是指公司、企业或其他单位的工作人员,利用职务上的便利,非法将单位财物据为己有的行为。当侵占的财物数额达到一定标准,行为人就有可能构成职务侵占罪。我国《刑法》第271条规定了职务侵占罪的刑罚标准,其中最低的刑罚措施为拘役,最高的刑罚措施则为无期徒刑,且在判处主刑同时均并处罚金。最高人民检察院、公安部《关于公安机关管辖的刑事案件立案追诉标准的规定(二)》(公通字〔2022〕12号)第76条规定,侵占数额在3万元以上的应予立案追诉。可以看出,我国对职务侵占犯罪行为的刑罚措施相对比较严厉。

回顾职务侵占罪的发展历史,其来源于1995年全国人大常委会《关于惩治违反公司法的犯罪的决定》中的侵占罪。该决定的主要目的是将集体经济组织工作人员等人员的职务侵占行为从贪污罪中剥离出来,以明确公私职务犯罪的界限,弥补法益保护的不足。时至今日,职务侵占罪逐渐成为企业家或企业工作人员最常触犯的罪名之一。一方面,企业家或企业工作人员较淡薄的法治观念、较匮乏的法律知识使自身极易触犯该罪名;另一方面,职务侵占行为也严重影响了企业的正常生产经营,这种不当行为引发的风险越来越成为悬在企业家和企业头上的"达摩克利斯之剑"。

典型案例

要点提示：行为人利用工作上主管、管理或者经手本单位财物的便利条件，将本单位数额较大的财物非法占为己有，可能构成职务侵占罪。公司股东、董事、监事或高级管理人员等是本罪的高发人群。

案例1：福建某公司董事张某钦职务侵占案

厦门合邦公司成立于2002年6月24日，法定代表人、董事长为被告人张某钦。合邦公司于2013年4月8日与泰宁县政府签订招商引资建设合同，约定合邦公司在泰宁县行政区域范围内设立项目公司，对泰宁县城西新区范围内的土地整治工程进行投资、融资和实施建设等。2013年7月1日，合邦公司在泰宁县成立福建正新城市建设投资有限公司（以下简称正新公司），被告张某钦为该公司董事。2014年7月，泰宁县政府根据相关要求与合邦公司、正新公司等签订了关于终止合作关系的协议，并安排其他公司与张某钦等人签署《股权转让协议》，完成正新公司全部股权转让交易。张某钦作为正新公司投资人、董事，在签订《股权转让协议》之后、正式移交公司之前，利用其负责公司外部沟通接洽、处理公司后续收尾工作的职务便利，虚构投资咨询服务项目，伪造正新公司咨询费用成本支出，安排正新公司于2014年8月4日向某公司转账96万元后，使用其个人账户接收转回的钱款88万元，并将该钱款用于个人消费。

法院经审理认为，被告人张某钦作为正新公司的投资人、董事，利用职务便利，将其单位钱款非法占为己有，数额较大，其行为构成职务侵占罪。张某钦归案后如实供述自己犯罪事实，属坦白；其退缴全部涉案钱款并取得谅解，均可以从轻处罚。被告人张某钦自愿认罪认罚，主动预缴罚金，可以从宽处理。法院遂判决：（1）被告人张某钦犯职务侵占罪，判处有期徒刑1年5个月，缓刑1年8个月，并处罚金人民币3万元；（2）张某钦退缴的钱款人民币96万元，由公安机关依法发还正新公司。

案例2：广东某公司总经理蔡某林职务侵占案

被告人蔡某林系被害单位珠海市厚生公司总经理及技术研发负责人，负责厚生公司的日常经营管理。2017年12月，蔡某林受董事长刘某的委托，负责与某大学商谈中药制剂、保健食品的合作研发项目。蔡某林为达到侵占厚生公司研发资金的目的，让郑某帮忙提供可以用于走账的公司，用于签订名为技术服务、实为走账的合同。在蔡某林的协调和安排下，厚生公司于2017年12月分别与某大学研发团队以及蔡某林安排的其他公司签订了技术开发服务合同，其中用于走账的合同金额为790万元、460万元。在蔡某林的授意下，厚生公司按合同约定向走账公司分别支付研发费用616.2万元、398万元。走账公司扣除手续费后将剩余款项全部转入被告人蔡某林实际控制的银行账户。2019年1月至4月，蔡某林通过类似手段多次侵占公司技术开发和合作资金。经核算，本案中蔡某林的犯罪总金额为2024.2万元。

法院经审理认为，被告人蔡某林利用职务便利，将被害单位的财物非法占为己有，数额巨大，该行为已构成职务侵占罪。法院遂判决：（1）被告人蔡某林犯职务侵占罪，判处有期徒刑10年，并处罚金人民币100万元；（2）责令蔡某林于判决生效后7日内向被害单位厚生公司退赔人民币19259400元。

案例3：四川某物流公司法定代表人、执行董事兼总经理钟某职务侵占案

被告人钟某系四川省威达物流有限公司（以下简称威达公司）法定代表人、执行董事兼总经理。2014年1月28日，钟某代表威达公司与王某签订借款协议,向王某借款3000万元,利息每月支付45万元,在每月第1日前支付,借款期限2年。随后,钟某伪造借款协议,将利息伪造成每月支付105万元,并将协议交至威达公司财务室。2014年1月29日,威达公司收到王某转账2720万元,加上交付给该公司的银行承兑汇票280万元,共计3000万元。钟某让龙某在建设银行办理一张银行卡交给自己使用。钟某采取虚构支付居间费90万元及王某月息105万元的方法,从威达公司财务室套取195万元转账至龙某建设银行卡。钟某收到195万元后,安排刘某于2014年1月30日向王某转款45万元支付3000万元借款利息。钟某在向王某转款45万元后,将剩余的150万元非法据为己有,其中的104.99万元被转入钟某个人其他账户或他人账户或取现使用。后钟某采用相同方法套取资金,最终实际套取资金共计246.34万元。

法院经审理认为,钟某作为威达公司的法定代表人、执行董事兼总经理,利用职务上的便利,采用虚增利息、居间费的方式,非法套取公司资金246.34万元据为己有,数额巨大,其行为已构成职务侵占罪。法院遂判决:(1)被告人钟某犯职务侵占罪,判处有期徒刑4年,并处罚金人民币80万元;(2)责令钟某退赔被害单位威达公司损失人民币246.34万元。

法律索引

《中华人民共和国刑法》

第二百七十一条第一款 公司、企业或者其他单位的工作人员,利用职务上的便利,将本单位财物非法占为己有,数额较大的,处三年以下有期徒刑或者拘役,并处罚金;数额巨大的,处三年以上十年以下有期徒刑,并处罚金;数额特别巨大的,处十年以上有期徒刑或者无期徒刑，并处罚金。

最高人民检察院、公安部《关于公安机关管辖的刑事案件立案追诉标准的规定（二）》（公通字〔2022〕12号）

第七十六条 [职务侵占案（刑法第二百七十一条第一款）]公司、企业或者其他单位的工作人员，利用职务上的便利，将本单位财物非法占为己有，数额在三万元以上的，应予立案追诉。

最高人民法院、最高人民检察院《关于办理贪污贿赂刑事案件适用法律若干问题的解释》（法释〔2016〕9号）

第一条第一款 贪污或者受贿数额在三万元以上不满二十万元的，应当认定为刑法第三百八十三条第一款规定的"数额较大"，依法判处三年以下有期徒刑或者拘役，并处罚金。

第十一条第一款 刑法第一百六十三条规定的非国家工作人员受贿罪、第二百七十一条规定的职务侵占罪中的"数额较大""数额巨大"的数额起点，按照本解释关于受贿罪、贪污罪相对应的数额标准规定的二倍、五倍执行。

律师解读

一、本罪立案追诉标准和量刑区间

根据最高人民检察院、公安部《关于公安机关管辖的刑事案件立案追诉标准的规定（二）》（公通字〔2022〕12号）第76条的规定，本罪立案追诉的犯罪数额起点为3万元（含）以上。根据最高人民法院、最高人民检察院《关于办理贪污贿赂刑事案件适用法律若干问题的解释》（法释〔2016〕9号）第11条的规定，犯本罪达到"数额较大"的标准为6万元，"数额巨大"的标准为100万元。基于以上规

151

定，本罪的量刑区间为：3万元≤犯罪数额＜6万元的，一般应判处3年以下有期徒刑或者拘役，并处罚金；6万元≤犯罪数额＜100万元的，一般应判处3年以上10年以下有期徒刑，并处罚金；100万元≤犯罪数额，一般应判处10年以上有期徒刑或者无期徒刑，并处罚金。

二、不能认定构成本罪的几种情形

第一，侵占个体工商户的财产不构成本罪。本罪的犯罪主体是公司、企业或者其他单位的工作人员，即只有单位内的工作人员才能成为本罪的犯罪主体。而个体工商户不具备单位主体资格，实质上属于个人经营主体，因此个体工商户雇用的帮工、学徒、雇员等侵占其财产的，不能构成本罪。

第二，侵占民间自发组织的财产不构成本罪。民间自发组织是指未经登记、报备而由个别群众自发性组织起来的活动团体，如老年舞蹈团、爱乐合唱团、城市"暴走"团、跑酷团等。这些组织不是《刑法》第271条所规定的"受害单位"，因此即使行为人侵占了这些组织的财产，也不能构成本罪。

第三，不是本单位的工作人员不能构成本罪。由于本罪属于职务犯罪，因此不是公司、企业或者其他单位中特定的工作人员，就不可能利用工作便利而实施侵占行为，因此也就不能构成本罪。实践中，并不要求工作人员必须签订劳动合同、购买社会保险等，只要单位赋予其工作职责，其就有廉洁履责的法律义务。

第四，未利用职务便利实施侵占不构成本罪。本罪客观表现的显著特点就是"利用职务上的便利"，本质是行为人利用自己在职务上所具有的主管、管理或者经手本单位财物的便利条件，所实施的侵占行为。如果行为人没有利用自己工作职务上的便利条件，即使实施了非法占有单位财物的行为，也不应以本罪论处。

三、职务侵占罪与侵占罪的主要区别

第一，犯罪主体不同。职务侵占罪的主体是公司、企业或者其他单位的工作人员，具有特殊主体身份；而侵占罪的犯罪主体是一般主体，即具有法定刑事责任能力的自然人均可成为该罪的主体。

第二，客观表现不同。职务侵占罪在行为上表现为"利用职务之便"，而将本单位财物占为己有；而侵占罪的客观表现通常是将他人委托保管的财物、遗忘物或者埋藏物占为己有，且拒不归还。

第三，侵害对象不同。职务侵占罪的犯罪对象是公司、企业或者其他单位的财物，侵犯的是行为人所在单位对财物的所有权；而侵占罪所侵犯的则是与行为人无关的单位或个人对其财物的所有权。

第四，诉讼主体不同。职务侵占罪属于公诉案件，必须由相应的司法机关依职权启动追诉程序，并由检察机关依法行使公诉人职责。而侵占罪属于自诉案件，只有当事人提起诉讼后才依法进行处理。

二、挪用资金

挪用资金罪是我国《刑法》第272条规定的一项罪名,它是指公司、企业或者其他单位的工作人员,利用职务上的便利,挪用本单位资金归个人使用或者借贷给他人,数额较大、超过3个月未还的,或者虽未超过3个月,但数额较大、进行营利活动的,或者进行非法活动的行为。根据该条规定,挪用资金犯罪的主要行为特征是挪用本单位资金归个人使用或者借贷给他人,即无论是自己使用还是借给他人都属于挪用。此处的"挪用"是指无权动用而擅自使用,或者虽有权动用而违反财务制度擅自使用。构成本罪的主要情形包括:(1)挪用资金数额较大超过3个月未还;(2)挪用资金数额较大进行营利活动;(3)挪用资金进行非法活动。可以看出,行为人单纯挪用资金,只要3个月内归还则不属于犯罪。而挪用数额较大资金从事营利性活动的,无论是否归还都以犯罪论处,因为从事营利性活动直接侵害了公司对资金的使用和收益权。最严重的是挪用资金进行非法活动,其不仅侵害了公司的资金权益,也严重危害社会管理秩序,因此无论数额多少、是否归还均以犯罪论处。根据司法实践中的案例统计,企业的实际控制人、经营负责人、财务部门工作人员或业务部门管理人员等都是容易触犯本罪的主体,因此作为企业家既应当洁身自好,时刻提醒自身远离职务犯罪,也应当时刻保持警惕,做好企业资金的制度管控和风险防范,避免企业遭受不必要的损失。

典型案例

要点提示：行为人挪用本单位资金归个人使用或者借贷给他人，构成挪用资金罪的情形：（1）数额较大且超过3个月未还；（2）虽未超过3个月，但数额较大、进行营利活动；（3）进行非法活动。

案例1：安徽宿州某公司法定代表人张某祥挪用资金案

2018年1月至3月，被告人张某祥利用其担任宿州某精密机械有限公司法定代表人的职务便利，多次将该公司账户上的资金83万元转至其个人银行账户。经过该公司盘点核算，在83万元中张某祥挪用362664.89元用于个人开支，且超过3个月未归还。张某祥于2021年12月15日在乘坐列车时被公安机关抓获，经查张某祥于2018年8月9日已全部退还挪用的资金并取得公司的谅解。

法院经审理认为，被告人张某祥利用职务上的便利，挪用本单位资金归个人使用，数额较大，超过3个月未还，构成挪用资金罪，应予依法惩处。张某祥归案后如实供述自己的犯罪事实，系坦白，在提起公诉前已全部归还挪用资金并取得谅解，且系初犯，认罪认罚，可以从轻处罚。法院最终判决：被告人张某祥犯挪用资金罪，判处有期徒刑10个月，缓刑1年。

案例2：浙江宁波真泰科技有限公司总经理任某君挪用资金案

被告人任某君系宁波博远经贸有限公司（以下简称博远公司）实际经营人。2012年起，博远公司因出借资金等出现资金缺口。2013年6月，任某君被聘任为宁波真泰科技有限公司（以下简称真泰公司）总经理。2014年至2016年，任某君利用担任真泰公司总经理的职务之便，将真泰公司资金挪用至博远公司。任某君操纵真泰公司、博远公司与相关单位进行无实际货物交易的虚假贸易，通过签订采购合同等方式,将挪用导致的真泰公司资金缺口予以平账以及重新挪用资金、拖延还款,最终完成资金循环走账。通过上述方式,任某君累计挪用真泰公司的资金6483万元。

法院经审理认为,被告人任某君利用职务上的便利,挪用本单位资金进行营利活动,且属数额巨大,其行为已构成挪用资金罪。法院最终判决:(1)被告人任某君犯挪用资金罪,判处有期徒刑3年6个月。(2)责令任某君、博远公司退赔真泰公司6483万元。

案例3:山东烟台某公司出纳董某超挪用资金案

被告人董某超在担任烟台某公司出纳期间,利用其收取、管理该公司资金的职务便利,于2009年11月至2019年7月,先后多次挪用某公司资金共计人民币89874775元。董某超将其中的88926407.36元转至个人银行账户,用于购买银行理财产品进行营利活动,共计产生理财分红、利息等收益1173701.36元;将其中的948368元用于购买房产、汽车等个人消费品,且超过3个月未还。截至案发时被告人董某超仍有7465161.78元资金未归还某公司。

法院经审理认为,被告人董某超挪用本公司资金用于购买房产、汽车等个人消费,数额巨大(948368元)且超过3个月未还;挪用本公司资金进行营利活动,数额巨大(88926407.36元),截至案发时仍有7465161.78元挪用资金尚未归还公司,其行为已构成挪用资金罪。董某超在提起公诉前退缴违法所得现金人民币1848800元及轿车、手表等,依法可酌情从轻处罚。法院最终判决:(1)被告人董某超犯挪用资金罪,判处有期徒刑5年。(2)被告人董某超到案后已上缴但未随案移送的违法所得现金1848800元于判决生效后由检察机关返还某公司;扣除上述款项外,被告人董某超应退赔某公司5525997.54元。(3)责令被告人董某超退缴挪用资金所得收益1173701.36元。

法律索引

《中华人民共和国刑法》

第二百七十二条第一款 公司、企业或者其他单位的工作人员，利用职务上的便利，挪用本单位资金归个人使用或者借贷给他人，数额较大、超过三个月未还的，或者虽未超过三个月，但数额较大、进行营利活动的，或者进行非法活动的，处三年以下有期徒刑或者拘役；挪用本单位资金数额巨大的，处三年以上七年以下有期徒刑；数额特别巨大的，处七年以上有期徒刑。

最高人民法院、最高人民检察院《关于办理贪污贿赂刑事案件适用法律若干问题的解释》（法释〔2016〕9号）

第十一条第二款 刑法第二百七十二条规定的挪用资金罪中的"数额较大""数额巨大"以及"进行非法活动"情形的数额起点，按照本解释关于挪用公款罪"数额较大""情节严重"以及"进行非法活动"的数额标准规定的二倍执行。

最高人民检察院、公安部《关于公安机关管辖的刑事案件立案追诉标准的规定（二）》（公通字〔2022〕12号）

第七十七条 [挪用资金案（刑法第二百七十二条第一款）]公司、企业或者其他单位的工作人员，利用职务上的便利，挪用本单位资金归个人使用或者借贷给他人，涉嫌下列情形之一的，应予立案追诉：

（一）挪用本单位资金数额在五万元以上，超过三个月未还的；

（二）挪用本单位资金数额在五万元以上，进行营利活动的；

（三）挪用本单位资金数额在三万元以上，进行非法活动的。

具有下列情形之一的，属于本条规定的"归个人使用"：

（一）将本单位资金供本人、亲友或者其他自然人使用的；

（二）以个人名义将本单位资金供其他单位使用的；

（三）个人决定以单位名义将本单位资金供其他单位使用，谋取个人利益的。

最高人民检察院《关于挪用尚未注册成立公司资金的行为适用法律问题的批复》（高检发研字〔2000〕19号）

筹建公司的工作人员在公司登记注册前，利用职务上的便利，挪用准备设立的公司在银行开设的临时账户上的资金，归个人使用或者借贷给他人，数额较大、超过三个月未还的，或者虽未超过三个月，但数额较大、进行营利活动的，或者进行非法活动的，应当根据刑法第二百七十二条的规定，追究刑事责任。

律师解读

一、挪用资金罪的相关法律认定问题

第一，未达法定标准不能以本罪立案追诉。根据法律和司法解释的相关规定，本罪立案追诉的标准应当是：行为人挪用资金后正常使用或进行营利活动的，挪用金额达到5万元应予案追诉；行为人挪用资金后进行非法活动的，挪用金额达到3万元应予立案追诉。未达到上述标准则不应予以立案追诉。

第二，不是本单位工作人员不能构成本罪。《刑法》第272条明确表述为"公司、企业或者其他单位的工作人员，利用职务上的便利……"，因此本罪的犯罪主体属于特殊主体，即本单位的工作人员。如果不是本单位工作人员，则不符合"利用职务上的便利"的犯罪特征，即使存在挪用资金的情况也不能构成本罪，但是可能会构成盗窃等其他罪名。

第三，行为人挪用的必须是本单位的资金。《刑法》第272条明确表述为"……挪用本单位资金归个人使用或借贷给他人……"，因此构成本罪的前提是行为人挪用了属于本单位的资金。当然也有例外，比如一人有限公司中股东与公司的财产无法明确区分，一人有限公司的股东即使挪用本单位资金，也不属于侵犯本单位的合法权益，不具备相应的社会危害性，因此不能构成本罪。

第四，构成挪用后又退还不影响本罪成立。本罪属于典型的行为犯，即行为人只要实施了挪用资金的行为且达到法定追诉标准即构成犯罪。如果行为人事后将资金退还给了本单位，客观上虽然没有造成本单位资金损失，但是犯罪事实已经形成，因此不能免除刑事处罚。案例1中的情况即是如此，张某祥在司法机关立案追诉前已将资金退还且取得了本单位的谅解，但是法院仍然判决其承担刑事责任。

二、挪用资金罪与挪用公款罪的区别

第一，犯罪主体不同。挪用资金罪的主体是公司、企业或者其他单位的工作人员，其中不包括国家工作人员；而挪用公款罪的主体必须是国家工作人员，也包括协助执行公务的相关人员等。

第二，侵犯客体不同。挪用资金罪侵犯的是公司、企业或者其他单位的资金使用权，以及国家对公司、企业等单位的财务管理制度；而挪用公款罪侵犯的是公共财产的所有权，以及国家财政管理制度。

第三，挪用范围不同。挪用资金罪专指行为人挪用本单位的钱款；而挪用公款罪中不仅包括公共资金，还包括用于救灾、抢险、防汛、优抚、扶贫、移民、救济等方面的物品等。

三、挪用资金罪与职务侵占罪的区别

第一，犯罪的主观目的不同。挪用资金罪中，行为人的目的是非法取得本单位资金的使用权，而不以非法占有为目的，具有事后归还的主观意图；职务侵占罪中，行为人的目的是将本单位财物非法据为己有，不具有归还的意图。

第二，犯罪客体和对象不同。挪用资金罪侵犯的是公司、企业或者其他单位的资金的使用权，犯罪对象为本单位的资金；职务侵占罪侵犯的是公司、企业或者其他单位的财产所有权，犯罪对象既包括资金也包括其他财物。

第三，犯罪的行为方式不同。挪用资金罪的行为方式表现为行为人未经合法批准或许可，擅自将资金挪给自己使用或者借贷给他人使用；职务侵占罪的行为方式表现为行为人以不当的手段非法占有本单位的财物。

三、妨害清算

随着社会主义市场经济的快速发展，公司、企业的设立、合并、解散或者破产等情况越来越常见，其中公司、企业的合并、解散或者破产都应当依法履行清算程序。"清算"是指公司、企业在合并、解散或者破产过程中依照法律规定对自身的债权债务进行全面清理的活动。如果公司、企业在进行清算时出现了隐匿财产，对资产负债表或者财产清单作虚假记载，在未清偿债务前擅自分配公司、企业财产等严重损害债权人或者其他人利益的行为，则可能构成妨害清算罪。我国《刑法》第162条规定，公司、企业犯妨害清算罪的，应当对其直接负责的主管人员和其他直接责任人员处5年以下有期徒刑或者拘役，并处或者单处2万元以上20万元以下罚金。由此可以看出，公司、企业犯本罪时，仅对其直接负责的主管人员和其他直接责任人员进行处罚，而不对公司、企业本身进行处罚。因为本罪的立法目的在于保护债权人或者其他人的合法权益。

典型案例

要点提示：公司、企业在清算时如果出现隐匿财产、提供虚假会计档案资料或者私分财产等行为，可能构成妨害清算罪。本罪只处罚直接负责的主管人员和其他直接责任人员，并不处罚公司、企业。

案例1：浙江诸暨某彩印厂妨害清算案

被告人章某琴于2002年9月5日出资设立诸暨市某彩印厂并生产

经营。该彩印厂在实际经营过程中因管理不善产生大量债务,章某琴担心企业破产自身遭受损失,为隐匿相关财产,于2013年10月15日与第三人赵某签订虚假的房屋转让协议,约定以100万元的价格将彩印厂厂房转让给赵某,并以二人银行账户之间的其他交易明细、现金收款作为支付100万元的凭证。2015年11月16日,章某琴因无法继续经营,以彩印厂的名义向诸暨市人民法院申请破产。诸暨市人民法院裁定受理该企业破产清算申请,并指定浙江某律师事务所作为资产管理人。章某琴在清算过程中向管理人提供了其与赵某签订的虚假转让协议和付款凭证。资产管理人认为该转让协议存疑,遂提请诸暨市人民法院确认无效,诸暨市人民法院经审理,判决上述转让协议无效,章某琴、赵某的行为最终未对彩印厂的破产清算造成实质性的损害后果。

法院经审理认为,诸暨市某彩印厂在企业进行清算时隐匿资产,严重损害债权人或者其他人的利益,章某琴作为该企业直接负责的主管人员,其行为已构成妨害清算罪,应依法追究其刑事责任。鉴于章某琴系犯罪未遂,且在归案后能如实供述自己的罪行,依法予以从轻处罚。综合考虑被告人章某琴的犯罪性质、情节、社会危害性以及认罪悔罪表现,法院决定依法对其适用缓刑。法院最终判决:章某琴犯妨害清算罪,判处有期徒刑10个月,缓刑1年,并处罚金人民币3万元。

案例2:四川荣达贸易有限公司妨害清算案

2008年6月,被告人徐某忠与何某平、吴某东共同出资成立四川荣达贸易有限公司(以下简称荣达公司)。2009年2月,荣达公司股东变更为徐某忠、白某富,其中白某富系代徐某忠持有股份。荣达公司于2011年9月核准注销。2011年6月至9月,徐某忠作为荣达公司实际控制人及清算组成员，在荣达公司注销清算过程中，隐瞒对某公司负债400余万元的事实，并制作虚假清算报告，在未清偿荣达公司债务前分配荣达公司财产90余万元，致使某公司债权在清算时未能实现，利益受到严重侵害。

法院经审理认为，被告人徐某忠进行公司清算时，在未清偿债务前分配公司财产，严重损害债权人利益，其行为构成妨害清算罪，依法应予处罚。徐某忠到案后如实供述自己的犯罪事实，具有坦白情节，可以从轻处罚；案发后，积极支付某公司90余万元，可酌情从轻处罚。法院最终判决：徐某忠犯妨害清算罪，判处有期徒刑7个月，并处罚金人民币2万元。

案例3：福建永安龙乐水泥有限公司妨害清算及其实际控制人卢某世挪用资金案

福建省永安市龙乐水泥有限公司（以下简称龙乐公司）于2003年12月16日成立，被告人卢某世系该公司股东曾某某的丈夫，也是龙乐公司实际出资人和经营者之一。2009年12月1日，龙乐公司因经营不善宣告关闭，出资人会议决定委托卢某世为公司关闭相关事务的具体经办人，款项往来由卢某世个人账户进行管理。2009年12月26日，龙乐公司召开出资人会议，决定成立清算组；2009年12月29日进行工商登记备案。卢某世系清算组直接负责的主管人员。在此期间，清算组在未将所有债务全部清偿完毕或按比例清偿完毕之前，擅自将964万元剩余财产分配，进行个别债务清偿，卢某世利用负责管理龙乐公司清算资金的职务便利，多次擅自挪用公司资金共计人民币763万元。2016年12月21日，卢某世被公安机关电话通知到案。

法院经审理认为，龙乐公司进行清算时，清算组在债务未清偿完毕之前先行清偿个别债务共计人民币964万元，严重损害债权人的利益。卢某世作为该公司清算组直接负责的主管人员，构成妨害清算罪。卢某世案发后自动投案并如实供述犯罪事实，虽然对客观行为的定性存在不同意见，但不影响其如实供述的认定，属于自首，可以从轻处罚。法院最终判决：被告人卢某世犯妨害清算罪，判处有期徒刑8个月，并处罚金人民币5万元；犯挪用资金罪，判处有期徒刑2年。数罪并罚，决定执行有期徒刑2年3个月，并处罚金人民币5万元。

法律索引

《中华人民共和国刑法》

第一百六十二条　公司、企业进行清算时，隐匿财产，对资产负债表或者财产清单作虚伪记载或者在未清偿债务前分配公司、企业财产，严重损害债权人或者其他人利益的，对其直接负责的主管人员和其他直接责任人员，处五年以下有期徒刑或者拘役，并处或者单处二万元以上二十万元以下罚金。

最高人民检察院、公安部《关于公安机关管辖的刑事案件立案追诉标准的规定（二）》（公通字〔2022〕12号）

第七条　[妨害清算案（刑法第一百六十二条）] 公司、企业进行清算时，隐匿财产，对资产负债表或者财产清单作虚伪记载或者在未清偿债务前分配公司、企业财产，涉嫌下列情形之一的，应予立案追诉：

（一）隐匿财产价值在五十万元以上的；

（二）对资产负债表或者财产清单作虚伪记载涉及金额在五十万元以上的；

（三）在未清偿债务前分配公司、企业财产价值在五十万元以上的；

（四）造成债权人或者其他人直接经济损失数额累计在十万元以上的；

（五）虽未达到上述数额标准，但应清偿的职工的工资、社会保险费用和法定补偿金得不到及时清偿，造成恶劣社会影响的；

（六）其他严重损害债权人或者其他人利益的情形。

律师解读

一、妨害清算罪主要行为和刑罚特点

根据《刑法》第 162 条及相关司法解释的明确规定，并参照前述相关案例，我们可以看出妨害清算罪具有如下特点。

第一，本罪的犯罪主体是单位，而受罚对象却是个人。根据《刑法》第 162 条的规定，本罪是公司、企业在清算过程中实施的违法行为，而该条规定并没有对公司、企业作出任何刑事处罚，仅规定对公司、企业直接负责的主管人员和其他直接责任人员进行处罚，刑罚措施包括有期徒刑或拘役，并处罚金。

第二，特殊情形下个人也可以成为本罪的犯罪主体。本罪的犯罪主体在一般情况下是进行清算的公司或企业法人。但是在司法实践中，如果公司、企业进入清算后，清算组成员与公司、企业相勾结，共同实施《刑法》第 162 条规定的犯罪行为且造成严重后果的，也应当依照该条规定以共同犯罪追究其刑事责任。

第三，妨害清算须达到严重损害的程度才构成本罪。本罪应当严格按照最高人民检察院、公安部《关于公安机关管辖的刑事案件立案追诉标准的规定（二）》（公通字〔2022〕12 号）第 7 条的规定进行立案追诉，如果妨害清算行为没有影响向债权人履行清偿义务，或者对

债权人或者其他人利益虽有损害但尚未达到法定的严重程度，则不应以本罪论处。

第四，债权人利益与其他人的利益情形应当明确区分。严重损害债权人的利益，是指公司、企业妨害清算的行为使本应得到偿还的债权人的大额债务无法得到偿还。严重损害其他人的利益，是指除普通债权人以外，公司、企业长期拖欠职工工资、社保，国家巨额税款等得不到及时支付和清偿等情形。

二、妨害清算罪中"清算时"的界定

根据《公司法》第239条"公司清算结束后，清算组应当制作清算报告，报股东会、股东大会或者人民法院确认，并报送公司登记机关，申请注销公司登记，公告公司终止"之规定，公司、企业清算完毕后应当由股东会、股东大会或者法院依法确认，确认之日也应当是清算结束之时。清算的开始时间，依据法律的规定应当区分不同的时间点，具体为：（1）企业章程规定的经营期限届满之日；（2）公司、企业股东会、股东大会或类似机构决议解散之日；（3）企业依法被吊销营业执照、责令关闭或者被撤销之日；（4）企业被法院依法宣告破产或解散之日。因此，在妨害清算罪的适用过程中，应当依据不同情况界定"清算时"的时间阶段，以确保正确适用法律。

三、妨害清算罪与挪用资金罪的区别

第一，犯罪主体不同。妨害清算罪属于单位犯罪，通常情况下的犯罪主体是公司、企业，特殊情况下承担清算管理职责的清算组成员也能成为该罪的犯罪主体；而挪用资金罪的犯罪主体是公司、企业或者其他单位的工作人员，属于自然人犯罪主体。

第二，主观目的不同。妨害清算罪的犯罪目的是逃避公司、企业债务，侵害债权人或者其他人的合法权益；而挪用资金罪的犯罪目的是非法将本公司资金挪作他用。

第三，侵犯客体不同。妨害清算罪侵犯的是国家对公司、企业清算的管理制度以及债权人或其他人的利益；而挪用资金罪侵犯的是国家对公司、企业的财务管理制度，以及本单位的财产使用权。

第四，行为表现不同。妨害清算罪表现为隐匿财产等严重损害债权人及其他人利益的行为；而挪用资金罪表现为利用职务便利，将本单位数额较大的资金挪作他用，超过一定期限未还，或者虽未超过一定期限，但是从事营利性活动甚至非法活动的行为。

四、隐匿或故意销毁会计档案资料

会计档案资料是指会计凭证、会计账簿和财务会计报告等会计核算专业资料，它是记录和反映公司、企业或相关单位经济业务发生情况的重要资料和证据，既是单位内部的重要经济档案，也是国家档案的重要组成部分。我国对会计档案资料的管理有着严格的规定：《会计法》第23条规定，各单位对会计凭证、会计账簿、财务会计报告和其他会计资料应当建立档案，妥善保管；会计档案的保管期限和销毁办法，由国务院财政部门会同有关部门制定。《会计法》第35条规定，各单位必须依照有关法律、行政法规的规定，接受有关监督检查部门依法实施的监督检查，如实提供会计凭证、会计账簿、财务会计报告和其他会计资料以及有关情况，不得拒绝、隐匿、谎报。但是，正因为会计档案资料真实、详细地记录了某些单位或个人的经济活动行为，可能成为某些人受行政监督处罚甚至刑事责任追责的重要证据，所以在现实生活中某些人会基于特殊背景而实施隐匿或故意销毁会计档案资料的行为。我国《刑法》第162条之一明确规定了隐匿、故意销毁会计档案资料的刑罚措施，个人犯本罪的最高可判处5年有期徒刑，单位犯本罪的在判处罚金的同时还须追究直接负责的主管人员和其他直接责任人员的刑事责任。

典型案例

要点提示：行为人依法应当向国家有关机关提供会计档案资料

却拒不交出，或者故意销毁会计档案资料涉及金额在50万元以上的，可能构成隐匿、故意销毁会计凭证、会计账簿、财务会计报告罪。

案例1：湖北崇阳某工程老板王某良隐匿、故意销毁会计凭证案

2018年1月11日，被告人王某良注册成立湖北崇阳某房地产公司项目部，自己为项目部负责人。项目部设立后，王某良在未取得施工许可的情况下，承建了通城县某村民小组投资的华银大厦项目。从2018年1月开始，王某良在未取得房屋预售许可证的情况下预售华银大厦房屋，并与购房客户签订《商品房认购书》，收取购房户预购房款1000余万元，《商品房认购书》和收据原件由王某良保管。2019年3月12日，王某良接到公安机关调查通知后，为逃避查处，将其保管的《商品房认购书》和收据予以烧毁。

法院经审理认为，被告人王某良隐匿、故意销毁依法应当保存的会计凭证，构成隐匿、故意销毁会计凭证罪。王某良自动到案，并如实供述了隐匿、故意销毁会计凭证罪的犯罪事实，可以自首论。法院遂判决：被告人王某良犯隐匿、故意销毁会计凭证罪，判处有期徒刑1年，并处罚金人民币5万元。

案例2：湖北某工程老板刁某仁隐匿、故意销毁会计凭证、会计账簿、财务会计报告案

2017年3月湖北某工程老板刁某仁获悉公安机关已对其涉嫌在神农架林区人民法院虚假诉讼一事立案侦查，遂与相关人员办理了财务资料交接手续，领取了该工程会计凭证、会计账簿等会计档案资料。后刁某仁在某拆迁工地上烧毁了上述仍在保管年限之内的会计档案资料。经调取地方税务机关的纳税资料进行核对查实，截至2014年7月，该工程的会计凭证、会计账簿、财务会计报告涉及金额4000余万元。

法院经审理认为，被告人刁某仁故意隐匿、销毁依法应当保存的会计凭证、会计账簿、财务会计报告，情节严重，其行为构成隐匿、故意销毁会计凭证、会计账簿、财务会计报告罪。法院最终判决：被告人刁某仁犯隐匿、故意销毁会计凭证、会计账簿、财务会计报告罪，判处有期徒刑1年4个月，并处罚金人民币5万元。

案例3：河南某集团公司财务负责人张某成等隐匿、故意销毁会计凭证、会计账簿、财务会计报告案

2012年1月至2014年10月，被告人张某成在负责某集团有关各公司筹措资金工作期间，伙同被告人孟某丽，违反《会计法》有关规定，将以创世公司、叁合化工公司、天惠公司等企业名义给刘某出具的合计6500万元的借款借据，给韩某出具的500万元的借款借据，给陈某出具的500万元的借款借据，给薛某出具的50万元的借款借据，给李某出具的1000万元借款借据，给陈某柱出具的810万元的借款借据，给秦某出具的610万元的借款借据和给张某丽、王某果出具的2370万元借款借据等会计凭证予以隐匿或销毁，并隐匿上述款项往来过程中的其他会计手续。其中，被告人陈某锋受张某成指使，帮助销毁借款合同和借款借据等原始会计凭证，并协助张某成隐匿韩某500万元的借款借据和陈某、薛某、陈某柱等人的合同、公证书等。2014年6月，孟某丽隐匿给孟某敏出具的合计金额10542万元的借款借据，并隐匿相关业务活动的其他会计手续。

法院经审理认为，被告人张某成、孟某丽、陈某锋违反有关法律规定，故意销毁应当保存的会计凭证，隐匿会计凭证、会计账簿和财务会计报告，3人的行为均已构成隐匿、故意销毁会计凭证、会计账簿、财务会计报告罪。张某成、孟某丽、陈某锋系共同犯罪，张某成、孟某丽均起主要作用，涉案金额巨大，系主犯；陈某锋起辅助作用，

系从犯，能如实供述，当庭认罪，应予以从轻处罚。孟某丽案发后主动投案，如实供述自己罪行，系自首，可予以从轻处罚。法院最终判决：被告人张某成、孟某丽、陈某锋犯隐匿、故意销毁会计凭证、会计账簿、财务会计报告罪，分别判处有期徒刑 3 年、有期徒刑 2 年 6 个月和有期徒刑 2 年，分别并处罚金人民币 10 万元、6 万元和 3 万元。

法律索引

《中华人民共和国刑法》

第一百六十二条之一 隐匿或者故意销毁依法应当保存的会计凭证、会计帐簿、财务会计报告，情节严重的，处五年以下有期徒刑或者拘役，并处或者单处二万元以上二十万元以下罚金。

单位犯前款罪的，对单位判处罚金，并对其直接负责的主管人员和其他直接责任人员，依照前款的规定处罚。

最高人民检察院、公安部《关于公安机关管辖的刑事案件立案追诉标准的规定（二）》（公通字〔2022〕12号）

第八条 ［隐匿、故意销毁会计凭证、会计帐簿、财务会计报告案（刑法第一百六十二条之一）］隐匿或者故意销毁依法应当保存的会计凭证、会计帐簿、财务会计报告，涉嫌下列情形之一的，应予立案追诉：

（一）隐匿、故意销毁的会计凭证、会计帐簿、财务会计报告涉及金额在五十万元以上的；

（二）依法应当向监察机关、司法机关、行政机关、有关主管部门等提供而隐匿、故意销毁或者拒不交出会计凭证、会计帐簿、财务会计报告的；

（三）其他情节严重的情形。

律师解读

一、本罪的立案追诉标准

根据最高人民检察院、公安部《关于公安机关管辖的刑事案件立案追诉标准的规定（二）》（公通字〔2022〕12号）第8条的规定，对于单纯隐匿、故意销毁会计凭证、会计账簿、财务会计报告的行为，涉及金额在50万元以上的可立案追诉；而依法应当向国家有关机关提供而拒不提供会计凭证、会计账簿、财务会计报告的，无论涉及的金额是多少，均可以本罪立案追诉。

二、本罪的罪与非罪界限

第一，会计凭证、会计账簿、财务会计报告以外的会计档案材料不属于本罪的犯罪对象。依据相关法律及司法解释的规定，本罪的犯罪对象限定于会计凭证、会计账簿和财务会计报告，而除此之外的其他会计资料，如银行对账单、纳税申报表、会计档案移交登记表、会计档案销毁清册等都不属于本罪的犯罪对象，因此隐匿或故意销毁此类会计档案资料的，不能构成本罪。

第二，主观上不具有犯罪的故意则不能构成本罪。本罪的主观方面表现为故意，且应当为直接故意，即行为人明确知道会计凭证、会计账簿、财务会计报告应当依法保存或向有关部门提供，而故意予以隐匿或者销毁，则构成本罪。至于行为人隐匿或者故意销毁会计凭证、会计账簿、财务会计报告的目的是意图阻碍行政监督检查、妨害清算还是逃避相关法律责任等，不影响本罪的成立。

第三，未达到情节严重的标准不能构成本罪。前述司法解释对本罪的立案追诉标准有相对明确的规定，但也有"其他情节严重的情形"这一兜底性条款。笔者认为,对于该条款应当从立法目的、刑法机能等方面理解,主要包括以下情形:(1)犯罪动机或手段恶劣;(2)给单位生产经营造成重大损失;(3)多次实施此类行为;(4)造成其他严重后果;等等。不属于这些情形亦未达立案追诉标准的,则不能以本罪论处。

第四,本罪属于结果犯,未实际发生犯罪结果的不能构成本罪。所谓结果犯,是指犯罪行为必须造成犯罪构成要件所预定的危害结果,才能以相应的刑法罪名进行定罪处罚。因此,行为人为隐匿、销毁依法应当保存或者向国家有关机关提交的会计档案材料而做犯罪准备,或者实施了犯罪行为而未发生犯罪结果的,均不能以本罪的法定标准予以定罪处罚。

第五部分 企业家在企业投融资过程中的法律风险

一、贷款诈骗

随着1995年3月《中国人民银行法》的颁布和施行,我国的金融法律体系建设开始逐步走向完善。1995年6月全国人民代表大会常务委员会《关于惩治破坏金融秩序犯罪的决定》首次提出了贷款诈骗的概念,并对该行为作出明确的惩罚性规定,1997年《刑法》修订时正式吸收并确立了贷款诈骗罪。《刑法》第193条明确规定,行为人以非法占有为目的,采取编造引进资金、项目等虚假理由,使用虚假的经济合同或虚假的证明文件,使用虚假的产权证明作担保或者超出抵押物价值重复担保等手段,诈骗银行或者其他金融机构的贷款,数额较大的,应处以刑罚。犯本罪最高可处无期徒刑,且在判处主刑时并处财产附加刑。此外,《刑法》第193条并没有对单位犯罪主体作出明确规定,因此本罪仅限于自然人主体。但是,随着市场经济的不断活跃发展,单位的贷款行为越来越频繁,单位也逐渐成为银行业金融机构主要的贷款服务对象,与此相对应的是单位涉嫌贷款诈骗案件的增多,且作案手段多样、涉案金额巨大,因此该罪名在打击单位犯罪方面还有待进一步加强。

典型案例

要点提示:行为人以非法占有为目的,骗取银行或其他金融机构的贷款,数额在5万元以上应被立案追诉;如果涉案金额特别巨大或者有其他特别严重情节的,最高可判处无期徒刑,并处罚金刑。

案例1：安徽郎溪某公司老板闵某贷款诈骗案

2016年11月，被告人闵某出资成立郎溪县某汽车贸易有限公司。2017年至2018年，闵某组织他人对外宣传可以帮客户通过零首付按揭贷款购车，再将车辆进行二次抵押为客户获取贷款。闵某在他人介绍下，根据客户提出的贷款数额为客户选定车辆，帮客户伪造银行流水、离婚证、房产证、驾驶证、外地客户的居住证明等贷款材料，以及采取其他方式，诈骗多家银行贷款3419311元。闵某等人用银行贷款支付车辆手续费、介绍人的介绍费和办理车辆入户登记等费用后，分给客户部分贷款，并占有余下贷款。

法院经审理认为，被告人闵某以非法占有为目的，诈骗银行贷款，数额特别巨大，其行为构成贷款诈骗罪。案发后闵某自动投案，如实供述自己的罪行，系自首，可以从轻或者减轻处罚。闵某承认指控的犯罪事实，愿意接受处罚，可以依法从宽处理。法院判决如下：（1）被告人闵某犯贷款诈骗罪，判处有期徒刑7年8个月，并处罚金人民币10万元。（2）责令闵某退赔被害单位、被害人损失。

案例2：辽宁盘锦商人高某杰贷款诈骗案

被告人高某杰以冒用姜某、李某、宋某、王某等12人的名义，利用伪造的《房地产抵押估价报告》《房屋他项权证》等贷款手续材料，分别向盘锦市某区农村信用合作联社渤海信用社、八里信用社贷款共计人民币306万元，后偿还贷款人民币30.21万元。贷款期间，盘锦市某区农村信用合作联社渤海信用社和八里信用社工作人员多次向被告人高某杰催款，被告人高某杰尚欠人民币275.79万元未偿还。

法院经审理认为，被告人高某杰以非法占有为目的，虚构事实，隐瞒真相，骗取他人财物和银行贷款，且数额均特别巨大，犯罪事实清楚，证据确实充分，分别构成诈骗罪、贷款诈骗罪。高某杰在其诈骗罪中具有自首情节,可以从轻处罚。法院最终判决:被告人高某杰犯诈骗罪,判处有期徒刑10年,并处罚金人民币300万元;犯贷款诈骗罪,判处有期徒刑10年,并处罚金人民币50万元。数罪并罚,决定执行有期徒刑15年,并处罚金人民币350万元。

案例3:河南灵宝某公司老板刘某坡贷款诈骗案

被告人刘某坡系灵宝市新源科技有限公司(以下简称新源公司)和灵宝宏源农牧有限责任公司(以下简称宏源公司)的法定代表人。2007年8月,灵宝市某村民委员会以1007亩土地作价入股宏源公司,作为该公司万头奶牛养殖项目用地。2007年8月13日,刘某坡为向银行申请贷款,向工商行政管理部门提供上述1007亩土地价值1860万元的虚假评估报告及虚假的7140万元增资证明、验资报告,将宏源公司的注册资本从300万元变更为9300万元。2008年3月,宏源公司在向中国农业发展银行灵宝市支行申请贷款过程中,刘某坡向银行提交伪造灵宝市朱阳镇41300亩林地价值2.8668亿元的资产评估报告,以该林地作抵押,提供虚假购买奶牛合同及转账凭证,于2008年10月23日至2009年3月30日分4笔从中国农业发展银行灵宝市支行贷款共计1.1亿元。贷款发放后,其中5000万元转入三门峡某建筑公司,3100万元回转至新源公司,1750万元回转至刘某坡个人账户,150万元支付工程款,其余款项也由刘某坡用于支付公司各种借款、工资、水电费、贷款利息等。

法院经审理认为,刘某坡以非法占有为目的,使用虚假的林权评估报告、购销合同、转账凭证等资料,骗取银行贷款,数额特别巨大,其行为已构成贷款诈骗罪。刘某坡骗取贷款后,采取款项回转等方法,致使大部分款项由其个人支配,其到案后对资金去向的说明部分经查不实,部分无据可查,且被告人刘某坡对部分款项不愿说明去向。法院注意到,刘某坡用于宏源公司的贷款资金仅3000余万元,其余款项被其个人支配,并在短短4个月之后就将公司转让,巨额债务转让他人,自己轻松抽身,其非法占有的目的十分明显。法院最终判决:(1)刘某坡犯贷款诈骗罪,判处有期徒刑14年6个月,剥夺政治权利4年,并处没收个人全部财产;(2)刘某坡违法所得8499万元追退中国农业发展银行灵宝市支行。

法律索引

《中华人民共和国刑法》

第一百九十三条　有下列情形之一,以非法占有为目的,诈骗银行或者其他金融机构的贷款,数额较大的,处五年以下有期徒刑或者拘役,并处二万元以上二十万元以下罚金;数额巨大或者有其他严重情节的,处五年以上十年以下有期徒刑,并处五万元以上五十万元以下罚金;数额特别巨大或者有其他特别严重情节的,处十年以上有期徒刑或者无期徒刑,并处五万元以上五十万元以下罚金或者没收财产:

(一)编造引进资金、项目等虚假理由的;

(二)使用虚假的经济合同的;

(三)使用虚假的证明文件的;

(四)使用虚假的产权证明作担保或者超出抵押物价值重复担保的;

(五)以其他方法诈骗贷款的。

最高人民检察院、公安部《关于公安机关管辖的刑事案件立案追诉标准的规定（二）》（公通字〔2022〕12号）

第四十五条 ［贷款诈骗案（刑法第一百九十三条）］以非法占有为目的，诈骗银行或者其他金融机构的贷款，数额在五万元以上的，应予立案追诉。

律师解读

一、贷款诈骗罪的行为以及刑罚特征

第一，构成本罪要求行为人明确以非法占有贷款资金为目的。2001年最高人民法院印发的《全国法院审理金融犯罪案件工作座谈会纪要》中关于金融诈骗罪非法占有目的的认定，主要表现为：明知没有归还能力而大量骗取资金，携款潜逃，挥霍骗取资金，使用资金进行违法犯罪活动，抽逃、转移资金、隐匿财产以逃避返还资金，等等。

第二，以欺诈方式获取银行业金融机构贷款是主要犯罪特征。本罪的构成要件中，要求行为人以欺诈的方式使得银行业金融机构陷入错误认识，从而发放贷款。其中行为人欺诈的手段和银行业金融机构错误认识之间需要有直接关联，如果银行业金融机构不是基于对欺诈行为的错误认识而发放贷款，则行为人不能构成本罪。

第三，未给金融机构或其他人造成实际损失的不能构成本罪。通俗而言，构成本罪的关键在于行为人实施的欺诈行为导致金融机构已发放的贷款被非法占有且无法追回，形成了金融机构贷款资金的实际风险。如果在案发前全部贷款已经追回，则不应再以本罪进行定罪处罚。

第四，未达到立案追诉标准的不能以贷款诈骗罪定罪处罚。根据最高人民检察院、公安部《关于公安机关管辖的刑事案件立案追诉标准的规定（二）》（公通字〔2022〕12号）第45条的规定，诈骗银行或者其他金融机构的贷款数额在5万元以上的应予立案追诉，因此未达到5万元以上的则不应立案追诉，但是可对行为人予以相应的行政处罚。

二、贷款诈骗罪与合同诈骗罪的区别

第一，犯罪主体不同。贷款诈骗罪的犯罪主体系达到刑事责任年龄，具有刑事责任能力的自然人，单位不能成为贷款诈骗罪的主体。合同诈骗罪的犯罪主体是具有刑事责任能力的自然人、法人或非法人组织，属于一般主体范畴。

第二，受害主体不同。贷款诈骗罪的受害人是银行或者其他金融机构，其中"其他金融机构"是指经中央和地方金融管理部门批准设立的以发放贷款为主要业务的金融业机构。合同诈骗罪的受害人是指签订和履行合同的相对方，可以是国家、集体或任何个人。

第三，侵犯客体不同。两罪侵犯的客体均是复杂客体，其中贷款诈骗罪侵犯的是国家金融管理制度和金融机构对贷款资金的所有权；而合同诈骗罪侵犯的是国家对市场经济的管理秩序，以及受害人的公私财产所有权。

第四，犯罪时间不同。贷款诈骗罪发生在行为人向银行或其他金融机构申请贷款的过程中，只有该过程中的诈骗行为才有可能构成贷款诈骗罪。合同诈骗罪发生在经济合同的签订、履行过程中，其中也可能包括为申请贷款而签订或履行虚假合同的情形。

三、贷款诈骗罪与骗取贷款罪的区别

第一，犯罪主体不同。贷款诈骗罪的犯罪主体系自然人，单位不构成本罪。骗取贷款罪的犯罪主体包括单位,《刑法》第 175 条规定,单位犯该罪的,在判处罚金的同时对其直接负责的主管人员和其他直接责任人员处 3 年以下有期徒刑或者拘役。

第二,主观目的不同。骗取贷款罪是指以欺骗手段取得贷款,给银行或者其他金融机构造成重大损失或者有其他严重情节的行为,可以看出,行为人骗取贷款的目的并不是非法占有、不予归还;而贷款诈骗罪中行为人的直接目的则是非法占有、拒不归还贷款。

第三,贷款用途不同。行为人骗取贷款主要是为了生产经营,并且实际上全部或者大部分资金也确实用于生产经营;而行为人实施贷款诈骗所取得的款项,则主要用于个人支配。因此,如果骗取贷款后用于个人挥霍或者偿还个人债务,则应当认定为贷款诈骗罪。

第四,行为后果不同。依据法律规定,犯贷款诈骗罪的最高可判处无期徒刑,并处罚金;而犯骗取贷款罪的,最高可判处 7 年有期徒刑,并处罚金。单位犯骗取贷款罪的,对其直接负责的主管人员和其他直接责任人员依前款规定处罚。

二、非法吸收公众存款

资金是企业经营和发展的血液,也是市场经济主体追逐的最主要目标。随着市场经济不断发展,经济主体对资金的追逐从理智到狂热,进而出现了众多非法追逐资金的行为。由于非法集资具有较大的社会危害性,所以我国《刑法》对非法集资活动进行严格的法律规制,包括对非法吸收公众存款行为的严厉打击。《刑法》第176条明确规定,非法吸收公众存款或者变相吸收公众存款,扰乱金融秩序的,处拘役至10年以上有期徒刑,并处罚金。本罪的典型特征表现在以下方面。首先,非法性,国家金融管理法律法规明确规定任何人未经批准不得开展吸收存款业务,因此行为人吸收公众存款或变相吸收公众存款的行为明确具有非法性。其次,公开性,行为人通常采用公开宣传等手段,产生集资的辐射效应,迅速扩张提供资金的公众范围,这也是破坏金融市场管理秩序的主要特征。再次,利诱性,由于资本的逐利性,行为人只有以高利率为有偿回报,才能快速吸引资金;但高利率的有偿回报也必然伴随高风险的投资后果,因投资失利产生的负面社会效应,将严重冲击和损害社会主义市场经济秩序。最后,社会性,本罪属于典型的涉众型经济犯罪,具有参与人数众多、社会影响范围广等特性,是引发社会不稳定的重要因素,因此其也成为我国法律明确打击的犯罪行为。

典型案例

要点提示：非法吸收公众存款或者变相吸收公众存款，可判处10年以上有期徒刑，并处罚金。本罪包括单位犯罪主体。在提起公诉前积极退赃退赔，减少损害结果发生的，可以从轻或者减轻处罚。

案例1：河南商丘某投资公司法定代表人马某清非法吸收公众存款案

被告人马某清系商丘睿合投资有限公司的法定代表人。马某清因开发某小区项目需要大量资金，遂以商丘睿合投资有限公司的名义，以所投资的某小区项目为名，以高息为诱饵向社会不特定人群非法吸储，直至公司资金链断裂后案发。经司法鉴定，商丘睿合投资有限公司共签订吸收存款合同638份，涉及储户423人，吸收存款本金80435200元，储户损失75667815元。案发后，马某清取得部分集资参与人的谅解。

法院经审理认为，马某清违反金融管理规定，非法向公众吸收存款，数额巨大，其行为已构成非法吸收公众存款罪。马某清属自首，自愿认罪认罚，已兑付6130.5万元，兑付317人，并取得该317人的谅解，剩余106人、1688.2815万元虽然未兑付，但根据相关部门已收到马某清自行筹措的1303万元资产和未收房屋尾款1500万元，共计价值2803万元的资产足以完成兑付，因此可以对其从轻从宽处罚。法院最终判决：（1）被告人马某清犯非法吸收公众存款罪，判处有期徒刑3年，缓刑4年，并处罚金人民币10万元。（2）对查封、扣押的被告人马某清提供的财产，依法处置后返还给集资参与人。

案例2：北京某公司总经理丁某兰非法吸收公众存款案

被告人丁某兰系北京某投资管理有限公司法定代表人、总经理。2017年至2019年，丁某兰伙同他人在位于北京市朝阳区的北京某投资管理有限公司,以购买其持有的某公司股权有高额回报为诱饵,与多名投资人签订投资协议,变相吸收公众存款。经审计,丁某兰吸收人民币900余万元。被告人丁某兰在监狱服刑期间,主动交代了上述事实。被告人丁某兰因前罪于2019年1月23日被羁押。

法院经审理认为,被告人丁某兰参与非法吸收公众存款,扰乱金融管理秩序,数额巨大,其行为触犯了《刑法》,已构成非法吸收公众存款罪。丁某兰服刑期间主动交代本案罪行,认罪认罚,法院对其依法从轻处罚。本案系漏罪,依法同前罪数罪并罚。法院最终判决:(1)被告人丁某兰犯非法吸收公众存款罪,判处有期徒刑3年6个月,罚金人民币20万元,同前罪判处的有期徒刑3年6个月,罚金人民币20万元并罚,决定执行有期徒刑5年,罚金人民币40万元。(2)责令被告人丁某兰退赔相关损失,并依法处理。

案例3:陕西宝鸡某公司总经理焦某祥非法吸收公众存款案

被告人焦某祥系陕西银鼎商务咨询服务有限公司总经理。2015年2月至2020年1月,焦某祥先后租赁宝鸡市高新区某室作为公司办公场所,雇用多名业务员采取发放传单、口头宣传等途径,以高额利息回报、在建工程项目担保为诱饵,公开向社会不特定人群非法吸收存款。经查,焦某祥非法吸收公众存款涉及37人,资金913万元,造成被害人直接经济损失607万元。

法院经审理认为,被告人焦某祥违反国家金融管理法律,未经有关部门依法批准,以高额回报为诱饵,通过向社会公开宣传并承诺在一定期限内还本付息的方式,向社会不特定对象吸收资金,数额巨大,其行为已经构成非法吸收公众存款罪。被告人焦某祥到案后能如实供述自己罪行,依法可以从轻处罚。法院最终判决:(1)被告人焦某祥犯非法吸收公众存款罪,判处有期徒刑3年8个月,并处罚金人民币20万元。（2）责令被告人焦某祥退赔被害人经济损失607万元。

📖 法律索引

《中华人民共和国刑法》

第一百七十六条　非法吸收公众存款或者变相吸收公众存款，扰乱金融秩序的，处三年以下有期徒刑或者拘役，并处或者单处罚金；数额巨大或者有其他严重情节的，处三年以上十年以下有期徒刑，并处罚金；数额特别巨大或者有其他特别严重情节的，处十年以上有期徒刑，并处罚金。

单位犯前款罪的，对单位判处罚金，并对其直接负责的主管人员和其他直接责任人员，依照前款的规定处罚。

有前两款行为，在提起公诉前积极退赃退赔，减少损害结果发生的，可以从轻或者减轻处罚。

最高人民检察院、公安部《关于公安机关管辖的刑事案件立案追诉标准的规定（二）》（公通字〔2022〕12号）

第二十三条　[非法吸收公众存款案（刑法第一百七十六条）]非法吸收公众存款或者变相吸收公众存款，扰乱金融秩序，涉嫌下列情形之一的，应予立案追诉：

（一）非法吸收或者变相吸收公众存款数额在一百万元以上的；

（二）非法吸收或者变相吸收公众存款对象一百五十人以上的；

（三）非法吸收或者变相吸收公众存款，给集资参与人造成直接经济损失数额在五十万元以上的；

非法吸收或者变相吸收公众存款数额在五十万元以上或者给集资

参与人造成直接经济损失数额在二十五万元以上,同时涉嫌下列情形之一的,应予立案追诉:

(一)因非法集资受过刑事追究的;

(二)二年内因非法集资受过行政处罚的;

(三)造成恶劣社会影响或者其他严重后果的。

律师解读

一、非法吸收公众存款的罪与非罪

第一,正常的民间借贷行为不能以本罪论处。非法吸收公众存款是通过公开宣传等方式,面向不特定的社会公众借贷资金,因此,与特定对象之间的借贷行为,不宜笼统地归于非法吸收公众存款的行为。比如,向自己较为熟悉的亲戚、朋友、邻里、街坊等借贷资金,即使存在笔数较多、利息较高等情形,由于借贷双方相互熟悉,社会关系较为稳定,发生资金风险也不会造成较大的社会危害性或造成社会不稳定,因此不应当以本罪论处。

第二,不达到法定标准不应以本罪定罪处罚。根据最高人民检察院、公安部《关于公安机关管辖的刑事案件立案追诉标准的规定(二)》(公通字〔2022〕12号)的规定,本罪立案追诉应当符合下列情形之一:(1)涉案资金在100万元以上;(2)受害对象150人以上;(3)造成集资参与人直接经济损失50万元以上。此外,因非法集资受过刑事追究、2年内因非法集资受过行政处罚或者造成恶劣社会影响等严重后果的犯罪嫌疑人,涉案资金在50万元以上或者造成集资参与人直接经济损失25万元以上即可立案追诉。

二、非法吸收公众存款与民间借贷的区别

第一,借款对象不同。民间借贷具有特定的借款对象,一般属于一对一的借贷关系，即使存在一对多的借贷行为，由于每个借款合同都是相对独立的，因此仍是发生在特定对象之间的借贷关系。非法吸收公众存款则是以借贷的名义，以利诱的方式，向不特定的社会公众吸收资金。

第二，行为特征不同。根据最高人民法院《关于审理民间借贷案件适用法律若干问题的规定》第1条的规定，除金融机构贷款业务以外的其他借贷关系，都应属于民间借贷。非法吸收公众存款符合非法性、公开性、利诱性和社会性4个方面的特征。也就是说，存在上述4个特征的民间借贷，即可能构成非法吸收公众存款。

第三，主观目的不同。民间借贷中行为人获取资金的用途比较明确，通常是用于企业生产、经营或个人的日常生活等。非法吸收公众存款中，行为人的目的往往是通过吸收大量资金进行资本运作、货币运营等，其使用金融手段攫取大量的资金利益，在此过程中资金的使用具有不确定、不安全等特征。

三、非法吸收公众存款罪与非法经营罪的关系

第一，犯罪对象不同。非法吸收公众存款罪的犯罪对象，是社会公众的自有资金。非法经营罪的犯罪对象则是法律行政法规所规定的专营、专卖物品或者其他限制买卖的物品、进出口可许证、经营许可证、批准文件、外汇等。

第二，侵害客体不同。非法吸收公众存款罪侵犯的是国家对金融的管理秩序，它直接对正常的银行业金融机构借贷秩序造成影响。非法经营罪侵犯的是国家限制物品买卖和经营许可制的市场管理制度，包括对外贸易管理制度等。

第三，刑罚标准不同。犯非法吸收公众存款罪的，情节轻微的处3年以下有期徒刑或者拘役，并处或者单处罚金；情节特别严重的可

处 10 年以上有期徒刑，并处罚金。犯非法经营罪的，情节严重的处 5 年以下有期徒刑或者拘役，并处或者单处罚金；情节特别严重的可处 5 年以上有期徒刑，并处罚金或者没收财产。

然而，非法吸收公众存款罪与非法经营罪之间除以上区别之外，也存在一定的竞合关系。未经过金融管理机构的批准非法吸收公众存款，当然属于非法经营的行为。但是，我国《刑法》对非法吸收公众存款罪用特别条款的形式予以规定，其与非法经营罪也就形成了特别法与一般法的关系，按照特别法优于一般法的法律适用原则，在两罪竞合时应当以非法吸收公众存款罪定罪处罚。

三、集资诈骗

集资诈骗是指行为人以非法占有他人的资金为目的，使用欺诈的方法向社会不特定群体进行非法集资，扰乱国家金融管理秩序，侵犯公私财产所有权的行为。行为人骗取资金数额较大的，构成集资诈骗罪。根据《刑法》第192条的规定，本罪的量刑幅度较大，其中对自然人犯罪的量刑幅度为3年以上有期徒刑至无期徒刑，并处罚金或者没收财产；单位犯本罪的，对单位判处罚金，并对其直接负责的主管人员和其他直接责任人员依照《刑法》第192条的规定定罪处罚。可以看出，本罪的法定最高刑较重，这是因为通常情况下集资诈骗针对的是社会不特定群体的财产，行为人骗得资金后要么机关算尽转移隐匿，要么任意挥霍，或者二者兼有；多数的案件在案发时大量资金无法得到追回和偿付，不量以重刑不足以平民愤。本罪的社会危害性较大，对其量以重刑充分体现了党和国家对于维护人民利益、打击大额集资诈骗犯罪行为的决心和意志。

典型案例

要点提示：行为人以非法占有为目的，使用诈骗方法非法集资，数额在10万元以上的，构成集资诈骗罪。本罪的一般量刑幅度为3年以上有期徒刑至无期徒刑，并处罚金或没收财产。

案例1：浙江上饶某公司股东、监事吴某集资诈骗案

被告人吴某系上饶市某生态农业有限公司股东、监事。2020年

12月至2021年7月，吴某为了向社会不特定公众集资，伙同刘某等人以投资某种植园项目为由，招聘多名业务员，通过发宣传单、赠送礼品、组织旅游、承诺固定利息、保证归还本金等多种方式，向该区域不特定人群筹集资金，并以上饶市某生态农业有限公司名义签订生态农业优卡购买合同，收取张某、王某、赖某等共30余人集资款共计人民币70万元，造成28名被害人经济损失65万元。直至案发，吴某及其上饶市某生态农业有限公司未实际有效投资种植园项目，未获取任何项目经营收益。案发后，吴某经营的上饶市某生态农业有限公司归还全部集资款65万元，取得了被害人的谅解。

法院经审理认为，被告人吴某以非法占有为目的，伙同他人虚构事实，非法集资65万元，数额较大，其行为已触犯《刑法》，构成集资诈骗罪。吴某主动投案并如实供述自己的罪行，系自首，并愿意接受处罚，依法可以从轻或者减轻处罚。吴某退缴了全部集资款，并取得了谅解，可酌情从轻处罚。法院最终判决：被告人吴某犯集资诈骗罪，判处有期徒刑3年，缓刑3年6个月，并处罚金人民币10万元。

案例2：吉林某开发公司董事长李某荣集资诈骗案

被告人李某荣原系吉林某产品开发有限公司董事长。李某荣以吉林某产品开发有限公司为依托进行非法集资。吉林某产品开发有限公司在不具备生产条件、没有任何经济活动，且不具备承担经济风险能力的情况下，未经金融部门批准，采用以后期投资款还前期投资款的手段，并以投资该公司开发沙棘系列产品能获得高额利润回报为诱饵，骗取白山市居民投资款。经审计，投资人集资总金额为1255万元，付息金额为113万元，案发时尚欠本金金额1141万元。

法院经审理认为，被告人李某荣以非法占有为目的，非法集资1141万元，数额特别巨大，其行为已构成集资诈骗罪。李某荣到案后如实供述自己的罪行，且认罪认罚，故对其从轻处罚。法院最终判决：李某荣犯集资诈骗罪，判处有期徒刑10年，并处罚金人民币25万元。

案例3：辽宁大连某投资公司实际经营人朴某集资诈骗案

被告人朴某原系大连市嘉莱投资咨询有限公司（以下简称嘉莱公司）的实际经营人。2018年5月，朴某使用廉某和田某身份信息将嘉莱公司法定代表人变更为廉某，股东变更为廉某和田某，实际经营人仍为朴某本人。2018年5月至11月，朴某明知无兑付能力，仍租用大连市某写字楼作为办公场所，并招聘业务人员，以高额利息为诱饵，组织业务人员通过开会、组织活动、发传单等方式进行虚假宣传，以嘉莱公司等名义与投资人签订投资协议，骗取投资人钱款。上述宣传中的嘉莱公司持有股份的"开发区某养老院"实际为他人产业，与嘉莱公司等并无关联。2018年9月，朴某伙同他人将部分投资人合同由嘉莱公司等变更为辽宁某汽车销售有限公司，并以其他公司名义继续以上述方式骗取投资人钱款，最终因不能偿付投资人本息致案发。经认定，朴某骗取马某等54名投资人投资款共计人民币106万元，返还90864元，造成损失976136元。

法院经审理认为，被告人朴某以非法占有为目的，在明知无兑付能力的情况下，以经营公司名义、使用诈骗方法非法集资，数额达97万余元，其行为侵犯了国家的金融管理制度和公私财产的所有权，已构成集资诈骗罪。法院最终判决：朴某犯集资诈骗罪，判处有期徒刑5年，并处罚金人民币10万元。

法律索引

《中华人民共和国刑法》

第一百九十二条 以非法占有为目的，使用诈骗方法非法集资，数额较大的，处三年以上七年以下有期徒刑，并处罚金；数额巨大或者有其他严重情节的，处七年以上有期徒刑或者无期徒刑，并处罚金或者没收财产。

单位犯前款罪的，对单位判处罚金，并对其直接负责的主管人员和其他直接责任人员，依照前款的规定处罚。

最高人民检察院、公安部《关于公安机关管辖的刑事案件立案追诉标准的规定（二）》（公通字〔2022〕12号）

第四十四条 ［集资诈骗案（刑法第一百九十二条）］以非法占有为目的，使用诈骗方法非法集资，数额在十万元以上的，应予立案追诉。

律师解读

一、关于集资诈骗罪的法律认定问题

第一，行为人具有非法占有的目的是构成本罪的前提。根据《刑罚》第192条的规定，本罪要求行为人以非法占有为目的，即行为人获得集资款后不具有返还的意图；如果行为人无此目的，则属于普通的借贷行为，即使存在以欺诈方式获得集资款的情形，或者集资后因经营不善或市场变化等因素导致无力偿付本息，一般情况下也应当按照正常的债务纠纷处理，而不能以犯罪论处。

第二，涉案金额达到法定标准是构成本罪的另一前提。根据最高人民检察院、公安部《关于公安机关管辖的刑事案件立案追诉标准的规定（二）》（公通字〔2022〕12号）的相关规定，集资诈骗数额在10万元以上的应予立案追诉。也就是说，涉案金额在10万元以下的不能按照犯罪论处。但是，即使犯罪金额达不到法定立案追诉的标准，行政管理部门等有权机构也可以依照相关法律、行政法规的规定给予行政处罚。

第三，以欺诈方式面向社会公众集资是本罪的主要特征。本罪的主要特征包括两个方面，一是行为人采用欺诈的方式进行集资。行为人通常基于非法占有的目的，向受害人展示虚假信息、虚构相关事实或隐瞒真实情况，以获得集资款。二是行为人面向社会公众进行集资。社会公众是指社会上不特定的群体对象，集资人与这些对象一般没有直接的亲缘或朋友关系；如果行为人不是向不特定的人群集资，即使存在欺诈行为也不应当以集资诈骗罪论处。

二、集资诈骗罪与非法吸收公众存款罪的区别

第一，主观目的不同。在集资诈骗罪中，行为人的目的是非法占有受害人的财产，没有正常借贷情况下还本付息的想法。在非法吸收公众存款罪中，行为人的目的只是借用存款人的资金，主观上没有非法占有资金不予归还的意图；如果行为人主观上存在不予归还的想法，则转化成了集资诈骗罪。

第二，侵犯客体不同。集资诈骗罪侵犯的是双重客体，即国家金融管理秩序和受害人的财产，犯罪对象是受害人交付的集资款。非法吸收公众存款罪侵犯的是单一客体，即国家金融管理秩序，犯罪对象是公众交付的存款。

第三，客观方面不同。集资诈骗行为主要表现为行为人使用欺诈等方法骗取受害人的信任，进而实施非法集资，占有受害人的财产。非法吸收公众存款行为既包括使用欺骗方法吸收公众存款的行为，也

包括使用高息利诱等其他方法吸收公众存款的行为。

第四,刑罚标准不同。集资诈骗罪的量刑幅度为3年以上有期徒刑至无期徒刑,并处罚金或没收财产。非法吸收公众存款罪一般处3年以下有期徒刑或者拘役,并处或者单处罚金;情节特别严重的处10年以上有期徒刑,并处罚金。

三、集资诈骗罪与诈骗罪的区别

第一,犯罪主体不同。集资诈骗罪的犯罪主体不仅包括自然人,也包括单位。诈骗罪的犯罪主体只能是自然人,单位不能构成诈骗罪的犯罪主体。

第二,主观目的不同。集资诈骗罪中,行为人的目的通常是利用集资人的资金款项投资获利,只有行为人获取资金后拒不返还或者投资失败后无法返还,才能认定为犯罪。诈骗罪中,行为人就是想非法占有受害人的财物,因此只要骗得财物,就应当认定犯罪既遂。

第三,犯罪对象不同。集资诈骗罪的犯罪对象是不特定多数人,以及受害人用以集资获利的资金,一般情况下不包括其他财物。诈骗罪的犯罪对象是特定的受害人,以及该受害人所交付的资金或其他有价值的财物。

第四,侵犯的客体不同。集资诈骗罪属于《刑法》分则第三章"破坏社会主义市场经济秩序罪"第五节"金融诈骗罪"的罪名,因此其侵犯的既是国家关于金融管理的秩序,也是受害人的财产权益。诈骗罪属于《刑法》分则第五章"侵犯财产罪"的罪名,其侵犯的单纯是受害人的财产权益。

四、高利转贷

高利转贷是指行为人以牟利为目的，套取金融机构信用贷款资金后高利转贷给他人的行为；如果涉及的资金数额较大，则可能构成高利转贷罪。我国关于高利转贷行为的法律规制，可以追溯至1996年中国人民银行制定的《贷款通则》，其中明确规定贷款人不得套取贷款用于借贷牟取非法收入。而在1997年《刑法（修订草案）》审议过程中，有代表提出实践中某些单位和个人从金融机构套取贷款后随即转贷他人，牟取非法利益，且该现象越来越多，严重扰乱了金融管理秩序，建议在《刑法》分则第三章第四节"破坏金融管理秩序罪"中增加相应的罪名，对这种违法行为予以规制。立法机关最终采纳了该建议，1997年修订的《刑法》第175条明确规定，以转贷牟利为目的，套取金融机构信贷资金高利转贷他人，违法所得数额较大的，处3年以下有期徒刑或者拘役，并处违法所得1倍以上5倍以下罚金；数额巨大的，处3年以上7年以下有期徒刑，并处违法所得1倍以上5倍以下罚金。单位犯本罪的，对单位判处罚金，并对其直接负责的主管人员和其他直接责任人员，处3年以下有期徒刑或者拘役。

典型案例

要点提示：行为人以牟利为目的，套取金融机构信贷资金后高利转贷他人，获利在50万元以上的可能构成高利转贷罪。单位也可成为本罪的犯罪主体。

案例1：陕西靖边某公司法定代表人张某高利转贷案

被告人张某系靖边县某经济开发有限公司（以下简称靖边某公司）的法定代表人。自2011年以来，宋某某因经营需要资金周转，通过李某某介绍向被告人张某借款。2011年8月2日，张某以靖边某公司名义向中国农业银行靖边支行（以下简称靖边农行）申请一般流动资金借款2000万元，贷款用途为购买石油套管，并提交了靖边某公司与其他公司的产品购买合同，贷款担保方式为不动产抵押。2011年8月3日，靖边农行批准向靖边某公司发放贷款2000万元，贷款年利率为8.528%。张某随后将其中的1948万元借给了宋某某，月利率2%。2015年，张某以民间借贷纠纷为由将宋某某等人起诉至法院。法院判决由宋某某、白某某（宋某某妻子）偿还张某借款及利息，李某某承担连带清偿责任。2020年6月28日，靖边农行出具说明，张某以靖边某公司名义获得的贷款已于2013年2月27日全部偿还。

法院经审理认为，被告人张某以转贷牟利为目的，套取金融机构贷款高利转贷他人，违法所得数额巨大，其行为构成高利转贷罪。本案中，张某虽然以靖边某公司名义向靖边农行申请贷款，但取得贷款后随即将贷款转入其个人账户，并以其个人名义将贷款出借给宋某某。张某由其个人账户转账给宋某某个人账户，最后以其个人名义提起诉讼，向债务人主张权利。张某以公司名义申请贷款后又以个人名义出借给他人谋取利益，该行为不符合单位犯罪的条件。法院最终判决：(1)被告人张某犯高利转贷罪，判处有期徒刑3年，宣告缓刑4年，并处罚金人民币230万元。(2)追缴的被告人张某违法所得2286691.60元，上缴国库。

案例2：江苏南通某包装公司法定代表人周某余高利转贷案

被告人周某余系南通文乐包装印务有限公司（以下简称文乐公

司）的法定代表人。2013年3月15日，周某余以文乐公司需要购买原料为由，以年息7.8%从某农村商业银行贷款200万元。该贷款发放至被告人周某余控制的某贸易有限公司，后又转入被告人周某余私人账户；周某余随后将该款转借给钱某，月息2.3%。上述贷款到期后，周某余进行续贷。截至2018年7月，周某余向银行归还该笔借款，共支付利息829010.57元，从中获利1641789.38元。

法院经审理认为，被告人周某余以转贷牟利为目的，套取金融机构信贷资金高利转贷他人，违法所得数额较大，其行为已构成高利转贷罪。周某余归还本息，未给金融机构造成损失，且退缴部分赃款，可酌情从轻处罚。法院最终判决：（1）被告人周某余犯高利转贷罪，判处有期徒刑2年，缓刑3年，并处罚金人民币164.2万元；（2）被告人周某余退出的违法所得人民币30万元予以没收，上缴国库，剩余款项继续追缴。

案例3：浙江宁波某经贸公司法定代表人竺某高利转贷案

被告人竺某系宁波长鸿经贸有限公司（以下简称长鸿公司）的法定代表人。竺某利用控制长鸿公司经营管理的便利，以长鸿公司购买煤炭需要资金为由，先后7次向交通银行股份有限公司宁波分行、中国工商银行股份有限公司镇海支行申请贷款共计3700万元，并将其中3260万元以月息2%转贷给刘某实际控制的宁波东阳电器有限公司、宁波金色塑料制品有限公司、宁波丰盈电器有限公司，收取刘某支付的利息共计206万余元。

法院经审理认为，被告人竺某作为长鸿公司直接负责的主管人员，以转贷牟利为目的，套取银行信贷资金高利转贷他人，违法所得数额巨大，其行为已构成高利转贷罪。竺某有坦白情节，自愿认罪，依法可以从轻处罚。法院最终判决：被告人竺某犯高利转贷罪，判处有期徒刑 1 年 6 个月，并处罚金人民币 20 万元。

法律索引

《中华人民共和国刑法》

第一百七十五条　以转贷牟利为目的，套取金融机构信贷资金高利转贷他人，违法所得数额较大的，处三年以下有期徒刑或者拘役，并处违法所得一倍以上五倍以下罚金；数额巨大的，处三年以上七年以下有期徒刑，并处违法所得一倍以上五倍以下罚金。

单位犯前款罪的，对单位判处罚金，并对其直接负责的主管人员和其他直接责任人员，处三年以下有期徒刑或者拘役。

最高人民检察院、公安部《关于公安机关管辖的刑事案件立案追诉标准的规定（二）》（公通字〔2022〕12 号）

第二十一条　［高利转贷案（刑法第一百七十五条）］以转贷牟利为目的，套取金融机构信贷资金高利转贷他人，违法所得数额在五十万元以上的，应予立案追诉。

最高人民法院《关于审理民间借贷案件适用法律若干问题的规定》（法释〔2020〕17 号）

第十三条　具有下列情形之一的，人民法院应当认定民间借贷合同无效：

（一）套取金融机构贷款转贷的；

…………

（五）违反法律、行政法规强制性规定的；

（六）违背公序良俗的。

👤 律师解读

一、司法实践中的"事后故意"问题

构成高利转贷犯罪，要求行为人主观上系故意，即行为人明知自己的行为会发生相应的危害结果且属于法律明确禁止的行为，但是仍然希望或者放任这种结果的发生。从多数案例中可以看出，行为人在向金融机构获取贷款之前，就已经打算或协商将获得的资金转贷给其他人，以获取相应的高额利息回报。但是，也有个别案例中行为人在获取贷款之前甚至之后并没有高利转贷给他人的目的，而是在获取贷款后一段时间内实际实施了转贷给他人并获取高额利息的行为，这种情形被称为"事后故意"。也就是说，行为人的犯罪意图产生于犯罪事实状态的发展过程中。需要注意的是，这里所谓的"事后"并不单纯指事件发生之后，而指行为人开始实施犯罪行为以后。实践中，这种"事后故意"有时并不影响本罪的成立，主要理由如下。首先，行为人获得金融机构贷款审批通过的申请事由绝不可能是转贷资金，因此当行为人转贷资金时实际上已经改变了其贷款资金的用途，也就存在套取金融机构贷款资金的可能。其次，高利转贷罪属于典型的"目的犯"，即行为人以转贷牟利为目的，因此行为人转贷资金时已经在客观上达到了牟利或者预期牟利的目的，也产生了相应的社会危害性。

二、关于本罪中"套取"的认定问题

本罪中的"套取"，是指行为人存在隐瞒相关事实、提供虚假材料、虚报资金用途等情况，以虚假的事实和理由获得金融机构的信贷审批资金。如果将本罪中的"套取"与骗取贷款罪中的"骗取"相比，可以看出本罪中的"套取"行为应当包含"骗取"，因为即使行为人没有提供虚假材料、隐瞒相关事实，其向金融机构陈述的贷款资

金用途也绝不是真实的，同样属于"套取"行为。需要注意的是，即便行为人提供了足额的抵押物或其他形式的担保，也不影响本罪的成立。因为此时只是客观上不会导致金融机构贷款资金的损失，但是行为人转贷牟利的目的并未改变，其社会危害性并未消失，仍然属于《刑法》打击的对象。例如，在云南省保山地区中级人民法院审理的（2020）云05刑终38号段某高利转贷案中，虽然段某以抵押方式取得转贷的贷款资金，但是法院明确认为，只要涉及编造虚假理由，从银行、信托投资公司、农村信用社、城市合作银行等金融机构获得信贷资金的情况，均可以认为是高利转贷罪中的"套取"行为。

三、关于本罪中"高利"的认定问题

所谓"高利"，是指行为人将贷款转贷他人的利率高于从金融机构获批的贷款利率。有人认为，构成本罪的"高利"标准应当远超过金融机构的贷款利率，否则行为人就没有非法牟利的可能性，不应当构成本罪。但是，司法实践中对"高利"的把握并不严格，很多裁判案例中司法机关仅将"高利"标准作为入罪的形式要件，只要符合最高人民检察院、公安部《关于公安机关管辖的刑事案件立案追诉标准的规定（二）》（公通字〔2022〕12号）第21条中规定的"违法所得数额在五十万元以上"的标准，即予以立案追诉。例如，在吉林省大安市人民法院审理的（2019）吉0882刑初216号杜某高利转贷案中，法院就明确认为，高利转贷他人是指将银行的信贷资金以高于银行贷款的利率转借给他人，具体高于银行利率多少，不影响本罪的成立。

四、高利转贷罪与骗取贷款罪的区别

第一，主观目的不同。高利转贷罪的主观目的是"转贷牟利"，即行为人套取贷款资金并用于转贷他人赚取利息差。骗取贷款罪的主观目的是骗取银行或者其他金融机构贷款资金，不具有直接利用资金牟利的目的。

第二，行为方式不同。高利转贷罪中行为人不一定存在欺诈等情况，通过正常的手段获取贷款资金后转贷牟利，不影响罪名成立。骗取贷款罪要求行为人必须存在欺诈行为，如果行为人通过正常手段获取贷款资金，则不能构成该罪。

第三，事后入罪不同。根据司法实践，如果行为人在合法获取贷款资金后主观上才具有转贷牟利的意图且实施了该行为，则可能构成高利转贷罪。骗取贷款罪则要求行为人在申请贷款时即存在欺诈的行为，合法取得贷款后则不能再构成该罪。

第六部分 企业家在企业税票管控中的法律风险

一、逃税

税收是国家财政收入的主要来源,在国家治理中起到基础性、支柱性和保障性的作用。因此,税收直接关系国计民生,也被称为国家的血脉。为了保持血脉畅通,国家规定了严格的税收管理制度,依法纳税是公民和企业最基本的法律义务。然而,现实中很多人为了追求更高的利润或回报,采用逃税等方式规避纳税义务,不仅严重损害国家的利益,也侵蚀着整个社会的公平基石和稳定秩序。我国《刑法》第201条规定,纳税人采取欺骗、隐瞒手段进行虚假纳税申报或者不申报,逃避缴纳税款数额较大并且占应纳税额10%以上的,应当予以刑事处罚。本罪处罚标准为:逃税数额较大并且占应纳税额10%以上的,处3年以下有期徒刑或者拘役,并处罚金;数额巨大并且占应纳税额30%以上的,处3年以上7年以下有期徒刑,并处罚金。根据最高人民检察院、公安部《关于公安机关管辖的刑事案件立案追诉标准的规定(二)》(公通字〔2022〕12号)第52条的规定,单以犯罪数额论,本罪立案追诉的标准为:纳税人逃税数额在10万元以上并且占各税种应纳税总额10%以上;扣缴义务人逃税数额在10万元以上。

典型案例

要点提示:纳税人、扣缴义务人虚假申报或者不申报纳税属于逃税行为,具有法定情节且数额较大的构成逃税罪。本罪立案追诉的数额标准为逃税在10万元以上且占各税种应纳税总额10%以上。

案例1：湖北武汉某商贸公司法定代表人文某逃税案

武汉杰优商贸公司注册成立于2007年，时任法定代表人为被告人文某。在文某授意下，杰优商贸公司在无真实业务的情况下，通过购买发票、虚列成本866万元等方式，在2014年度及2015年度的纳税申报中进行虚假申报，共计逃避缴纳企业所得税216.5万元。其中，2014年度逃避缴纳税款129万元，占该年度应纳税额的22.38%；2015年度逃避缴纳税款87.5万元，占该年度应纳税额的24.39%。2019年9月，税务机关稽查部门对杰优商贸公司作出《税务处理决定书》和《税务行政处罚决定书》，先后采取邮寄、公告方式送达，并于2019年11月公告送达《催告书》，责令限期缴纳相关税款，但杰优商贸公司仍未缴纳。案发后文某主动退缴税款216.5万元。

法院经审理认为，被告人文某作为单位直接负责的主管人员，采取欺骗、隐瞒手段进行虚假纳税申报，逃避缴纳税款数额较大并且占应纳税额10%以上，其行为已构成逃税罪。文某到案后能够如实供述犯罪事实，自愿认罪认罚，已退缴全部应缴税款，可以从轻处罚。法院遂判决：(1)被告人文某犯逃税罪，判处有期徒刑1年9个月，并处罚金人民币10万元；(2)在案扣押被告人文某退缴的税款人民币216.5万元，移送税务机关处理。

案例2：新疆和田某贸易公司及其法定代表人蒋某永逃税案

蒋某永系和田新颜汽车贸易有限公司（以下简称新颜公司）的法定代表人。2015年1月至2016年12月，蒋某永与销售经理、财务负责人以及后勤管理人员在经营期间，虚开机动车销售统一发票（票面金额低于实际销售金额），少缴增值税1870632.71元、企业所得税42415.94元，共计1913048.65元，造成他人少缴车辆购置税1993185.05元。税务机关稽查后，新颜公司补缴税款1913048.65元，滞纳金 527449.41 元。购车人少缴的 1993185.05 元车辆购置税已由税局稽查部门追缴完毕。

法院经审理认为，新颜公司违反税收管理法规，采取向购车人开具虚假机动车销售统一发票的方式隐瞒销售收入，进行虚假纳税申报，逃避缴纳税款，数额巨大并且占应纳税额的 30% 以上；蒋某永系新颜公司的法定代表人，为该公司直接负责的主管人员，其行为已触犯刑律，构成逃税罪。新颜公司、蒋某永应以逃税罪定罪处罚。法院最终判决：(1) 被告单位新颜公司犯逃税罪，判处罚金人民币 50 万元。(2) 被告人蒋某永犯逃税罪，判处有期徒刑 2 年，并处罚金人民币 2 万元。

案例3：北京某发行公司法定代表人孟某逃税案

北京某书刊发行公司于 2005 年 9 月注册成立，2016 年被吊销营业执照。被告人孟某在担任北京某书刊发行公司法定代表人期间，以公司名义与某公司合作销售《邮票大全》。2009 年 9 月，孟某为逃避缴纳税款，采取"大头小尾"的方式，给合作公司开具了北京市服务业、娱乐业、文化体育业专用发票，逃避缴纳税款数额 22517647.99 元。2009 年北京某书刊发行公司应纳税额 22803163.74 元，逃避缴纳税款额占应纳税额的比例为 98.75%。孟某经税务机关税务处理、行政处罚后，仍不缴纳税款。孟某于 2021 年 3 月 30 日接到民警电话通知后到案。

法院经审理认为，北京某书刊发行公司采取欺骗手段进行虚假申报，逃避缴纳税款数额巨大并且占应纳税额 30% 以上，被告人孟某作为直接负责的主管人员，构成逃税罪。法院判决如下：(1) 被告人孟某犯逃税罪，判处有期徒刑 4 年，并处罚金人民币 10 万元；(2) 向被告人孟某追缴应纳税款人民币 22517647.99 元，上缴国库。

法律索引

《中华人民共和国刑法》

第二百零一条 纳税人采取欺骗、隐瞒手段进行虚假纳税申报或者不申报，逃避缴纳税款数额较大并且占应纳税额百分之十以上的，处三年以下有期徒刑或者拘役，并处罚金；数额巨大并且占应纳税额百分之三十以上的，处三年以上七年以下有期徒刑，并处罚金。

扣缴义务人采取前款所列手段，不缴或者少缴已扣、已收税款，数额较大的，依照前款的规定处罚。

对多次实施前两款行为，未经处理的，按照累计数额计算。

有第一款行为，经税务机关依法下达追缴通知后，补缴应纳税款，缴纳滞纳金，已受行政处罚的，不予追究刑事责任；但是，五年内因逃避缴纳税款受过刑事处罚或者被税务机关给予二次以上行政处罚的除外。

最高人民检察院、公安部《关于公安机关管辖的刑事案件立案追诉标准的规定（二）》（公通字〔2022〕12号）

第五十二条 ［逃税案（刑法第二百零一条）］逃避缴纳税款，涉嫌下列情形之一的，应予立案追诉：

（一）纳税人采取欺骗、隐瞒手段进行虚假纳税申报或者不申报，逃避缴纳税款，数额在十万元以上并且占各税种应纳税总额百分之十以上，经税务机关依法下达追缴通知后，不补缴应纳税款、不缴纳滞纳金或者不接受行政处罚的；

（二）纳税人五年内因逃避缴纳税款受过刑事处罚或者被税务机关给予二次以上行政处罚，又逃避缴纳税款，数额在十万元以上并且占各税种应纳税总额百分之十以上的；

（三）扣缴义务人采取欺骗、隐瞒手段，不缴或者少缴已扣、已收税款，数额在十万元以上的。

纳税人在公安机关立案后再补缴应纳税款、缴纳滞纳金或者接受行政处罚的，不影响刑事责任的追究。

律师解读

一、关于逃税罪的犯罪阻却问题

第一，经过税务机关的处理，是本罪追究刑事责任的前置条件。对于逃税案件，首先必须经过税务机关的处理，未经税务机关处理不能直接追究行为人的刑事责任。即使存在税务机关不作为、乱作为的情形，也应当由其改正后依法下达处理决定，再根据行为人补缴应纳税款、缴纳滞纳金、接受行政处罚的实际情况，决定是否追究刑事责任。

第二，接受税务机关处理后，不应再追究行为人刑事责任。通常而言，如果行为人收到税务机关追缴税款、缴纳滞纳金和处罚的相关通知后，积极主动补缴税款、缴纳滞纳金、接受处罚，就应当免予追究刑事责任。即使税务机关未给予行政处罚，也不应当再以刑事处罚代替行政处罚。

第三，超过税务机关规定的整改期限，才可追究刑事责任。一般情况下，税务机关会对逃税行为作出行政处罚，明确规定补缴税款、缴纳滞纳金、缴纳罚款的期限。如果行为人有异议，可依法申请行政复议或者提起行政诉讼。只有行为人既未申请复议或提起诉讼，也未按期补缴税款、缴纳滞纳金、缴纳罚款，才可追究其刑事责任。

第四，扣缴义务人的逃税行为，不受以上阻却事由的影响。《刑法》第201条第4款明确规定："有第一款行为，经税务机关依法下达追缴通知后，补缴应纳税款，缴纳滞纳金，已受行政处罚的，不予追究刑事责任；但是，五年内因逃避缴纳税款受过刑事处罚或者被税务机关给予二次以上行政处罚的除外。"换言之，扣缴义务人不在此列，因此扣缴义务人逃税的可直接追究刑事责任。

二、关于逃税罪的立案追诉问题

根据法律和司法解释的规定，行为人逃税须达到一定数额和比例，才具备适用刑法的条件，方可对行为人以犯罪论处。

第一，多次逃税未经处理的，按照累计数额计算违法数额。《刑法》第201条第3款明确规定，纳税人、扣缴义务人多次实施逃税行为，未经处理的，按照累计数额计算。其中"未经处理"是指未受到税务机关行政处罚，也包括税务机关作出免于处罚的决定。也就是说，即使税务机关免于处罚也属于经过了"处理"。

第二，纳税人屡教不改的，不受犯罪阻却事由的影响。《刑法》第201条第4款明确规定，纳税人实施逃税后已受行政处罚的，不予追究刑事责任；但是，5年内因逃避缴纳税款受过刑事处罚或者被税务机关给予2次以上行政处罚的除外。也就是说，对于纳税人屡教不改的逃税行为，即使已受过处罚也仍然以犯罪论处。

第三，未达到法定标准的，不应当以犯罪行为立案追诉。最高人民检察院、公安部《关于公安机关管辖的刑事案件立案追诉标准的规定（二）》（公通字〔2022〕12号）第52条明确规定了逃税罪的立案追诉标准，只有达到法定标准才应当予以立案追诉，否则不应当以犯罪论处。但是，不以犯罪论处并不意味着逃税行为可以宽宥，行为人仍然应当受到税务机关的处理和处罚。

二、逃避追缴欠税

逃避追缴欠税是指负有纳税义务的单位或个人，在欠缴应纳税款的情况下，故意采取转移或者隐匿财产等手段，致使税务机关无法追缴欠缴税款的行为；如果涉及数额较大，则构成逃避追缴欠税罪。我国《刑法》第 203 条及最高人民检察院、公安部《关于公安机关管辖的刑事案件立案追诉标准的规定（二）》（公通字〔2022〕12 号）第 54 条规定，纳税人逃避追缴欠税数额在 1 万元以上的，应当以逃避追缴欠税罪立案追诉。由于本罪属于结果犯，如果涉及金额不足 1 万元，则不能予以立案追诉，更不能判处刑罚；而这里所谓 1 万元的数额是指税务机关无法追回的欠税数额，它既不包括滞纳金，也不包括行为人转移或隐匿的财产数额，而单指行为人实际的欠税数额。当然，行为人如果确实存在逃避追缴欠税的情形，即使数额未达到立案追诉标准，不能构成犯罪，也应当由税务机关依法作出相应的行政处罚。

典型案例

要点提示：负有纳税义务的单位或个人，在欠缴应纳税款的情况下，采取转移或者隐匿财产的手段逃避税务机关追缴欠税的，数额在 1 万元以上即构成逃避追缴欠税罪。

案例 1：北京某房地产公司法定代表人王某逃避追缴欠税案

北京浩腾房地产开发有限责任公司（以下简称浩腾公司）成立

于 2002 年 8 月，被告人王某系该公司持股 58% 的股东，任该公司执行董事兼总经理、法定代表人。2007 年 5 月至 6 月，税务机关对浩腾公司的企业所得税纳税情况进行检查后下达了《税务处理决定书》，要求浩腾公司补缴 2005 年度及 2006 年度企业所得税税款人民币 2456893.64 元。后浩腾公司补缴了税款人民币 420285.1 元、滞纳金人民币 199714.9 元，仍有税款 2036608.54 元和滞纳金应缴未缴，形成欠税。被告人王某为逃避追缴欠税，未将浩腾公司售楼收入存入向税务机关登记备案的银行账户，并逃匿。2019 年 11 月，王某被公安机关抓获归案。

法院经审理认为，被告人王某身为浩腾公司的法定代表人，明知浩腾公司欠缴应纳税款，仍采取转移、隐匿公司财产的手段，致使税务机关无法追缴欠缴税款 203 万余元，其行为已构成逃避追缴欠税罪，依法应予惩处。鉴于王某到案后如实供述自己的主要犯罪事实，并自愿认罪认罚，可依法从轻处罚。法院最终判决：被告人王某犯逃避追缴欠税罪，判处有期徒刑 4 年，并处罚金人民币 205 万元。

案例 2：安徽宿州某置业公司逃避追缴欠税案

2010 年 2 月宿州市达佳置业有限公司（以下简称达佳公司）成立后，开始经营开发某县国际装饰城项目。2015 年 4 月，税务机关向达佳公司送达了税务事项通知书，通知达佳公司将少申报的税费合计 6123510.88 元缴纳入库。达佳公司收到税务事项通知书后，既未补缴税款，也未申请延期缴纳。2016 年 4 月，被告人李某开始担任达佳公司工程部负责人，其在明知达佳公司欠缴税款的情况下，采取将公司经营收入转入或直接存入职工个人账户等方式，转移资金共计 12604692 元，致使税务机关无法追缴达佳公司所欠税款。2016 年 8 月 5 日，达佳公司以缴税名义从监管账户申请两笔资金共 89 万元，仅有20万元用于缴纳税款。2016年8月,税务机关再次向达佳公司送达税务事项通知书,要求该公司缴纳税费7782650.52元。达佳公司收到税务事项通知书后未补缴税款。达佳公司于2019年12月26日向税务机关提供56套商铺用于支付涉案税款。

法院经审理认为,被告单位达佳公司欠缴应纳税款6123510.88元,经税务机关多次催缴,却采取转移财产的方式使税务机关无法追缴,其行为已构成逃避追缴欠税罪。被告人李某作为达佳公司其他直接责任人员,其在负责管理期间明知达佳公司欠缴税款,仍采取转移资金的方式妨碍税务机关追缴欠缴税款,其行为已构成逃避追缴欠税罪。法院综合案情后判决如下:(1)被告单位达佳公司犯逃避追缴欠税罪,判处罚金人民币900万元。(2)被告人李某犯逃避追缴欠税罪,判处有期徒刑3年,缓刑4年,并处罚金人民币613万元。

案例3:河南新乡某驾校老板段某平逃避追缴欠税案

被告人段某平在经营某机动车驾驶员培训学校期间,2014年未按规定及时向税务部门缴纳税款,欠缴营业税63167.01元、个人所得税25493.46元、城建税631.67元,共计89292.14元;2015年未按规定及时向税务部门申报缴纳税款,欠缴营业税47016.00元、个人所得税20373.60元、城建税470.16元,共计67859.76元。当地税务机关多次对段某平下达税务事项通知书及责令限期整改通知书,段某平仍拒不缴纳。税务机关于2015年7月31日查封其驾校教练车5辆。车辆被查封后,段某平私自将其中3辆中型普通货车予以出售。2016年7月20日,段某平将名下驾校以450000元转让,致使税务机关无法追缴欠缴的税款。

法院经审理认为,被告人段某平欠缴应纳税款,采取转移财产的手段,致使税务机关无法追缴欠缴的税款,数额在10万元以上,其行为已构成逃避追缴欠税罪。法院遂判决：被告人段某平犯逃避追缴欠税罪，判处有期徒刑3年，并处罚金人民币17万元。

法律索引

《中华人民共和国刑法》

第二百零三条 纳税人欠缴应纳税款，采取转移或者隐匿财产的手段，致使税务机关无法追缴欠缴的税款，数额在一万元以上不满十万元的，处三年以下有期徒刑或者拘役，并处或者单处欠缴税款一倍以上五倍以下罚金；数额在十万元以上的，处三年以上七年以下有期徒刑，并处欠缴税款一倍以上五倍以下罚金。

最高人民检察院、公安部《关于公安机关管辖的刑事案件立案追诉标准的规定（二）》（公通字〔2022〕12号）

第五十四条 ［逃避追缴欠税案（刑法第二百零三条）］纳税人欠缴应纳税款，采取转移或者隐匿财产的手段，致使税务机关无法追缴欠缴的税款，数额在一万元以上的，应予立案追诉。

律师解读

一、本罪在法律认定方面的相关问题

第一，本罪的主观方面表现为故意，过失不能构成本罪。故意是指行为人主观上明确知晓自身存在欠缴税款的事实，仍然实施隐匿或转移财产等行为，导致税务机关无法正常征收或追缴税款。如果行为人主观上不知道已欠缴税款，则无论是否具有转移、隐匿财产的行为均不能构成本罪，但是仍然有可能构成其他犯罪。

第二，本罪客观方面表现为采用欺诈手段逃避追缴欠税。所谓欺诈手段是指故意欺骗税务机关,致使税务机关无法征收到税款,既包括法律规定的转移或者隐匿财产的行为,也包括虚假申报、编造材料、隐瞒实际收入等其他行为,因为这些行为的目的都是逃避纳税义务,严重侵害了国家的税收管理制度。

第三,涉案金额未达到1万元的,不应以本罪立案追诉。依据《刑法》第203条和最高人民检察院、公安部《关于公安机关管辖的刑事案件立案追诉标准的规定(二)》第54条的规定,纳税人逃避追缴税款数额在1万元以上的,以本罪立案追诉。因此,未达到该标准的不能以本罪立案追诉或判处刑罚。

第四,行为人实际欠缴税款,是触犯本罪的前提条件。认定构成本罪的前提,是认定行为人欠缴税款的事实。在认定欠税事实方面,首先,应当查明欠税行为是否超过法定纳税期限,只有超过法定的纳税期限才构成欠税;其次,应当查明行为人欠税的真实原因,是否存在《税收征收管理法》规定的可以批准延期缴税的情形等。

第五,税务机关无法完成征收是构成本罪的另一前提。依据《税收征收管理法》的相关规定,税务机关有权采取查封、扣押、冻结等手段强制征收应缴税款。因此,如果税务机关最终追缴到税款,则行为人即使存在转移或隐匿财产的情况,也不能构成本罪。只有行为人的行为最终导致税务机关实际无法完成征收,才能以本罪论处。

二、逃避追缴欠税罪与逃税罪的区别

第一,犯罪主体不同。虽然两罪的主体都是特殊主体,但是逃税罪的主体包括纳税人和扣缴义务人;而逃避追缴欠税罪的主体仅为负有缴纳欠税义务的纳税人,扣缴义务人不能够成为本罪的主体。扣缴义务人采用逃税方式欠缴税款数额较大的,直接构成逃税罪,其不可能有触犯逃避追缴欠税罪的机会。

第二，客观表现不同。逃避追缴欠税罪的客观表现是纳税人欠缴应纳税款后采取转移或者隐匿财产等手段，致使税务机关无法追缴欠缴的税款，且数额在1万元以上。逃税罪的客观表现是纳税人或者扣缴义务人采取欺骗、隐瞒等手段逃避缴纳税款，达到数额较大的标准，或者行为人多次因逃税受到刑事处罚、行政处理。

第三，追诉标准不同。根据法律和司法解释的相关规定，行为人实施逃避追缴欠税的行为，涉案数额在1万元以上的，应予立案追诉。逃税罪立案追诉的标准为逃税在10万元以上且占各税种应纳税总额10%以上，或者纳税人5年内因逃税受过刑事处罚或者2次以上行政处罚，又逃避缴纳税款且达到前述金额和纳税比例标准。

三、虚开增值税专用发票

增值税专用发票是由国家税务总局监制，只限于增值税一般纳税人领购使用的发票。该种发票作为增值税计算和管理的重要依据，其特点是既能反映纳税人的经济活动，又能兼记销货方纳税义务和购货方进项税额的实际情况，具有综合性的证明作用。使用增值税专用发票，能够将某一产品从最初生产到最终消费之间的各环节有机地联系起来，从而保证国家税赋的完整性。然而，某些商家或企业为了赚取高额利润，通常采用虚开增值税专用发票的方式规避纳税义务、偷逃税款，严重损害国家和人民的利益。为了打击这种违法行为，我国《刑法》第205条规定，犯虚开增值税专用发票罪的，最低判处3年以下有期徒刑或者拘役，最高可判处无期徒刑，并处罚金或没收财产。其中虚开行为指"为他人虚开""为自己虚开""让他人为自己虚开""介绍他人虚开"等。最高人民检察院、公安部《关于公安机关管辖的刑事案件立案追诉标准的规定（二）》（公通字〔2022〕12号）第56条规定，虚开增值税专用发票的税款数额在10万元以上或者造成国家税款损失数额在5万元以上的，应予立案追诉。

典型案例

要点提示：虚开增值税专用发票，最低判处3年以下有期徒刑或者拘役，最高可判处无期徒刑，并处罚金或没收财产。虚开税额在10万元以上或者造成国家税款损失在5万元以上的，应予立案追诉。

案例1：黑龙江北安某公司老板马某虚开增值税专用发票案

被告人马某假借他人身份在黑龙江省北安市成立了铭扬药业有限公司。公司成立后，马某通过为他人虚开增值税专用发票获取开票费，进行牟利。2016年10月至2017年6月，马某在无实际货物交易的情况下，利用铭扬药业有限公司为广东某药业有限公司、铜鼓某中药材有限公司、安徽某医疗用品有限公司、安徽某生物科技有限公司、太和某生物科技有限公司、太和某花茶有限公司、天津某药业有限公司、济南某茶叶有限公司等虚开增值税专用发票共计287份，税款数额共计3395825.43元，其中税款数额2578078.54元已被申报抵扣。

法院经审理认为，被告人马某违反国家增值税发票管理规定，为他人虚开增值税专用发票，数额巨大，其行为已构成虚开增值税专用发票罪。马某到案后如实供述主要犯罪事实，对其可以从轻处罚；部分受票单位已将抵扣的税款进行了补缴，国家损失已挽回，对马某酌情从轻处罚。法院最终判决：（1）被告人马某犯虚开增值税专用发票罪，判处有期徒刑10年，并处罚金人民币15万元。（2）继续追缴被告人马某虚开增值税专用发票违法所得人民币5万元，依法没收，上缴国库。

案例2：浙江杭州彭某华虚开增值税专用发票案

2016年12月至2020年3月，被告人彭某华在明知相关公司之间无真实交易的情况下居间介绍，通过受票公司向开票公司或介绍人支付好处费的方式，让浙江某物流有限公司、杭州某物流有限公司、杭州某供应链管理有限公司等为连云港某公司虚开运输服务增值税专用发票91张，价税合计8345400.83元，税额822650.15元；让上述公司为浙江某电气有限公司虚开运输服务增值税专用发票43张，价税合计 3651450 元，税额 305640.94 元；让浙江某物流有限公司、杭州某物流有限公司为浙江某公司虚开运输服务增值税专用发票 36 张，价税合计 2870000 元，税额 236972.47 元。以上发票均已被相应受票公司抵扣认证，共计 170 张，价税合计 14866850.83 元，税额 1365263.56 元。彭某华从中非法获利 65210 元。

法院经审理认为，被告人彭某华介绍他人虚开增值税专用发票，虚开的税款数额较大，其行为已构成虚开增值税专用发票罪。彭某华归案后如实供述自己的犯罪事实，在侦查阶段自愿认罪认罚，且已退缴全部违法所得，涉案受票公司已补缴相关税款，依法可对彭某华从宽处罚。法院遂判决：（1）被告人彭某华犯虚开增值税专用发票罪，判处有期徒刑 3 年，缓刑 4 年，并处罚金人民币 10 万元。（2）被告人彭某华退缴的违法所得人民币 65210 元，依法上缴国库。

案例 3：河北某公司及经营者张某虚开增值税专用发票案

2018 年 5 月至 12 月，被告人张某在与湖南某科技公司无真实交易的情况下，经马某辉（已判决）介绍，让该公司为其经营的被告单位河北永富门窗有限公司、河北天富门业有限公司虚开增值税专用发票 32 份，金额 12081954.36 元，税额 1933112.64 元。在此期间，张某又介绍湖南某科技公司为沧州某门业有限公司、河北某门业有限公司、任丘市某门业有限公司等公司虚开增值税专用发票 8 份，金额 5027303.72 元，税额 804368.6 元。被告单位河北永富门窗有限公司虚开增值税专用发票骗取税款 1243459.04 元，被告单位河北天富门业有限公司虚开增值税专用发票骗取税款 689653.6 元，未向税务机关补缴。被告人张某介绍及参与介绍涉案单位任丘市某门业有限公司等 5 家企业虚开增值税专用发票，从受票单位收取开票票面金额 0.5%~1.5% 的费用，其中个人非法获利 42243 元。

法院经审理认为,被告单位河北永富门窗有限公司虚开增值税专用发票,虚开的税款为1243459.04元,数额较大;被告单位河北天富门业有限公司虚开增值税专用发票,虚开的税款为689653.6元,数额较大;上述被告单位行为均已构成虚开增值税专用发票罪。被告人张某作为上述被告单位直接负责的主管人员,介绍及参与介绍虚开增值税专用发票,虚开的税款数额较大,其行为已构成虚开增值税专用发票罪,对其应实行数罪并罚。张某如实供述自己的基本犯罪事实,且对主要犯罪事实自愿认罪,可酌情从轻处罚。法院遂判决:(1)被告单位河北永富门窗有限公司犯虚开增值税专用发票罪,判处罚金人民币25万元。(2)被告单位河北天富门业有限公司犯虚开增值税专用发票罪,判处罚金人民币10万元。(3)被告人张某犯(单位)虚开增值税专用发票罪,判处有期徒刑8年;犯虚开增值税专用发票罪,判处有期徒刑3年,并处罚金人民币10万元;决定执行有期徒刑10年,并处罚金人民币10万元。(4)被告单位河北永富门窗有限公司应纳税款1243459.04元,被告单位河北天富门业有限公司应纳税款689653.6元,予以追缴,上缴国库;被告人张某违法所得42243元,予以追缴,上缴国库。

法律索引

《中华人民共和国刑法》

第二百零五条 虚开增值税专用发票或者虚开用于骗取出口退税、抵扣税款的其他发票的,处三年以下有期徒刑或者拘役,并处二万元以上二十万元以下罚金;虚开的税款数额较大或者有其他严重情节的,处三年以上十年以下有期徒刑,并处五万元以上五十万元以下罚金;虚开的税款数额巨大或者有其他特别严重情节的,处十年以上有期徒刑或者无期徒刑，并处五万元以上五十万元以下罚金或者没收财产。

单位犯本条规定之罪的，对单位判处罚金，并对其直接负责的主管人员和其他直接责任人员，处三年以下有期徒刑或者拘役；虚开的税款数额较大或者有其他严重情节的，处三年以上十年以下有期徒刑；虚开的税款数额巨大或者有其他特别严重情节的，处十年以上有期徒刑或者无期徒刑。

虚开增值税专用发票或者虚开用于骗取出口退税、抵扣税款的其他发票，是指有为他人虚开、为自己虚开、让他人为自己虚开、介绍他人虚开行为之一的。

最高人民法院《关于虚开增值税专用发票定罪量刑标准有关问题的通知》（法〔2018〕226号）

二、在新的司法解释颁行前，对虚开增值税专用发票刑事案件定罪量刑的数额标准，可以参照《最高人民法院关于审理骗取出口退税刑事案件具体应用法律若干问题的解释》（法释〔2002〕30号）第三条的规定执行，即虚开的税款数额在五万元以上的，以虚开增值税专用发票罪处三年以下有期徒刑或者拘役，并处二万元以上二十万元以下罚金；虚开的税款数额在五十万元以上的，认定为刑法第二百零五条规定的"数额较大"；虚开的税款数额在二百五十万元以上的，认定为刑法第二百零五条规定的"数额巨大"。

最高人民检察院、公安部《关于公安机关管辖的刑事案件立案追诉标准的规定（二）》（公通字〔2022〕12号）

第五十六条 ［虚开增值税专用发票、用于骗取出口退税、抵扣税款发票案（刑法第二百零五条）］虚开增值税专用发票或者虚开用于骗取出口退税、抵扣税款的其他发票，虚开的税款数额在十万元以上或者造成国家税款损失数额在五万元以上的,应予立案追诉。

律师解读

结合法律、司法解释的相关规定,以及司法实践中的裁判原则,笔者认为,虚开增值税专用发票罪在法律认定等方面,主要存在以下特点和值得探讨的问题。

第一,行为人实际是否骗取或抵扣税款,不影响本罪的成立。本罪属于行为犯,即只要行为人实施了虚开增值税专用发票的行为,就已经产生了相应的社会危害性,属于虚开增值税专用发票的犯罪行为。已经虚开的发票实际是否用于骗取退税或抵扣进项税,并不影响本罪的成立。

第二,行为人是否以骗税或逃税为目的,不影响本罪的成立。法律或司法解释均未规定本罪的主观要件,行为人有为他人虚开、为自己虚开、让他人为自己虚开、介绍他人虚开行为之一的,即构成本罪。只要行为人存在虚开的行为即构成本罪,比如介绍他人虚开的目的有可能是赚取介绍费等,其自身不存在骗税或逃税的意图,但是仍应当以本罪论处。

第三,基于同一目的而数次虚开发票的,不应累计计算税额。实践中,有些人为了逃避监管往往通过多个中间单位虚开发票,最终达到成功骗取退税或抵扣税款的目的。在此情形下,国家的税收损失是相对确定的,并没有随着虚开主体或者次数的增多而增加相应的税收损失,因此在此情形下不应当累计计算税额予以量刑,而应以最终确定的应纳税金额为量刑的依据。

第四,合理认定虚开行为,应当以存在税收损失为前提。税法聚焦的虚开行为侧重于经营业务的真实性,以实现对涉税行为的合理监管；而刑法上的虚开行为则聚焦于行为人实际产生的社会危害性，也即法益是否受到了实际侵害。因此，即使开具的发票所反映的并非真实交易内容，但是并未使真实交易事项产生税款流失，则不能认定法益受到了实际侵害，也就不能以犯罪论处。

第五，如实代开的行为不属于虚开发票，不应当以犯罪论处。代开是指因交易相对方需要增值税专用发票抵扣进项税，而没有开票资格的小规模纳税人或个人为了促成交易，根据实际交易情况请求具有开票资格的一般纳税人代其开具增值税专用发票。此种行为类似于工程行业的"挂靠"，表面上虽为虚开，但是如果开票内容能够如实反映交易信息，没有造成应纳税款的损失，则不应当以犯罪论处。

四、虚开增值税普通发票

发票是单位或个人在购销商品、提供或者接受服务以及从事其他经营活动中,开具和收取的收付款凭证。它是会计核算的原始凭据,也是税务机关、审计部门在执法检查中,合理判定相关单位或个人承担纳税义务的重要依据。发票作为国家重要的控税凭证,需要真实、完整地记录交易双方的经济活动,否则就有可能出现税控失调、国家利益严重受损的情况。但是,现实中一些人为了追逐更高的利润或者不当利益,采取以虚开发票的方式偷逃应纳税款。为打击虚开发票的违法行为,我国针对"增值税专用发票""出口退税、抵扣税款发票""增值税普通发票"分别制定了刑罚措施,其中虚开增值税普通发票的刑罚相较于其他两类发票较轻。根据《刑法》第205条之一的规定,虚开普通发票情节严重的,处2年以下有期徒刑、拘役或者管制,并处罚金;情节特别严重的,处2年以上7年以下有期徒刑,并处罚金。最高人民检察院、公安部《关于公安机关管辖的刑事案件立案追诉标准的规定(二)》(公通字〔2022〕12号)第57条规定,虚开增值税普通发票,涉嫌下列情形之一的,应予立案追诉:累计虚开发票金额在50万元以上的;虚开发票100份以上且票面金额在30万元以上的;5年内因虚开发票受过刑事处罚或者2次以上行政处罚后又犯,且数额达到前两项标准60%以上的。

🈶 典型案例

要点提示： 行为人开具增值税普通发票时弄虚作假，累计金额在50万元以上或虚开100份以上且票面金额30万元以上，抑或5年内因此受过刑罚或2次以上行政处罚后又犯的，且数额达到前两项标准60%以上的，构成虚开发票罪。

案例1：上海某贸易公司虚开发票案

2017年5月至2020年4月，被告单位上海同乐贸易有限公司直接负责的主管人员被告人葛某，在无真实应税劳务情况下，通过支付开票费的方式，让上海某有限公司为上海同乐贸易有限公司虚开增值税普通发票53份，票面金额合计人民币3820431元。2023年4月14日，葛某经民警电话通知后自动投案，如实供述上述犯罪事实，并补缴涉案税款。

法院经审理认为，公诉机关指控被告单位上海同乐贸易有限公司、被告人葛某犯虚开发票罪的事实清楚，证据确实、充分，指控罪名成立，量刑建议适当，应予采纳。法院遂判决：（1）被告单位上海同乐贸易有限公司犯虚开发票罪，判处罚金人民币5万元。（2）被告人葛某犯虚开发票罪，判处有期徒刑1年，缓刑1年，并处罚金人民币3万元。

案例2：四川李某树虚开发票案

2019年1月，被告人李某树与四川某公司签订工程独资经营合作协议，挂靠在某某公司名下承包某土石方场地平整工程，协议约定李某树负责本工程全额包干，缴纳项目所涉及的一切税和费。2019年5月，李某树向四川某公司申请结算1500万元的工程费用，该公司要求李某树提供相应金额的发票。李某树便通过网络找到中间人，按照票面金额 6% 支付开票费 75 万元，获取了重庆某建筑劳务有限公司、重庆某货运有限公司、重庆某工程建设有限公司虚开的增值税普通发票共计 123 份，合计 12608880 元。李某树将上述虚开的增值税普通发票交给四川某公司用于结算自己的工程款。案发后，公安机关电话通知被告人李某树到案，李某树如实供述上述事实，并缴纳了全部企业所得税及滞纳金。

法院经审理认为，被告人李某树违反国家税收征管和发票管理制度，在无真实交易的情况下，让他人为自己虚开增值税普通发票用于结算工程款项，金额累计 12608880 元，情节特别严重，其行为构成了虚开发票罪。李某树系自首，依法予以从轻处罚；自愿认罪认罚，依法予以从宽处理；补缴了税款，酌情予以从轻处罚。此外，关于辩护人提出的李某树主观上无牟利目的，有自首、认罪认罚情节，积极主动补缴税款，已与某某公司达成税款代缴协议，请求对其从轻处罚的辩护意见，与审理查明的事实和法律规定相符，法院予以采纳。法院最终判决：被告人李某树犯虚开发票罪，判处有期徒刑 2 年 6 个月，缓刑 3 年，并处罚金人民币 5 万元。

案例 3：北京王某龙虚开发票案

2021 年 3 月至 9 月，被告人王某龙伙同周某（已判决）在明知发票需求方无真实交易的情况下，由王某龙负责联系需求方、收取开票费用、转发开票二维码或发票至对方，由周某负责自北京某餐饮有限公司开具金额确定的开票二维码，或联系朝阳区某宾馆开具北京增值税普通发票。经核查，自北京某餐饮有限公司开具发票 200 余张，自朝阳区某宾馆开具发票 10 余张，票面金额共计人民币 70 余万元。王某龙从中非法获利人民币 1 万余元。王某龙于 2022 年 7 月 25 日被民警抓获到案。

法院经审理认为，被告人王某龙伙同他人虚开发票，扰乱税收征管秩序，情节严重，其行为已构成虚开发票罪。公诉机关指控的事实清楚，证据确实、充分，指控罪名成立。王某龙到案后能如实供述、自愿认罪认罚，可依法予以从轻处罚。法院遂判决：（1）被告人王某龙犯虚开发票罪，判处有期徒刑9个月，并处罚金人民币7000元。（2）责令被告人王某龙退缴违法所得人民币1万元，依法予以没收。

法律索引

《中华人民共和国刑法》

第二百零五条之一 虚开本法第二百零五条规定以外的其他发票，情节严重的，处二年以下有期徒刑、拘役或者管制，并处罚金；情节特别严重的，处二年以上七年以下有期徒刑，并处罚金。

单位犯前款罪的，对单位判处罚金，并对其直接负责的主管人员和其他直接责任人员，依照前款的规定处罚。

最高人民检察院、公安部《关于公安机关管辖的刑事案件立案追诉标准的规定（二）》（公通字〔2022〕12号）

第五十七条 ［虚开发票案（刑法第二百零五条之一）］虚开刑法第二百零五条规定以外的其他发票，涉嫌下列情形之一的，应予立案追诉：

（一）虚开发票金额累计在五十万元以上的；

（二）虚开发票一百份以上且票面金额在三十万元以上的；

（三）五年内因虚开发票受过刑事处罚或者二次以上行政处罚，又虚开发票，数额达到第一、二项标准百分之六十以上的。

律师解读

关于虚开增值税普通发票罪的法律认定，笔者结合法律、司法解释相关规定以及典型案例的裁判，认为应当从以下几个方面予以理解。

第一，不以骗税为目的，且未造成税收损失的不构成本罪。2018年12月4日，最高人民法院在公布典型案例"张某强虚开增值税专用发票案"时明确指出"不具有骗取国家税款的目的，未造成国家税款损失，其行为不构成虚开增值税专用发票罪"。2020年7月22日，最高人民检察院印发的《关于充分发挥检察职能服务保障"六稳""六保"的意见》明确规定："对于有实际生产经营活动的企业为虚增业绩、融资、贷款等非骗税目的且没有造成税款损失的虚开增值税专用发票行为，不以虚开增值税专用发票定罪处理，依法作出不起诉决定的，移送税务机关给予行政处罚。"可见，最高人民法院和最高人民检察院均已明确认定，不以骗税为目的，且未造成税款损失的虚开增值税专用发票行为不构成犯罪。根据"入罪举轻以明重，出罪举重以明轻"的原则，虚开增值税普通发票的社会危害性明显小于虚开增值税专用发票，因此虚开增值税普通发票不以骗取国家税款为目的，且未造成国家税款损失的，也不应当以犯罪论处。

第二，本罪所指的发票应为真票，虚开假票不构成本罪。在我国，发票必须由国家税务部门统一印制，交易行为人根据事实填写对应的交易信息后开出发票。虚开发票罪中，行为人在合法申领的发票上填写虚构的交易信息并开出票据。如果行为人在虚假的发票上填写信息并向其他人开具，则涉嫌构成《刑法》第209条的"非法制造、出售非法制造的发票罪"或者《刑法》第210条之一的"持有伪造的发票罪"，应当依据具体行为以该两条规定中的罪名予以定罪量刑，而不应当以虚开发票罪论处。

第三，虚开发票罪与逃税罪竞合时，应当择一重罪从重处罚。现实中经常出现的情况是行为人以虚列成本偷逃税款为目的，实施虚开发票的违法行为。在此情况下，行为人既触犯了虚开发票罪，实质上也触犯了逃税罪。这种情形在刑法理论中被称为牵连关系，即行为人为了实施某种犯罪而采用的手段或产生的结果又触犯了另一种独立的罪名，表面上存在两个以上相互独立的犯罪行为。对于行为人触犯的具有牵连关系的虚开发票罪和逃税罪，按照现行的刑法理论和司法实践，是不应当实行数罪并罚的，而应"择一重罪从重处罚"，即按照其触犯的数个罪名中刑罚措施最重的一个予以定罪处罚。虚开发票罪和逃税罪均有两个量刑档次，其中逃税罪的量刑档次为3年以下有期徒刑或者拘役，并处罚金，以及3年以上7年以下有期徒刑，并处罚金；而虚开发票罪的量刑档次为2年以下有期徒刑、拘役或者管制，并处罚金，或者2年以上7年以下有期徒刑，并处罚金。显然，逃税罪的法定刑标准略重，因此虚开发票罪与逃税罪竞合时，应当以逃税罪定罪，从重处罚。

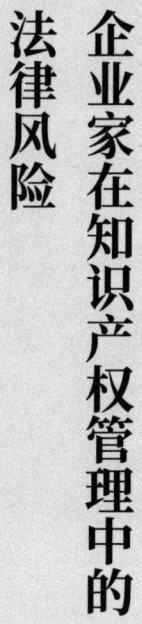

第七部分 企业家在知识产权管理中的法律风险

一、假冒注册商标

商标是某种商品或者服务品牌的象征性标志，也是消费者识别和区分商品或者服务提供方的重要标识。商品或者服务品牌的拥有者在依法向政府有关部门申请注册品牌标识后，其品牌标识即称为商标。任何能够将本商品或服务与其他商品或服务相区分的标志，包括文字、数字、字母、图形、颜色等，以及各要素的组合形式，均可被申请注册为商标。商标被注册后，其注册者享有专用权，该专用权受到法律保护。然而，随着商品经济的快速发展，由于注册商标商业价值不断提升，其给经营者带来的收益也不断增大，一部分人为了获取不当利益，开始假冒注册商标进行违法经营。为了打击假冒注册商标、侵害商标专用人权利、扰乱市场经营秩序的违法行为，我国《刑法》第213条规定，假冒注册商标情节严重的，处3年以下有期徒刑，并处或者单处罚金；情节特别严重的，处3年以上10年以下有期徒刑，并处罚金。

典型案例

要点提示： 假冒注册商标情节严重是指：（1）非法经营数额在5万元以上或者违法所得数额在3万元以上；（2）假冒两种以上注册商标，非法经营数额在3万元以上或者违法所得数额在2万元以上。

案例1：广东中山某公司假冒注册商标案

2014年，广东天力科技有限公司（以下简称天力公司）注册了某商标。2020年4月,被告单位中山市赢信新材料有限公司(以下简称赢信公司)在未获得天力公司许可的情况下,为他人生产销售了共计人民币291396.7元的标注有天力公司商标标识的收纳拉链袋、真空压缩袋。此外,赢信公司还收取了某公司制作天力公司商标外包装袋的版费人民币20475元。2022年3月4日,被告人赢信公司总经理王某轩、业务经理黄某玲被抓获。2022年7月4日,天力公司收到赢信公司赔偿款人民币30万元后,对赢信公司及王某轩、黄某玲表示谅解。

法院经审理认为,被告单位赢信公司未经注册商标所有人许可,在同一种商品上使用与该注册商标相同的商标,情节特别严重,被告人王某轩、黄某玲作为赢信公司直接负责的主管人员和直接责任人员,其行为均已构成假冒注册商标罪。法院遂判决:(1)被告单位赢信公司犯假冒注册商标罪,判处罚金人民币16万元。(2)被告人王某轩犯假冒注册商标罪,判处有期徒刑3年,缓刑5年,并处罚金人民币4万元。(3)被告人黄某玲犯假冒注册商标罪,判处有期徒刑3年,缓刑5年,并处罚金人民币2万元。(4)缴获的假冒注册商标的拉链收纳袋、真空压缩袋等,予以没收。

案例2:浙江瑞安商人林某黄假冒注册商标案

2022年10月,被告人林某黄未经注册商标所有人许可,在其经营的瑞安市某鞋厂内生产假冒某种注册商标的鞋子。2022年10月31日,瑞安市市场监督管理局在该鞋厂内查获上述假冒注册商标的鞋子共2168双。经价格认定,上述假冒注册商标的鞋子共计价值人民币34688元。

法院经审理认为,被告人林某黄未经注册商标所有人许可,在同一种商品上使用与该注册商标相同的商标,情节严重,其行为已触犯刑律，构成假冒注册商标罪。法院遂判决：(1) 被告人林某黄犯假冒注册商标罪，判处有期徒刑6个月，缓刑1年，并处罚金人民币30000元。(2) 扣押在案的假冒注册商标的鞋子共2168双，予以没收。

案例3：上海商人游某假冒注册商标案

自2019年9月起，被告人游某的丈夫詹某（已判刑）未经注册商标所有人许可，雇用他人生产销售假冒某品牌注册商标的奶粉。其中，被告人游某自2019年10月中旬起协助詹某购买部分原料奶粉，在微信群内与詹某共同联系上海市普陀区客户沈某、程某（均已判刑）销售上述假冒奶粉，并提供支付宝账户收取货款。经查，2019年10月中旬至12月，被告人游某支付宝账户收取沈某、程某货款共计人民币29万元左右。

法院经审理认为，被告人游某未经注册商标所有人许可，伙同他人在同一种商品上使用与该注册商标相同的商标，情节特别严重，其行为已构成假冒注册商标罪，依法应予惩处。在共同犯罪中，游某起次要作用，系从犯，依法应当减轻处罚。法院遂判决：被告人游某犯假冒注册商标罪，判处有期徒刑1年3个月，缓刑1年3个月，并处罚金人民币2万元。

法律索引

《中华人民共和国刑法》

第二百一十三条　未经注册商标所有人许可，在同一种商品、服务上使用与其注册商标相同的商标，情节严重的，处三年以下有期徒刑，并处或者单处罚金；情节特别严重的，处三年以上十年以下有期徒刑，并处罚金。

第二百二十条 单位犯本节第二百一十三条至第二百一十九条之一规定之罪的，对单位判处罚金，并对其直接负责的主管人员和其他直接责任人员，依照本节各该条的规定处罚。

最高人民法院、最高人民检察院《关于办理侵犯知识产权刑事案件具体应用法律若干问题的解释》（法释〔2004〕19号）

第一条 未经注册商标所有人许可，在同一种商品上使用与其注册商标相同的商标，具有下列情形之一的，属于刑法第二百一十三条规定的"情节严重"，应当以假冒注册商标罪判处三年以下有期徒刑或者拘役，并处或者单处罚金：

（一）非法经营数额在五万元以上或者违法所得数额在三万元以上的；

（二）假冒两种以上注册商标，非法经营数额在三万元以上或者违法所得数额在二万元以上的；

（三）其他情节严重的情形。

具有下列情形之一的，属于刑法第二百一十三条规定的"情节特别严重"，应当以假冒注册商标罪判处三年以上七年以下有期徒刑，并处罚金：

（一）非法经营数额在二十五万元以上或者违法所得数额在十五万元以上的；

（二）假冒两种以上注册商标，非法经营数额在十五万元以上或者违法所得数额在十万元以上的；

（三）其他情节特别严重的情形。

第八条 刑法第二百一十三条规定的"相同的商标"，是指与被假冒的注册商标完全相同，或者与被假冒的注册商标在视觉上基本无差别、足以对公众产生误导的商标。

刑法第二百一十三条规定的"使用",是指将注册商标或者假冒的注册商标用于商品、商品包装或者容器以及产品说明书、商品交易文书,或者将注册商标或者假冒的注册商标用于广告宣传、展览以及其他商业活动等行为。

第十二条 本解释所称"非法经营数额",是指行为人在实施侵犯知识产权行为过程中,制造、储存、运输、销售侵权产品的价值。已销售的侵权产品的价值,按照实际销售的价格计算。制造、储存、运输和未销售的侵权产品的价值,按照标价或者已经查清的侵权产品的实际销售平均价格计算。侵权产品没有标价或者无法查清其实际销售价格的,按照被侵权产品的市场中间价格计算。

第十三条 实施刑法第二百一十三条规定的假冒注册商标犯罪,又销售该假冒注册商标的商品,构成犯罪的,应当依照刑法第二百一十三条的规定,以假冒注册商标罪定罪处罚。

实施刑法第二百一十三条规定的假冒注册商标犯罪,又销售明知是他人的假冒注册商标的商品,构成犯罪的,应当实行数罪并罚。

最高人民法院、最高人民检察院《关于办理侵犯知识产权刑事案件具体应用法律若干问题的解释(二)》(法释〔2007〕6号)

第三条 侵犯知识产权犯罪,符合刑法规定的缓刑条件的,依法适用缓刑。有下列情形之一的,一般不适用缓刑:

(一)因侵犯知识产权被刑事处罚或者行政处罚后,再次侵犯知识产权构成犯罪的;

(二)不具有悔罪表现的;

(三)拒不交出违法所得的;

(四)其他不宜适用缓刑的情形。

最高人民法院、最高人民检察院《关于办理侵犯知识产权刑事案件具体应用法律若干问题的解释（三）》（法释〔2020〕10号）

第一条 具有下列情形之一的，可以认定为刑法第二百一十三条规定的"与其注册商标相同的商标"：

（一）改变注册商标的字体、字母大小写或者文字横竖排列，与注册商标之间基本无差别的；

（二）改变注册商标的文字、字母、数字等之间的间距，与注册商标之间基本无差别的；

（三）改变注册商标颜色，不影响体现注册商标显著特征的；

（四）在注册商标上仅增加商品通用名称、型号等缺乏显著特征要素，不影响体现注册商标显著特征的；

（五）与立体注册商标的三维标志及平面要素基本无差别的；

（六）其他与注册商标基本无差别、足以对公众产生误导的商标。

第九条 具有下列情形之一的，可以酌情从轻处罚：

（一）认罪认罚的；

（二）取得权利人谅解的；

（三）具有悔罪表现的；

（四）以不正当手段获取权利人的商业秘密后尚未披露、使用或者允许他人使用的。

最高人民法院、最高人民检察院、公安部《关于办理侵犯知识产权刑事案件适用法律若干问题的意见》（法发〔2011〕3号）

五、关于刑法第二百一十三条规定的"同一种商品"的认定问题

名称相同的商品以及名称不同但指同一事物的商品，可以认定

为"同一种商品"。"名称"是指国家工商行政管理总局商标局在商标注册工作中对商品使用的名称，通常即《商标注册用商品和服务国际分类》中规定的商品名称。"名称不同但指同一事物的商品"是指在功能、用途、主要原料、消费对象、销售渠道等方面相同或者基本相同，相关公众一般认为是同一种事物的商品。

认定"同一种商品"，应当在权利人注册商标核定使用的商品和行为人实际生产销售的商品之间进行比较。

十六、关于侵犯知识产权犯罪竞合的处理问题

行为人实施侵犯知识产权犯罪，同时构成生产、销售伪劣商品犯罪的，依照侵犯知识产权犯罪与生产、销售伪劣商品犯罪中处罚较重的规定定罪处罚。

律师解读

第一，本罪犯罪对象的界定问题。本罪的犯罪对象为"注册商标"，即经商标管理机构依法核准注册，且在注册有效期内的商标；未经注册或者已被注销、撤销的商标不属于依法保护的注册商标，行为人使用该种商标不构成假冒注册商标罪。根据我国《商标法》第39条、第40条的相关规定，注册商标的有效期为10年，自核准注册之日起计算；有效期满后需要继续使用的，商标注册人应当在期满前12个月内依法办理续展手续，在法定期间未能办理的，可以给予6个月的宽展期；有效期满未办理续展手续的，注册商标将被注销。因此，商标注册人应当特别注意，在商标有效期即将届满时应当及时办理续展手续，否则将面临商标被他人抢注、无偿使用等风险。

第二，关于非法经营数额的准确定义。根据最高人民法院、最高人民检察院《关于办理侵犯知识产权刑事案件具体应用法律若干问题

的解释》第12条的规定，本罪中的"非法经营数额"应当指行为人在假冒注册商标过程中，制造、储存、运输、销售假冒注册商标产品的价值。其中，已销售的产品的价值，按照实际销售的价格计算；制造、储存、运输和未销售的产品的价值，按照标价或者已经查清的假冒注册商标产品的实际销售平均价格计算；产品没有标价或者无法查清其实际销售价格的，按照被假冒注册商标产品的市场中间价格计算。多次实施假冒注册商标行为，未经行政处理或者刑事处罚的，非法经营数额、违法所得数额或者销售金额累计计算。

第三，本罪的犯罪形态相关问题。犯罪形态是指故意犯罪在其发生、发展和完成的过程中各个阶段的表现形式，包括犯罪预备、犯罪中止、犯罪未遂和犯罪既遂。就本罪而言，实践中的犯罪行为也可能存在不同的形态，上述法律、司法解释所规定的系犯罪既遂情况下对于行为人的处罚方式和标准，即非法经营数额在5万元以上或违法所得数额在3万元以上，或者假冒两种以上注册商标且非法经营数额在3万元以上或违法所得数额在2万元以上，应当立案追诉。但是，现实中存在预备犯、未遂犯、中止犯的情形，比如行为人正在为制作假冒注册商标的产品做相应的准备，行为人实施假冒注册商标的行为后又自行中止犯罪，行为人已经完成假冒注册商品产品的生产但尚未进行销售，等等。只要产品数额上达到立案追诉的标准，那么行为人就产生了一定的社会危害性，司法机关可能对行为人参照既遂的标准进行立案追诉及处罚。这提示我们企业家要从根本上杜绝犯罪的想法，只有这样才能确保不触犯法律，不受到法律的制裁。

二、销售侵权复制品

复制是指基于原作品,以印刷、复印、录音、录像、翻录、翻拍等方式,制作相同作品的行为。对于具有著作权的原作品,行为人复制该作品应当经过著作权人的授权或许可,否则构成侵权。我国《著作权法》第59条明确规定,复制品的出版者、制作者不能证明其出版、制作有合法授权的,复制品的发行者或者视听作品、计算机软件、录音录像制品的复制品的出租者不能证明其发行、出租的复制品有合法来源的,应当承担法律责任。这里的法律责任既可能是民事赔偿责任、行政处罚责任,也可能是刑事责任。《刑法》第218条规定,以营利为目的,销售明知是《刑法》第217条规定的侵权复制品,违法所得数额巨大或者有其他严重情节的,处5年以下有期徒刑,并处或者单处罚金。其中"违法所得数额巨大"是指违法所得数额10万元以上,或者违法所得数额虽未达到上述数额标准,但具有尚未销售的侵权复制品货值金额在30万元以上等严重情节。

典型案例

要点提示:行为人销售侵权复制品违法所得在10万元以上,或者违法所得数额虽未达到10万元的标准,但尚未销售的侵权复制品货值金额在30万元以上,可能构成销售侵权复制品罪。

案例1:河南某印务公司股东刘某杰销售侵权复制品案

被告人刘某杰系河南鑫宏印务有限公司股东。2017年年底,刘某杰为谋取利益,未经著作权人许可,私自安排公司印刷装订《建筑工程法规及相关知识》《经济法基础》等图书出版物。2018年1月5日,当地文化广电部门检查时发现大量图书出版物,后由公安机关立案侦查,其中查获《建设工程法规及相关知识》19950本、红皮《爆笑校园》9020本、蓝皮《爆笑校园》9812本、《钢筋工:初级》1450本、《经济法基础》300本。经鉴定,以上均系图书类非法出版物。

法院经审理认为,刘某杰以营利为目的,未经著作权人许可,出版他人享有专有出版权的图书,情节特别严重,已构成侵犯著作权罪。刘某杰经公安机关通知到案后如实供述其主要犯罪事实,构成自首;根据其认罪态度和悔罪表现,可对其从轻处罚。法院最终判决:被告人刘某杰犯侵犯著作权罪,判处有期徒刑3年,并处罚金人民币40万元。

案例2:深圳某科技公司实际控制人张某良销售侵权复制品案

被告人张某良原系深圳市某科技有限公司实际控制人。2018年,张某良在未经著作权人深圳某信息技术有限公司授权的情况下,将其购买的该公司IPTV设备的系统软件委托他人破解复制后销售。经河南某会计师事务所审计,2018年1月至12月,张某良共销售价值人民币346034元的侵权软件。

法院经审理认为,被告人张某良以营利为目的,未经著作权人许可,复制发行IPTV设备的系统软件,销售数额达346034元,情节特别严重,其行为已构成侵犯著作权罪。鉴于被告人张某良自愿认罪认罚,能如实供述自己的罪行,积极赔偿被害人,取得被害人谅解,并积极缴纳罚金,可对其从轻处罚;适用缓刑没有再犯的危险,且对其所居住的社区不会产生重大不良影响,可适用缓刑。法院遂判决:被告人张某良犯侵犯著作权罪,判处有期徒刑3年,缓刑4年,并处罚金人民币 346000 元。

案例 3：河南新乡某印务公司及其法定代表人销售侵权复制品案

被告单位新乡市万商印务有限公司（以下简称万商公司）于 2014 年 6 月成立，法定代表人孙某新，经营范围为包装装潢、其他印刷品。2019 年年初，万商公司未经著作权人许可，由孙某新决定印刷英才教程系列图书，其中万商公司负责印刷图书封面，秦某（另案判决）负责印刷图书内页，李某（另案起诉）负责装订完成该系列图书 3000 册左右，再由孙某新交他人销售。2019 年 2 月 18 日，新乡市有关部门扣押上述图书 525 册、切纸机 2 台、胶订配页机 2 台、打包机 2 台、液压拖车 1 台、折页机 1 台等设备及原材料。2019 年 11 月 20 日，孙某新被公安机关传唤到案。在法院审理期间，万商公司退缴违法所得 5000 元。

法院经审理认为，被告单位万商公司及其直接负责的主管人员被告人孙某新以营利为目的，未经著作权人许可，复制发行他人文字作品，有其他特别严重情节，其行为均已构成侵犯著作权罪。孙某新归案后如实供述其犯罪事实，自愿认罪认罚，被告单位自愿认罪认罚，退缴违法所得，因此可从轻处罚。法院遂判决：（1）被告单位万商公司犯侵犯著作权罪，判处罚金人民币 12000 元。（2）被告人孙某新犯侵犯著作权罪，判处有期徒刑 3 年，并处罚金人民币 12000 元。（3）被告单位万商公司违法所得人民币 5000 元依法予以追缴。

法律索引

《中华人民共和国刑法》

第二百一十七条 以营利为目的，有下列侵犯著作权或者与著作权有关的权利的情形之一，违法所得数额较大或者有其他严重情节的，处三年以下有期徒刑，并处或者单处罚金；违法所得数额巨大或者有其他特别严重情节的，处三年以上十年以下有期徒刑，并处罚金：

（一）未经著作权人许可，复制发行、通过信息网络向公众传播其文字作品、音乐、美术、视听作品、计算机软件及法律、行政法规规定的其他作品的；

（二）出版他人享有专有出版权的图书的；

（三）未经录音录像制作者许可，复制发行、通过信息网络向公众传播其制作的录音录像的；

（四）未经表演者许可，复制发行录有其表演的录音录像制品，或者通过信息网络向公众传播其表演的；

（五）制作、出售假冒他人署名的美术作品的；

（六）未经著作权人或者与著作权有关的权利人许可，故意避开或者破坏权利人为其作品、录音录像制品等采取的保护著作权或者与著作权有关的权利的技术措施的。

第二百一十八条　以营利为目的，销售明知是本法第二百一十七条规定的侵权复制品，违法所得数额巨大或者有其他严重情节的，处五年以下有期徒刑，并处或者单处罚金。

第二百二十条　单位犯本节第二百一十三条至第二百一十九条之一规定之罪的，对单位判处罚金，并对其直接负责的主管人员和其他直接责任人员，依照本节各该条的规定处罚。

最高人民法院、最高人民检察院《关于办理侵犯知识产权刑事案件具体应用法律若干问题的解释》（法释〔2004〕19号）

第六条　以营利为目的，实施刑法第二百一十八条规定的行为，违法所得数额在十万元以上的，属于"违法所得数额巨大"，应当以销售侵权复制品罪判处三年以下有期徒刑或者拘役，并处或者单处罚金。

最高人民检察院、公安部《关于公安机关管辖的刑事案件立案追诉标准的规定（一）》（公通字〔2008〕36号）

第二十七条 ［销售侵权复制品案（刑法第二百一十八条）］以营利为目的，销售明知是刑法第二百一十七条规定的侵权复制品，涉嫌下列情形之一的，应予立案追诉：

（一）违法所得数额十万元以上的；

（二）违法所得数额虽未达到上述数额标准，但尚未销售的侵权复制品货值金额达到三十万元以上的。

律师解读

第一，本罪的犯罪主体为一般主体，凡达到刑事责任年龄并具备刑事责任能力的自然人均可构成本罪，单位亦能成为本罪的主体。单位犯本罪的，在对单位判处罚金的同时，对其直接负责的主管人员和其他直接责任人员以本罪追究刑事责任。应当注意的是，本罪的主体不包括侵权复制品的制作者，因为依据法律及司法解释的规定，侵权复制品的制作者自己实施销售行为的，应当构成侵犯著作权罪，而非本罪。如果销售侵权复制品的主体参与实施了制作侵权复制品的行为，那么也应当与制作者共同构成侵犯著作权罪，而非本罪。

第二，本罪在主观方面表现为故意，并且明确以营利为目的。这说明行为人在销售时明知产品是侵权复制品，但仍然进行销售。其中"明知"的情形既包括明确知道产品是侵权复制品，也包括明确知道产品可能是侵权复制品，"明知"不局限于行为人已通过各种方式对产品进行验证和确认。就"明知"的认定问题，应当依据全案情况进行综合认定，综合分析侵权复制产品的进货来源、销售渠道、售卖价格、利润分配等客观事实予以判断。如果行为人确实不知晓所售产品属于侵权复制品，仅是出于过失实施了销售的行为，则不应以本罪论处。

第三，本罪侵犯的客体是复杂客体，包括国家对著作权管理的相关制度，以及著作权人与著作权有关的合法权益。在犯罪客体方面，本罪与侵犯著作权罪是相同的，但在侵犯客体的表现方面，两者仍存在一定的不同之处。其中，侵犯著作权罪中的侵权行为具有直接性，行为人直接通过非法复制、出版或者其他制作行为达到侵权的目的。本罪的侵权行为具有间接性，行为人仅销售具有侵权性质的产品，是对直接侵权行为的延续，因此本罪的社会危害性相较于侵犯著作权罪要小，刑法处罚也相对较轻。法律明确规定在本罪与侵犯著作权罪竞合时，应当以侵犯著作权罪论处。

第四，本罪在客观方面表现为销售侵权复制品，且违法所得数额巨大。销售是本罪客观行为的具体内容，如果行为人未从事营利性的销售行为，而将侵权复制品赠与、出借或自用等，则不能构成本罪。应当注意的是，对于"销售"的理解不应过于狭隘，其并不仅限于"出卖"的行为，如果行为人以营利为目的而将侵权产品用于出租、易货等，也应当视为"销售"，这样可以避免本罪的犯罪分子以此逃脱法律的制裁。此外，行为人销售产品的违法所得应当数额巨大或者具有其他严重情节，才能以本罪论处。其中，数额巨大是指违法所得在10万元以上，或者违法所得虽未达到10万元以上，但尚未销售的侵权复制品货值金额在30万元以上。

三、侵犯商业秘密

商业秘密是指具有特定商业价值，不为公众所知悉，且经权利人采取相应保密措施的技术信息、经营信息等商业信息。《民法典》第123条明确将商业秘密列为知识产权的客体予以保护，以维护良好的市场竞争秩序。但是，商业秘密不同于一般的知识产权，主要区别在于经申请后批准保护的一般知识产权具有排他性、时间性和地域性等特征，不特定的公众均对其负有不得随意使用的义务，因此在专利权范围内具有对抗善意第三人的效力；而商业秘密仅是经权利人采取相应保密措施的商业信息，不特定公众并不负有不得使用的义务，只是因为并不知晓而无法利用其实现经济价值。如果第三人通过正当手段获得了该商业信息，如自主研发、逆向技术分析等，则完全可以使用由此获得的商业信息。但是，个别人为了追求技术研发捷径和巨大的商业利益，往往通过盗窃、利诱等不正当手段获取权利人的商业秘密。如果行为人在此过程中给权利人造成重大损害，则必须承担相应的法律后果，包括刑事责任。

典型案例

要点提示：侵犯商业秘密给权利人造成损失数额或者因侵权行为获得违法收入在30万元以上的，属于情节严重；造成权利人损失数额或因侵权行为获得违法收入在250万元以上的，属于情节特别严重。

案例1：浙江某公司邢某、李某荣侵犯商业秘密案

浙江金石玄武岩纤维有限公司（以下简称金石公司）是一家具有三级保密资格的国防武器装备科研生产单位。2011年1月，金石公司任命被告人邢某为市场营销事业部副总监；2012年2月，金石公司任命被告人李某荣为生产副厂长。二被告人均以在合同上签名和领取保密费的方式承诺，在金石公司工作期间及离职后承担保密义务。2014年3月、4月，被告人李某荣、邢某先后从金石公司离职。2014年1月，邢某与他人共同成立某科技有限公司，邢某为公司法定代表人。后邢某联系李某荣到其公司负责生产。在该公司生产过程中，邢某伙同李某荣等人使用通过不正当手段获取的文件及图纸，制造生产玄武岩纤维的熔炉、组建拉丝炉台，并将其用于生产玄武岩纤维，至案发共生产出价值人民币643300元的产品。

法院经审理认为，被告人邢某、李某荣以不正当手段获取权利人的商业秘密并使用，给商业秘密的权利人造成重大损失，其行为均已触犯刑律，构成侵犯商业秘密罪。邢某、李某荣在侵犯商业秘密共同犯罪中地位、作用基本相当，不宜区分主犯、从犯。其中李某荣归案后如实供述犯罪事实，协助公安机关抓获其他犯罪嫌疑人，当庭认罪，可予以从轻处罚。法院最终判决：(1)被告人邢某犯侵犯商业秘密罪，判处有期徒刑1年，并处罚金人民币2万元。(2)被告人李某荣犯侵犯商业秘密罪，判处有期徒刑9个月，缓刑1年，并处罚金人民币2万元。

案例2：重庆某公司夏某杰、郑某伟等人侵犯商业秘密案

重庆方晟公司成立后，被告人夏某杰曾担任生产厂长、郑某伟曾任外贸经理、唐某君曾为焊工。2014年5月，夏某杰从方晟公司离职，后与仍在公司工作的郑某伟商议，共同出资成立了威尼珂公司，利用

方晟公司的商业秘密生产废油再生精馏设备,由夏某杰负责产品研发生产,郑某伟负责销售。后唐某君也接受夏某杰的邀请并辞职,到威尼珂公司工作,其利用自己在方晟公司工作期间获得的生产该设备的经验,对威尼珂公司利用方晟公司的商业秘密生产废油再生精馏设备提供帮助,并携带方晟公司部分客户的联系方式到威尼珂公司。经查,截至案发威尼珂公司接受的订单可获得非法利润人民币429万元左右,实得349万余元,实际获得利润约人民币236万元。

法院经审理认为,被告人夏某杰、郑某伟、唐某君违反方晟公司的保密要求,利用在方晟公司工作期间获悉的商业秘密,制造侵权商品销售,违法所得约236万元,给方晟公司造成重大损失,其行为均已构成侵犯商业秘密罪。法院遂以侵犯商业秘密罪判决如下:(1)被告人夏某杰、郑某伟分别判处有期徒刑2年,宣告缓刑2年,并处罚金人民币150万元。(2)被告人唐某君判处有期徒刑1年6个月,宣告缓刑1年6个月,并处罚金人民币50万元。

案例3:河北某科技公司部门经理高某侵犯商业秘密案

2020年5月至7月,被告人高某在担任河北某科技有限公司研发部经理期间,违反公司相关的保密规定,将其在工作中正常获取或违规向技术人员索要的核心产品、新研发产品的核心技术资料,利用个人手机进行秘密拍摄、拍录后传输到个人笔记本电脑或者个人手机中存储。2020年7月23日高某向公司提出辞职申请。案发后,在高某的个人笔记本电脑及手机上共查获相关视频、照片、文件及文件包共计290个,其中部分技术信息在2020年8月24日以前属于不为公众知悉的技术信息。经评估,上述技术信息的普遍许可使用费在评估基准日2020年7月31日的评估值为人民币171万元。

法院经审理认为,被告人高某在担任河北某科技有限公司研发部经理期间，利用其职务上的便利、采用盗窃的手段获取权利人的商业秘密，给权利人造成重大损失，其行为构成侵犯商业秘密罪。被告人高某在获取权利人商业秘密后尚未披露、使用或允许他人使用，并取得被害公司谅解，可以酌定从轻处罚。法院遂判决：（1）被告人高某犯侵犯商业秘密罪，判处有期徒刑1年6个月，缓刑2年，并处罚金人民币10万元。（2）公安机关依法扣押的作案工具，予以没收，上缴国库。

法律索引

《中华人民共和国刑法》

第二百一十九条 有下列侵犯商业秘密行为之一，情节严重的，处三年以下有期徒刑，并处或者单处罚金；情节特别严重的，处三年以上十年以下有期徒刑，并处罚金：

（一）以盗窃、贿赂、欺诈、胁迫、电子侵入或者其他不正当手段获取权利人的商业秘密的；

（二）披露、使用或者允许他人使用以前项手段获取的权利人的商业秘密的；

（三）违反保密义务或者违反权利人有关保守商业秘密的要求，披露、使用或者允许他人使用其所掌握的商业秘密的。

明知前款所列行为，获取、披露、使用或者允许他人使用该商业秘密的，以侵犯商业秘密论。

本条所称权利人，是指商业秘密的所有人和经商业秘密所有人许可的商业秘密使用人。

最高人民法院、最高人民检察院《关于办理侵犯知识产权刑事案件具体应用法律若干问题的解释（二）》（法释〔2007〕6号）

第三条　侵犯知识产权犯罪，符合刑法规定的缓刑条件的，依法适用缓刑。有下列情形之一的，一般不适用缓刑：

（一）因侵犯知识产权被刑事处罚或者行政处罚后，再次侵犯知识产权构成犯罪的；

（二）不具有悔罪表现的；

（三）拒不交出违法所得的；

（四）其他不宜适用缓刑的情形。

最高人民法院、最高人民检察院《关于办理侵犯知识产权刑事案件具体应用法律若干问题的解释（三）》（法释〔2020〕10号）

第三条　采取非法复制、未经授权或者超越授权使用计算机信息系统等方式窃取商业秘密的，应当认定为刑法第二百一十九条第一款第一项规定的"盗窃"。

以贿赂、欺诈、电子侵入等方式获取权利人的商业秘密的，应当认定为刑法第二百一十九条第一款第一项规定的"其他不正当手段"。

第四条　实施刑法第二百一十九条规定的行为，具有下列情形之一的，应当认定为"给商业秘密的权利人造成重大损失"：

（一）给商业秘密的权利人造成损失数额或者因侵犯商业秘密违法所得数额在三十万元以上的；

（二）直接导致商业秘密的权利人因重大经营困难而破产、倒闭的；

（三）造成商业秘密的权利人其他重大损失的。

给商业秘密的权利人造成损失数额或者因侵犯商业秘密违法所得数额在二百五十万元以上的，应当认定为刑法第二百一十九条规定的"造成特别严重后果"。

第五条 实施刑法第二百一十九条规定的行为造成的损失数额或者违法所得数额，可以按照下列方式认定：

（一）以不正当手段获取权利人的商业秘密，尚未披露、使用或者允许他人使用的，损失数额可以根据该项商业秘密的合理许可使用费确定；

（二）以不正当手段获取权利人的商业秘密后，披露、使用或者允许他人使用的，损失数额可以根据权利人因被侵权造成销售利润的损失确定，但该损失数额低于商业秘密合理许可使用费的，根据合理许可使用费确定；

（三）违反约定、权利人有关保守商业秘密的要求，披露、使用或者允许他人使用其所掌握的商业秘密的，损失数额可以根据权利人因被侵权造成销售利润的损失确定；

（四）明知商业秘密是不正当手段获取或者是违反约定、权利人有关保守商业秘密的要求披露、使用、允许使用，仍获取、使用或者披露的，损失数额可以根据权利人因被侵权造成销售利润的损失确定；

（五）因侵犯商业秘密行为导致商业秘密已为公众所知悉或者灭失的，损失数额可以根据该项商业秘密的商业价值确定。商业秘密的商业价值，可以根据该项商业秘密的研究开发成本、实施该项商业秘密的收益综合确定；

（六）因披露或者允许他人使用商业秘密而获得的财物或者其他

财产性利益，应当认定为违法所得。

前款第二项、第三项、第四项规定的权利人因被侵权造成销售利润的损失，可以根据权利人因被侵权造成销售量减少的总数乘以权利人每件产品的合理利润确定；销售量减少的总数无法确定的，可以根据侵权产品销售量乘以权利人每件产品的合理利润确定；权利人因被侵权造成销售量减少的总数和每件产品的合理利润均无法确定的，可以根据侵权产品销售量乘以每件侵权产品的合理利润确定。商业秘密系用于服务等其他经营活动的，损失数额可以根据权利人因被侵权而减少的合理利润确定。

商业秘密的权利人为减轻对商业运营、商业计划的损失或者重新恢复计算机信息系统安全、其他系统安全而支出的补救费用，应当计入给商业秘密的权利人造成的损失。

律师解读

第一，本罪的主体特征。本罪属于一般犯罪主体，凡具备刑事责任能力的自然人及法人均能构成本罪。依据《刑法》第220条的规定，单位犯本罪的，对单位判处罚金，并对其直接负责的主管人员和其他直接责任人员依本条规定追究刑事责任。实践中，侵犯商业秘密罪的主体通常有下几种：(1)企业的经理、厂长及其他管理人员，以及企业的职工等；(2)企业离退休或转调人员；(3)受委托并因而知悉或掌握商业秘密的专利代理人、法律顾问、战略投资顾问等；(4)对企业有监督、管理、检查或调查权限的单位或人员，如上级单位、审计人员等；(5)其他以其他不正当手段获取商业秘密的单位或个人。

第二，本罪的客体特征。本罪侵犯的客体为双重客体，一是商业秘密权即权利人对商业秘密所拥有的合法权益，二是国家给予保护的正常的市场经济秩序。本罪直接侵犯的对象是具有特定商业价值的商业秘密。所谓"具有特定商业价值"是指权利人依靠该商业信息能够获得确定的经济利益，或者产生明显的竞争优势；"不为公众所知悉"是指该商业信息不能从公开渠道直接获取；"经权利人采取相应保密措施"是指权利人通过建立和公示保密管理制度、订立保密协议等措施，明确告知行为人不得获取、披露、使用或者允许他人使用该商业秘密。

第三，本罪的主观特征。本罪在主观方面表现为故意，即行为人有意识地实施了侵犯商业秘密的行为。行为人在此过程中明确知晓其获取的是商业秘密，但是仍实施了非法获取、披露、使用的行为。如果行为人基于过失而侵犯了权利人的商业秘密，则不能构成本罪，因为过失犯罪属于刑法处罚的例外情形，没有明确的法律规定不能定罪处罚。此外，《反不正当竞争法》已对侵犯商业秘密的行为方式，商业秘密的定义和性质，以及违法后果进行明确；《劳动合同法》也已明确对保密义务和竞业限制等作出规定。因此，过失侵犯商业秘密的行为完全可以通过行政处罚、民事赔偿等方式进行纠正和限制，若将过失行为认定为犯罪，则有违刑法的谦抑性原则。

第四，本罪的客观表现。根据《刑法》第219条的规定，本罪的客观方面表现为：行为人采取盗窃、贿赂、欺诈、胁迫、电子侵入或者其他不正当手段获取权利人的商业秘密；披露、使用或者允许他人使用以前项手段获取的权利人的商业秘密；违反保密义务或者违反权利人有关保守商业秘密的要求，披露、使用或者允许他人使用其所掌握的商业秘密。如果第三人明知或者应知前述违法行为，仍获取、披露、使用或者允许他人使用该商业秘密，也属于侵犯商业秘密。

第八部分 国有企业中高级管理人员的法律风险

一、贪污

贪污是指国家公务人员利用职务便利，侵吞、窃取、骗取或以其他手段非法占有公共财物的行为。贪污作为腐败罪行的首恶，由来已久。被称为中国司法始祖的皋陶，在上古时期"制刑"时就已将贪污列为重罪。后世的历朝历代都不乏巨腐之案、巨贪之臣，贪腐大案所涉金额之巨、牵扯范围之广、社会影响之深，在历史上留下了一道道深刻的伤疤。中华人民共和国成立后，党和政府一直把反腐败作为重点工作，特别是党的十八大以后，党中央以雷霆万钧之势推进反腐败斗争，取得了卓越成效。2023 年 3 月最高人民法院工作报告显示，5 年来全国法院审结贪污贿赂等职务犯罪案件 11.9 万件、涉案 13.9 万人，平均每年 2.38 万件、涉案 2.78 万人，足以显示党中央长效反腐败的决心和意志。然而，反腐败斗争必须以法治思维和法治方式深入推进，习近平总书记指出，要善于用法治思维和法治方式反对腐败，加强反腐败国家立法，加强反腐倡廉党内法规制度建设，让法律制度刚性运行。只有坚持依法治国，依法反腐治贪，才能确保铲除腐败滋生蔓延的土壤，维护社会公平正义，构建和谐社会。

典型案例

要点提示：行为人贪污 3 万元以上，或者贪污 1 万元以上具有法定严重情节的，应当立案追诉。贪污 20 万元以上不满 300 万元的属于"数额巨大"，贪污 300 万元以上的属于"数额特别巨大"。

案例 1：北京某集团副总经理刘某鑫贪污案

2004 年至 2018 年，被告人刘某鑫利用担任北京某百货（集团）有限公司信息技术部部长、信息技术总监、党委委员、副总经理等职务，负责或主管信息技术部工作的便利条件，将集团公司本部及所属全国 30 余家门店信息系统及无线网络建设中的软硬件采购、服务器运行维护、IC 卡定制等业务，先后交由肖某强经营的北京某科技有限责任公司等 4 家公司承接，通过增加商品及服务采购的中间环节等方式，获取巨额供销差价，共计人民币 3480 万元。后肖某强将大部分非法获利通过转账或套取现金等方式，提供给刘某鑫用于购房、换汇、理财投资等。2021 年 3 月 3 日，刘某鑫被查获归案。

法院经审理认为，被告人刘某鑫身为国家工作人员，利用职务上的便利，侵占公共财物，其行为已构成贪污罪，且贪污数额特别巨大，依法应予惩处。法院判决如下：(1) 被告人刘某鑫犯贪污罪，判处有期徒刑 14 年，并处罚金人民币 300 万元。(2) 继续追缴被告人刘某鑫违法所得人民币 3480 万元，发还北京某百货（集团）有限公司。

案例 2：山西临汾隰县某贸易公司董事长马某甲贪污案

被告人马某甲系原山西隰县某贸易有限责任公司董事长兼总经理。2009 年至 2018 年，马某甲利用担任该公司董事长兼总经理和当地某小区住宅楼筹建小组组长的职务便利，在该公司开发、建设、出售小区住宅楼过程中，将该公司一辆价值 22.7 万元的奥迪 A4 轿车和小区住宅楼售房款 342.07 万元据为己有，折合人民币共计 364.77 万元。

法院经审理认为，山西隰县某贸易有限责任公司属于国有企业，马某甲作为该公司董事长、总经理兼党委书记，对企业国有资产具有管理义务，符合最高人民法院、最高人民检察院《关于办理国家出资企业中职务犯罪案件具体应用法律若干问题的意见》中关于国家出资企业中国家工作人员的认定标准，属于国家工作人员。马某甲作为国家工作人员，利用职务之便，在该公司开发、建设、出售小区住宅楼过程中，将公司364.77万元占为已有，数额特别巨大，其行为已构成贪污罪。法院遂判决：(1)马某甲犯贪污罪，判处有期徒刑10年，并处罚金人民币50万元。(2)追缴马某甲违法所得人民币364.77万元。

案例3：北京某国有公司经理蔡某峰贪污案

2013年至2020年，被告人蔡某峰利用其担任北京某国有公司副经理、经理、公司招商办公室主任等职务，负责招商引资相关工作，包括对纳税企业税收奖励金的发放进行审核等行政管理的职务便利，通过虚构其实际掌控的公司提供了中介服务，或通过骗取相关纳税企业的授权书、企业证明、收据等资料用于冒领企业税收奖励金等方式，分多次骗取本公司公款共计人民币874万元，并用于个人理财、购买房产、赌博或其他个人消费。

法院经审理认为，被告人蔡某峰身为国家工作人员，利用职务上的便利，骗取公共财物，数额特别巨大，该行为已构成贪污罪。鉴于蔡某峰到案后能如实供述贪污犯罪事实，认罪悔罪，自愿适用认罪认罚制度，其犯罪所得款项已全部追缴扣押在案，法院对蔡某峰所犯贪污罪依法从轻处罚。法院遂判决：(1)被告人蔡某峰犯贪污罪，判处有期徒刑10年，并处罚金人民币50万元。(2)继续追缴被告人蔡某峰违法所得发还受害单位。

法律索引

《中华人民共和国刑法》

第三百八十二条 国家工作人员利用职务上的便利，侵吞、窃取、骗取或者以其他手段非法占有公共财物的，是贪污罪。

受国家机关、国有公司、企业、事业单位、人民团体委托管理、经营国有财产的人员，利用职务上的便利，侵吞、窃取、骗取或者以其他手段非法占有国有财物的，以贪污论。

与前两款所列人员勾结，伙同贪污的，以共犯论处。

第三百八十三条 对犯贪污罪的，根据情节轻重，分别依照下列规定处罚：

（一）贪污数额较大或者有其他较重情节的，处三年以下有期徒刑或者拘役，并处罚金。

（二）贪污数额巨大或者有其他严重情节的，处三年以上十年以下有期徒刑，并处罚金或者没收财产。

（三）贪污数额特别巨大或者有其他特别严重情节的，处十年以上有期徒刑或者无期徒刑，并处罚金或者没收财产；数额特别巨大，并使国家和人民利益遭受特别重大损失的，处无期徒刑或者死刑，并处没收财产。

对多次贪污未经处理的，按照累计贪污数额处罚。

犯第一款罪，在提起公诉前如实供述自己罪行、真诚悔罪、积极退赃，避免、减少损害结果的发生，有第一项规定情形的，可以从轻、减轻或者免除处罚；有第二项、第三项规定情形的，可以从轻处罚。

犯第一款罪，有第三项规定情形被判处死刑缓期执行的，人民法院根据犯罪情节等情况可以同时决定在其死刑缓期执行二年期满依法减为无期徒刑后,终身监禁,不得减刑、假释。

最高人民法院、最高人民检察院《关于办理贪污贿赂刑事案件适用法律若干问题的解释》(法释〔2016〕9号)

第一条第一、二款 贪污或者受贿数额在三万元以上不满二十万元的,应当认定为刑法第三百八十三条第一款规定的"数额较大",依法判处三年以下有期徒刑或者拘役,并处罚金。

贪污数额在一万元以上不满三万元,具有下列情形之一的,应当认定为刑法第三百八十三条第一款规定的"其他较重情节",依法判处三年以下有期徒刑或者拘役,并处罚金:

(一)贪污救灾、抢险、防汛、优抚、扶贫、移民、救济、防疫、社会捐助等特定款物的;

(二)曾因贪污、受贿、挪用公款受过党纪、行政处分的;

(三)曾因故意犯罪受过刑事追究的;

(四)赃款赃物用于非法活动的;

(五)拒不交待赃款赃物去向或者拒不配合追缴工作,致使无法追缴的;

(六)造成恶劣影响或者其他严重后果的。

第二条第一、二款 贪污或者受贿数额在二十万元以上不满三百万元的,应当认定为刑法第三百八十三条第一款规定的"数额巨大",依法判处三年以上十年以下有期徒刑,并处罚金或者没收财产。

贪污数额在十万元以上不满二十万元,具有本解释第一条第二款规定的情形之一的,应当认定为刑法第三百八十三条第一款规定的"其他严重情节",依法判处三年以上十年以下有期徒刑,并处罚金或者没收财产。

第三条第一、二款 贪污或者受贿数额在三百万元以上的,应当认定为刑法第三百八十三条第一款规定的"数额特别巨大",依法判处十年以上有期徒刑、无期徒刑或者死刑,并处罚金或者没收财产。

贪污数额在一百五十万元以上不满三百万元,具有本解释第一条第二款规定的情形之一的,应当认定为刑法第三百八十三条第一款规定的"其他特别严重情节",依法判处十年以上有期徒刑、无期徒刑或者死刑,并处罚金或者没收财产。

第四条 贪污、受贿数额特别巨大,犯罪情节特别严重、社会影响特别恶劣、给国家和人民利益造成特别重大损失的,可以判处死刑。

符合前款规定的情形,但具有自首、立功,如实供述自己罪行、真诚悔罪、积极退赃,或者避免、减少损害结果的发生等情节,不是必须立即执行的,可以判处死刑缓期二年执行。

符合第一款规定情形的,根据犯罪情节等情况可以判处死刑缓期二年执行,同时裁判决定在其死刑缓期执行二年期满依法减为无期徒刑后,终身监禁,不得减刑、假释。

最高人民法院、最高人民检察院《关于办理国家出资企业中职务犯罪案件具体应用法律若干问题的意见》(法发〔2010〕49号)

六、关于国家出资企业中国家工作人员的认定

经国家机关、国有公司、企业、事业单位提名、推荐、任命、批准等,在国有控股、参股公司及其分支机构中从事公务的人员,应当认定为国家工作人员。具体的任命机构和程序,不影响国家工作人员的认定。

经国家出资企业中负有管理、监督国有资产职责的组织批准或者

研究决定，代表其在国有控股、参股公司及其分支机构中从事组织、领导、监督、经营、管理工作的人员，应当认定为国家工作人员。

国家出资企业中的国家工作人员，在国家出资企业中持有个人股份或者同时接受非国有股东委托的，不影响其国家工作人员身份的认定。

律师解读

第一，本罪的犯罪主体属于特殊主体。根据《刑法》第382条的规定，本罪的犯罪主体限于国家工作人员，以及受国家机关、国有公司、企业、事业单位、人民团体委托管理、经营国有财产的人员。最高人民法院、最高人民检察院《关于办理国家出资企业中职务犯罪案件具体应用法律若干问题的意见》（法发〔2010〕49号）就国家出资企业中国家工作人员的认定作出了明确规定，实践中应当严格按照该司法解释的规定认定犯罪主体。此外，其他人如果与上述人员勾结，伙同犯罪的，以共犯论处，则也可构成本罪。

第二，利用职务便利是构成本罪的必要条件。职务便利是指行为人基于主管、经手、管理相应事务的职责权力而形成的能够对受管理对象进行处置的便利条件。本罪的犯罪手段主要包括侵吞、窃取、骗取等，其中侵吞是指行为人将暂时由自己合法管理、支配或使用的财物非法据为己有；窃取是指行为人利用职务便利，秘密地将由本人合法保管的财物据为己有；骗取是指行为人利用职务便利，采用虚构事实、隐瞒真相等方法，将财物非法据为己有。此外，行为人利用职务便利，采取侵吞、窃取、骗取以外的其他手段，非法占有本单位公共财物的，亦可构成本罪。

第三，达到法定标准是立案追诉的必要条件。根据最高人民法院、最高人民检察院《关于办理贪污贿赂刑事案件适用法律若干问题的解释》(法释〔2016〕9号)的相关规定,一般情况下贪污数额在3万元以上的应当认定为犯罪"数额较大",应予以立案追诉;行为人贪污数额在1万元以上不满3万元,但是贪污的对象属于救灾、抢险、防汛、优抚、扶贫、移民、救济、防疫、社会捐助等特定款物,或者具有曾因贪污、受贿、挪用公款受过党纪、行政处分,曾因故意犯罪受过刑事追究,赃款赃物用于非法活动,拒不交代赃款赃物去向或者拒不配合追缴工作致使无法追缴等情形之一的,或具有其他严重情节的,也应立案追诉。

二、受贿

受贿是指国家工作人员利用职务上的便利为他人谋取利益,并非法收受他人财物或者向他人索取财物的行为。受贿数额较大或者具有严重情节的,则构成受贿罪。受贿犯罪是近年来发案率呈上升趋势的一种常见腐败犯罪行为,它不仅严重侵害人民群众的利益,影响社会主义和谐社会的建设进程,也严重影响党和政府的良好形象。根据最高人民法院、最高人民检察院《关于办理贪污贿赂刑事案件适用法律若干问题的解释》(法释〔2016〕9号)的相关规定,受贿数额在3万元以上应认定为数额较大,予以立案追诉;具有多次索贿,为他人谋取不正当利益致使公共财产、国家和人民利益遭受损失,为他人谋取职务提拔、调整等较重情节的,受贿数额1万元以上不满3万元即可立案追诉。犯本罪涉案数额特别巨大即受贿数额在300万元以上的,依法判处10年以上有期徒刑、无期徒刑或者死刑,并处罚金或者没收财产。

典型案例

要点提示:受贿数额在3万元以上应予立案追诉;具有多次索贿,为他人谋取不正当利益致使公共财产、国家和人民利益遭受损失,为他人谋取职务提拔、调整等较重情节的,受贿数额1万元以上不满3万元即可立案追诉。

案例1:湖北某公司董事长涂某受贿案

2010年至2019年,被告人涂某任湖北某国有集团常务副总经理、党委委员，湖北某供销公司董事长、总经理等职务期间，多次利用职务之便，为请托人舒某、徐某、曹某、周某等人在中标工程项目及工程结算等方面提供支持和帮助，并收受请托人舒某、徐某、曹某、周某等人贿赂共计人民币 383.0052 万元（其中 200 万元系受贿未遂）、1 万美元、1 万澳大利亚元、1 万元新台币，以上按当时汇率折合成人民币合计 394.7815 万元，均用于个人及家庭日常开支、投资理财等。

法院经审理认为，被告人涂某身为国家工作人员，利用职务上的便利，为他人在工程中标、结算方面提供帮助，非法收受他人财物，其行为构成受贿罪，且数额特别巨大。涂某与他人事先约定，在其退休后收受他人财物 200 万元，已经着手实行犯罪，由于其意志以外的原因而未得逞，是犯罪未遂，可比照既遂从轻或减轻处罚。涂某被采取留置措施后，主动交代了办案机关尚未掌握的同种受贿罪行，应当对其从轻处罚；其到案后检举、揭发他人犯罪行为，查证属实，具有立功表现，可以从轻或减轻处罚；其当庭自愿认罪认罚，依法可从宽处理；案发后，涂某及其近亲属主动退赃，确有悔罪表现，可酌情对其从轻处罚。法院最终判决：（1）被告人涂某犯受贿罪，判处有期徒刑 4 年 9 个月，并处罚金 30 万元；（2）扣押在案的涉案受贿款 394.7815 万元，予以没收。

案例 2：天津某购销公司总经理韩某龙受贿案

被告人韩某龙原系天津市某粮食购销有限公司总经理。天津市某粮食购销有限公司系国有独资企业，韩某龙自 2017 年 2 月至 2020 年 2 月担任该公司总经理。在此期间，韩某龙利用职务便利多次为他人经营的企业在粮食出入库及购销中提供帮助，并收取相关企业负责人的钱款共计人民币 20 万元。

法院经审理认为，被告人韩某龙身为国家工作人员，利用职务上的便利，多次非法收受他人财物，为他人谋取利益，数额巨大，其行为构成受贿罪。韩某龙到案后能如实供述自己的部分罪行，退缴全部违法所得，当庭表示认罪，可对其予以从轻处罚。法院遂判决：（1）被告人韩某龙犯受贿罪，判处有期徒刑3年，并处罚金人民币20万元；（2）被告人韩某龙退缴在案的违法所得20万元，予以没收。

案例3：天津某公司经理、北京某制造公司总经理冯某受贿案

2009年至2020年，被告人冯某利用担任天津某实业公司经理、北京某车辆装备制造有限公司总经理、中国铁路某集团有限公司物资部副主任等职务上的便利，为天津某精工车辆科技有限公司等单位在业务承揽等事项上提供帮助，非法收受受益单位给予的财物共计折合人民币813万余元。

法院经审理认为，被告人冯某身为国有企业中从事公务的人员和国有企业委派到非国有企业中从事公务的人员，利用职务上的便利，非法收受他人财物，为他人谋取利益，其行为已构成受贿罪，且数额特别巨大。鉴于冯某归案后能如实交代所犯罪行，主动交代办案机关尚未掌握的部分同种罪行，具有坦白情节，且能积极退缴全部赃款，认罪认罚，真诚悔罪，依法可对其从轻处罚。法院遂判决：（1）被告人冯某犯受贿罪，判处有期徒刑10年6个月，并处罚金人民币80万元；（2）在案扣押、冻结、查封的款物依法分别予以处理。

法律索引

《中华人民共和国刑法》

第三百八十五条 国家工作人员利用职务上的便利，索取他人财物的，或者非法收受他人财物，为他人谋取利益的，是受贿罪。

国家工作人员在经济往来中，违反国家规定，收受各种名义的回扣、手续费，归个人所有的，以受贿论处。

第三百八十六条 对犯受贿罪的，根据受贿所得数额及情节，依照本法第三百八十三条的规定处罚。索贿的从重处罚。

最高人民法院、最高人民检察院《关于办理贪污贿赂刑事案件适用法律若干问题的解释》（法释〔2016〕9号）

第一条 贪污或者受贿数额在三万元以上不满二十万元的，应当认定为刑法第三百八十三条第一款规定的"数额较大"，依法判处三年以下有期徒刑或者拘役，并处罚金。

贪污数额在一万元以上不满三万元，具有下列情形之一的，应当认定为刑法第三百八十三条第一款规定的"其他较重情节"，依法判处三年以下有期徒刑或者拘役，并处罚金：

（一）贪污救灾、抢险、防汛、优抚、扶贫、移民、救济、防疫、社会捐助等特定款物的；

（二）曾因贪污、受贿、挪用公款受过党纪、行政处分的；

（三）曾因故意犯罪受过刑事追究的；

（四）赃款赃物用于非法活动的；

（五）拒不交待赃款赃物去向或者拒不配合追缴工作，致使无法追缴的；

（六）造成恶劣影响或者其他严重后果的。

受贿数额在一万元以上不满三万元，具有前款第二项至第六项规定的情形之一，或者具有下列情形之一的，应当认定为刑法第三百八十三条第一款规定的"其他较重情节"，依法判处三年以下有期徒刑或者拘役，并处罚金：

（一）多次索贿的；

（二）为他人谋取不正当利益，致使公共财产、国家和人民利益遭受损失的；

（三）为他人谋取职务提拔、调整的。

第二条 贪污或者受贿数额在二十万元以上不满三百万元的，应当认定为刑法第三百八十三条第一款规定的"数额巨大"，依法判处三年以上十年以下有期徒刑，并处罚金或者没收财产。

…………

受贿数额在十万元以上不满二十万元，具有本解释第一条第三款规定的情形之一的，应当认定为刑法第三百八十三条第一款规定的"其他严重情节"，依法判处三年以上十年以下有期徒刑，并处罚金或者没收财产。

第三条 贪污或者受贿数额在三百万元以上的，应当认定为刑法第三百八十三条第一款规定的"数额特别巨大"，依法判处十年以上有期徒刑、无期徒刑或者死刑，并处罚金或者没收财产。

…………

受贿数额在一百五十万元以上不满三百万元，具有本解释第一条第三款规定的情形之一的，应当认定为刑法第三百八十三条第一款规定的"其他特别严重情节"，依法判处十年以上有期徒刑、无期徒刑或者死刑，并处罚金或者没收财产。

第十三条 具有下列情形之一的，应当认定为"为他人谋取利益"，构成犯罪的，应当依照刑法关于受贿犯罪的规定定罪处罚：

（一）实际或者承诺为他人谋取利益的；

（二）明知他人有具体请托事项的；

（三）履职时未被请托，但事后基于该履职事由收受他人财物的。

国家工作人员索取、收受具有上下级关系的下属或者具有行政管理关系的被管理人员的财物价值三万元以上,可能影响职权行使的,视为承诺为他人谋取利益。

最高人民法院、最高人民检察院《关于办理受贿刑事案件适用法律若干问题的意见》(法发〔2007〕22号)

一、关于以交易形式收受贿赂问题

国家工作人员利用职务上的便利为请托人谋取利益,以下列交易形式收受请托人财物的,以受贿论处:

(1)以明显低于市场的价格向请托人购买房屋、汽车等物品的;

(2)以明显高于市场的价格向请托人出售房屋、汽车等物品的;

(3)以其他交易形式非法收受请托人财物的。

受贿数额按照交易时当地市场价格与实际支付价格的差额计算。

前款所列市场价格包括商品经营者事先设定的不针对特定人的最低优惠价格。根据商品经营者事先设定的各种优惠交易条件,以优惠价格购买商品的,不属于受贿。

二、关于收受干股问题

干股是指未出资而获得的股份。国家工作人员利用职务上的便利为请托人谋取利益,收受请托人提供的干股的,以受贿论处。进行了股权转让登记,或者相关证据证明股份发生了实际转让的,受贿数额按转让行为时股份价值计算,所分红利按受贿孳息处理。股份未实际转让,以股份分红名义获取利益的,实际获利数额应当认定为受贿数额。

三、关于以开办公司等合作投资名义收受贿赂问题

国家工作人员利用职务上的便利为请托人谋取利益,由请托人出资,"合作"开办公司或者进行其他"合作"投资的,以受贿论处。受

贿数额为请托人给国家工作人员的出资额。

国家工作人员利用职务上的便利为请托人谋取利益，以合作开办公司或者其他合作投资的名义获取"利润"，没有实际出资和参与管理、经营的，以受贿论处。

四、关于以委托请托人投资证券、期货或者其他委托理财的名义收受贿赂问题

国家工作人员利用职务上的便利为请托人谋取利益，以委托请托人投资证券、期货或者其他委托理财的名义，未实际出资而获取"收益"，或者虽然实际出资，但获取"收益"明显高于出资应得收益的，以受贿论处。受贿数额，前一情形，以"收益"额计算；后一情形，以"收益"额与出资应得收益额的差额计算。

五、关于以赌博形式收受贿赂的认定问题

根据《最高人民法院、最高人民检察院关于办理赌博刑事案件具体应用法律若干问题的解释》第七条规定，国家工作人员利用职务上的便利为请托人谋取利益，通过赌博方式收受请托人财物的，构成受贿。

实践中应注意区分贿赂与赌博活动、娱乐活动的界限。具体认定时，主要应当结合以下因素进行判断：（1）赌博的背景、场合、时间、次数；（2）赌资来源；（3）其他赌博参与者有无事先通谋；（4）输赢钱物的具体情况和金额大小。

六、关于特定关系人"挂名"领取薪酬问题

国家工作人员利用职务上的便利为请托人谋取利益，要求或者接受请托人以给特定关系人安排工作为名，使特定关系人不实际工作却获取所谓薪酬的，以受贿论处。

七、关于由特定关系人收受贿赂问题

国家工作人员利用职务上的便利为请托人谋取利益，授意请托人

以本意见所列形式,将有关财物给予特定关系人的,以受贿论处。

特定关系人与国家工作人员通谋,共同实施前款行为的,对特定关系人以受贿罪的共犯论处。特定关系人以外的其他人与国家工作人员通谋,由国家工作人员利用职务上的便利为请托人谋取利益,收受请托人财物后双方共同占有的,以受贿罪的共犯论处。

八、关于收受贿赂物品未办理权属变更问题

国家工作人员利用职务上的便利为请托人谋取利益,收受请托人房屋、汽车等物品,未变更权属登记或者借用他人名义办理权属变更登记的,不影响受贿的认定。

认定以房屋、汽车等物品为对象的受贿,应注意与借用的区分。具体认定时,除双方交代或者书面协议之外,主要应当结合以下因素进行判断:(1)有无借用的合理事由;(2)是否实际使用;(3)借用时间的长短;(4)有无归还的条件;(5)有无归还的意思表示及行为。

九、关于收受财物后退还或者上交问题

国家工作人员收受请托人财物后及时退还或者上交的,不是受贿。

国家工作人员受贿后,因自身或者与其受贿有关联的人、事被查处,为掩饰犯罪而退还或者上交的,不影响认定受贿罪。

十、关于在职时为请托人谋取利益,离职后收受财物问题

国家工作人员利用职务上的便利为请托人谋取利益之前或者之后,约定在其离职后收受请托人财物,并在离职后收受的,以受贿论处。

国家工作人员利用职务上的便利为请托人谋取利益,离职前后连续收受请托人财物的,离职前后收受部分均应计入受贿数额。

十一、关于"特定关系人"的范围

本意见所称"特定关系人",是指与国家工作人员有近亲属、情妇(夫)以及其他共同利益关系的人。

十二、关于正确贯彻宽严相济刑事政策的问题

依照本意见办理受贿刑事案件,要根据刑法关于受贿罪的有关规定和受贿罪权钱交易的本质特征,准确区分罪与非罪、此罪与彼罪的界限,惩处少数,教育多数。在从严惩处受贿犯罪的同时,对于具有自首、立功等情节的,依法从轻、减轻或者免除处罚。

律师解读

第一,利用职务上的便利专指本人现有的职务便利。本罪要求行为人系利用职务上的便利实施受贿行为,而此处的"职务"应当专指行为人本人现有的职务。因为《刑法》第388条规定,国家工作人员利用本人职权或者地位形成的便利条件,通过其他国家工作人员职务上的行为,为请托人谋取不正当利益,索取请托人财物或者收受请托人财物的,以受贿论处。该种情形被称为"斡旋受贿",与本文所称的受贿罪具有一定的区别,因此不属于本文所称的职权便利范围。此外,《刑法》第388条之一还就离职的国家工作人员或者其近亲属以及其他与其关系密切的人,利用该离职的国家工作人员原职权或者地位形成的便利条件实施的受贿犯罪行为专门作出规定,也即"利用影响力受贿"。该种情况下,行为人利用的并非现有职权,仅是原职权产生的影响力,因此也不属于本文所称的职权便利范围。

第二,受贿罪与非国家工作人员受贿罪的主要区别。

首先,犯罪主体不同。受贿罪的犯罪主体是国家工作人员,包括国家机关从事公务的人员,以及国有公司、企事业单位、人民团体从

事公务的人员和国家机关、国有公司、企事业单位委派到非国有公司、企事业单位、社会团体从事公务的人员,以及依法从事公务的其他人员。非国家工作人员受贿罪的犯罪主体仅限于公司、企业或者其他单位的工作人员。

其次,侵害客体不同。两罪侵犯的客体都属于复杂客体,但具体客体类型不同。其中受贿罪侵犯的客体是国家机关、国有公司、企事业单位、人民团体的正常管理活动,以及国家工作人员职务行为的廉洁性。非国家工作人员受贿罪侵犯的客体是国家对公司、企业的管理制度,以及非国有公司、企业和其他单位工作人员职务活动的廉洁性。两罪侵犯客体的主要区别在于客体的国有性质。

再次,追诉标准不同。受贿罪的立案追诉数额起点通常情况下是3万元,但是行为人具有法定严重情节的,受贿1万元(含)以上即可立案追诉。非国家工作人员受贿罪的立案追诉数额标准为3万元,未达到该标准则不能予以立案追诉。

最后,刑罚标准不同。受贿罪按照《刑法》第383条贪污罪的刑罚标准处罚,刑罚幅度为处3年以下有期徒刑或者拘役、3年以上10年以下有期徒刑、10年以上有期徒刑或者无期徒刑、无期徒刑或者死刑4个档次,均并处附加财产刑。非国家工作人员受贿罪的刑罚措施为处3年以下有期徒刑或者拘役、3年以上10年以下有期徒刑、10年以上有期徒刑或者无期徒刑3个档次,均并处附加财产刑。可以看出,对非国家工作人员受贿的处罚没有死刑。

三、私分国有资产

国有资产是指法律上确定为国家所有，并且能为国家提供经济和社会效益的经济资源的总和。《宪法》第12条规定，社会主义的公共财产神圣不可侵犯。国有资产作为社会主义公共财产的重要组成部分，受到国家法律的最高保护，任何组织或者个人均不得利用任何手段侵占或者破坏国有资产。现实中，国有资产通常由国家授权相关的国家机关、国有公司、企业、事业单位、人民团体等进行经营、管理，实现国有资产的保值增值。承担经营、管理职责的主体如果违反国家规定，以单位名义将国有资产集体私分给个人，数额较大的，则构成私分国有资产罪。犯本罪依法对单位直接负责的主管人员和其他直接责任人员判处刑罚，其中涉案数额较大的处3年以下有期徒刑或者拘役，数额巨大的，处3年以上7年以下有期徒刑，均处附加罚金刑。私分国有财产累计数额在10万元以上的，应予立案追诉。

典型案例

要点提示：国家机关、国有公司、企业、事业单位、人民团体中直接负责的主管人员和其他直接责任人员，应当增强法律意识，提高法律素养，杜绝私分国有资产的情况发生，避免承担刑事责任。

案例1：江西南昌某集团私分国有资产案

被告人蔡某建系南昌某集团有限公司原党委委员、副总经理。蔡某建作为国有公司直接负责的主管人员，违反国家规定，在改制过程中隐匿权属油化厂的一楼7个店面和二、三楼共2层店面,将价值1392万元的国有企业资产转入职工集体持股的私营公司。

法院经审理认为,被告人蔡某建作为国有企业直接负责的主管人员,违反国家规定,在改制过程中隐匿企业财产价值共计人民币1392万元,转为职工集体持股的私营公司所有,数额巨大,其行为已构成私分国有资产罪。蔡某建主动归案后如实供述了私分国有资产的犯罪事实,具备自首情节,依法可以减轻处罚。法院遂判决:(1)蔡某建犯私分国有资产罪,判处有期徒刑4年6个月,并处罚金人民币90万元。(2)涉案商铺收归国有。

案例2:云南饭店有限公司私分国有资产案

在云南饭店改制过程中,2010年6月9日,云南世博集团决定丁某玉任云南饭店有限公司执行董事、总经理,杨某、张某平任云南饭店有限公司副总经理。2010年9月10日,丁某玉、杨某、张某平决定依托原云南饭店物管部注册成立昆明市五华区华裕保洁服务部(以下简称华裕保洁)。华裕保洁对外以独立经济实体身份运作,对内与云南饭店有限公司是"一套班子,两个实体",处于丁某玉、杨某、张某平的实际管控之下。云南饭店有限公司开设银行基本户后,将原云南饭店基本户销户时的余额转至云南饭店有限公司基本户,纳入了云南世博集团的监管。而将原云南饭店职工食堂账户、工会账户销户时的余额转至云南饭店商品部账户,后又转至华裕保洁的银行账户,未纳入云南世博集团的监管。此外,云南饭店所属11间铺面及水电费收入均转至华裕保洁账户。丁某玉、杨某、张某平多次开会讨论决定,在不报经云南世博集团批准同意的情况下,以给云南饭店有限公司留守处丁某玉等11人发放奖金、过节费等名义,将上述资金予以私分,总计3740938元。

法院经审理认为，被告人丁某玉、杨某、张某平作为国有公司的领导班子，集体决策，违反国家规定，以单位发奖金、过节费的名义将数额巨大的国有资产集体私分给个人，行为均构成私分国有资产罪。丁某玉在共同犯罪中系主犯，杨某、张某平系从犯。3人应对各自私分的金额予以退赔，结合3人提交的云南饭店有限公司出具的情况说明，证实3人已经全额退赔，法院不再追缴。法院最终判决：（1）被告人丁某玉犯私分国有资产罪，判处有期徒刑3年，并处罚金人民币5万元；（2）被告人杨某犯私分国有资产罪，判处有期徒刑2年，缓刑3年，并处罚金人民币3万元；（3）被告人张某平犯私分国有资产罪，判处有期徒刑2年，缓刑2年，并处罚金人民币3万元。

案例3：广州某装修公司私分国有资产案

广州某装修有限公司系国有企业，被告人梁某栋原系该公司党支部书记、总经理、董事长。2009年1月至2020年9月，该公司领导班子集体商议，决定通过以劳务费等形式从公司账户中套取公款，以及将公司工程项目各类应入账的公款收入不进行入账的方式违规设立"小金库"，并从"小金库"中支取款项共计人民币1692万元，以奖金、节日费、职工旅游费等名义，违规集体私分给公司员工。被告人梁某栋从中分得的款项共计人民币111万元。

法院经审理认为，被告人梁某栋违反国家规定，以国有公司单位名义将国有资产集体私分给个人，数额巨大，其系公司直接负责的主管人员，应以私分国有资产罪追究其刑事责任。梁某栋如实供述自己私分国有资产的罪行，可从轻处罚；已全额退还私分国有资产中其个人所分得款项，可酌情从轻处罚。法院遂判决：（1）被告人梁某栋犯私分国有资产罪，判处有期徒刑3年，并处罚金人民币20万元；（2）被告人梁某栋退缴的赃款发还被害单位广州某装修有限公司。

法律索引

《中华人民共和国刑法》

第三百九十六条第一款 国家机关、国有公司、企业、事业单位、人民团体，违反国家规定，以单位名义将国有资产集体私分给个人，数额较大的，对其直接负责的主管人员和其他直接责任人员，处三年以下有期徒刑或者拘役，并处或者单处罚金；数额巨大的，处三年以上七年以下有期徒刑，并处罚金。

最高人民检察院《关于人民检察院直接受理立案侦查案件立案标准的规定（试行）》（高检发释字〔1999〕2号）

一、贪污贿赂犯罪案件

……

（十一）私分国有资产案（第396条第1款）

私分国有资产罪是指国家机关、国有公司、企业、事业单位、人民团体，违反国家规定，以单位名义将国有资产集体私分给个人，数额较大的行为。

涉嫌私分国有资产，累计数额在10万元以上的，应予立案。

律师解读

第一，关于"以单位名义将国有资产集体私分给个人"的理解。以单位名义将国有资产私分给个人，通常情况下是经单位领导成员研究决定后，采取向单位人员发放补贴、津贴、补助等形式，但是也存在其他不同形式，如国有公司、企业改制过程中采用资产处置、股权处理等方式。最高人民法院、最高人民检察院《关于办理国家出资企业中职务犯罪案件具体应用法律若干问题的意见》（法发〔2010〕49

号）第2条"关于国有公司、企业在改制过程中隐匿公司、企业财产归职工集体持股的改制后公司、企业所有的行为的处理"对该问题作出明确规定，国有公司、企业违反国家规定，在改制过程中隐匿公司、企业财产，转为职工集体持股的改制后公司、企业所有的，对其直接负责的主管人员和其他直接责任人员，依照《刑法》第396条第1款的规定，以私分国有资产罪定罪处罚。改制后的公司、企业中只有改制前公司、企业的管理人员或者少数职工持股，改制前公司、企业的多数职工未持股的，依照该意见第1条的规定，以贪污罪定罪处罚。

第二，单位的分支机构或内设部门也能成为本罪的犯罪主体。本罪属于单位犯罪，其中单位的分支机构或内设部门如果掌握着国有资产的处置权，而且也实施了私分国有资产的行为，就有可能构成本罪。最高人民法院在《全国法院审理金融犯罪案件工作座谈会纪要》（2001年1月21日发布）中明确提出，以单位的分支机构或者内设机构、部门的名义实施犯罪，违法所得亦归分支机构或者内设机构、部门所有的，应认定为单位犯罪；不能因为单位的分支机构或者内设机构、部门没有可供执行罚金的财产，就不将其认定为单位犯罪，进而按照个人犯罪处理。因此，对于单位分支机构或内设部门私分国有资产的行为，也应当以私分国有资产罪追究刑事责任。

第三，如何认定直接负责的主管人员及其他直接责任人员。所谓直接负责的主管人员，是指在该犯罪活动中有主要决策责任的国有单位负责人或其他领导人员，具体包括：(1) 直接作出私分决定的单位主要负责人；(2) 直接作出私分决定的单位分管领导；(3) 参与集体研究并同意私分的领导；(4) 具体指挥、操作进行私分行为的领导；等等。所谓其他直接责任人员，是指除直接负责的主管人员外，其他对本罪负有责任的人员,通常是单位犯罪行为的直接实施或协助实施者,具体包括:(1)提出私分建议并具体策划私分行为的人员;(2)具体组织实施私分行为的人员;等等。

第四,私分国有资产罪与贪污罪的主要区别。首先,犯罪主体不同。私分国有资产罪属于单位犯罪,犯罪主体是负有管理、经营国有资产的相关单位,只是在单位构成犯罪后由其直接负责的主管人员或其他直接责任人员依法承担刑事责任;而贪污罪属于个人犯罪,犯罪主体是负有管理、经营国有资产的国家机关工作人员或者国有公司、企业、事业单位、人民团体中从事公务的人员。其次,客观表现不同。私分国有资产罪表现为违反国家规定,以单位名义为单位成员谋取利益,数额达到较大以上标准的行为;贪污罪在客观上则表现为行为人利用职务上的便利,以侵吞、窃取、骗取等手段,非法将公共财物占为己有。最后,犯罪对象不同。私分国有资产罪的犯罪对象是国有资产,侵犯的是国有资产所有权;而贪污罪的犯罪对象是公共财物,公共财物是指国有财物、劳动群众集体所有的财物、用于扶贫和其他社会公益事业的社会捐助或者专项基金的财物等,其范围明显大于国有资产。

四、挪用公款

挪用公款是指国家工作人员利用职务上的便利,挪用公款归个人使用,进行非法活动的,或者挪用公款数额较大、进行营利活动的,或者挪用公款数额较大、超过3个月未还的行为。该罪名是1988年1月21日全国人大常委会在《关于惩治贪污罪、贿赂罪的补充规定》中所创立,它有效解决了此类案件定罪量刑的实际问题,有力打击了极小部分国家工作人员利用公款管理漏洞,寻机挪用搞投机倒把、进行非法营利的违法犯罪行为。《刑法》第384条明确规定,犯本罪应处5年以下有期徒刑或者拘役,情节严重的处5年以上有期徒刑;挪用公款数额巨大不退还的,处10年以上有期徒刑或者无期徒刑。挪用用于救灾、抢险、防汛、优抚、扶贫、移民、救济款物归个人使用的,从重处罚。

典型案例

要点提示:国家工作人员利用职务便利挪用公款归个人使用,构成犯罪的情形:(1)进行非法活动;(2)挪用数额较大、进行营利活动;(3)挪用数额较大、超过3个月未还。本罪最高可判处无期徒刑。

案例1:西安某管委会主任高某挪用公款案

被告人高某任西安某生态旅游观光带管委会主任兼某公司董事长期间,利用职务上的便利,先后挪用公款1190万元,借给他人进行营利性活动。其中，张某某以给某领导孩子完成银行存储工作任务为由，向高某拆借资金。高某遂安排将本公司的注册资本验资款990万元转入张某某个人账户中。张某某在中国建设银行蓝田县支行购买理财产品，收益34767.13元。后张某某通过其个人账户将990万元归还至高某所在公司账户。此外，李某某向高某提出借款，高某安排本公司人员向李某某公司转账200万元，李某某随后将该笔资金用于其公司增加注册资本验资，完成验资后将200万元归还了高某所在的公司。

法院经审理认为，被告人高某身为国家工作人员，利用职务上的便利，挪用公款1190万元归个人使用，进行营利活动，情节严重，其行为构成挪用公款罪。高某经调查组电话联系，主动前往指定地点接受谈话调查，留置期间如实供述挪用公款200万元的犯罪事实，又交代了其挪用990万元的犯罪事实，属自首，依法可从轻处罚。高某自愿认罪认罚，依法可从宽处罚；案发后退缴全部涉案赃款，酌情从轻处罚。法院判决如下：(1)被告人高某犯挪用公款罪，判处有期徒刑5年。(2)挪用公款涉案孳息34767.13元，依法予以没收，上缴国库。

案例2：厦门某国有公司财务部负责人苏某挪用公款案

2015年6月至2020年1月，被告人苏某受厦门某国有旅游公司委派，担任厦门某游艇有限公司财务部经理，负责公司财务核算、会计做账、收付款等工作。在此期间，苏某利用职务上的便利，违反公司财务规定，通过个人微信账户、支付宝账号，以及个人建设银行账户，收取本公司员工郑某等人及公司合作商上缴的业务款共计人民币2845093元。苏某将其中的404800元用于本公司的相关费用支出，其余的2440293元挪用购买足球彩票、个人消费及送予某KTV业务经理谢某等，且超过 3 个月未归还公司账户。2020 年 5 月 25 日，厦门某国有旅游公司向监察委员会报案。监察委员会随后立案调查，并对苏某采取留置措施。苏某、谢某先后退还了相应款项。

法院经审理认为，被告人苏某身为国家工作人员，利用职务上的便利，挪用公款人民币 2440293 元归个人使用，数额巨大，超过 3 个月未还，情节严重，其行为已构成挪用公款罪。苏某到案后能如实供述自己的罪行，可从轻处罚；其自愿认罪认罚，向被害单位退赔挪用的部分款项，可从宽处理。法院判决如下：（1）被告人苏某犯挪用公款罪，判处有期徒刑 6 年 6 个月。（2）随案移送的作案工具 iPhone 12 Pro 手机 1 部，予以没收。

案例 3：广州某国有典当行业务经理余某房挪用公款案

2009 年至 2017 年，被告人余某房受时任广州市共桓典当行有限责任公司（以下简称共桓典当行）董事长及共桓典当行上级公司领导李某（均另案处理）的指使，利用李某及时任共桓典当行总经理、董事长游某（另案处理），时任共桓典当行副总经理张某（另案处理）等人职务上的便利，以被告人余某房的名义，违规以证券质押典当贷款、虚假当品质押典当贷款等形式，多次帮助李某从共桓典当行挪用公款累计人民币 8550 万元，供李某进行个人股票交易等营利用途。上述款项后已全部归还共桓典当行。

法院经审理认为，被告人余某房无视国家法律，伙同他人，利用国家工作人员职务上的便利，挪用公款进行营利活动，情节严重，其行为已构成挪用公款罪。在共同犯罪中，余某房起辅助作用，是从犯，应当减轻处罚。余某房自愿认罪，归案后如实供述自己的罪行，并自愿签署《认罪认罚具结书》，可以从轻处罚。法院判决如下：被告人余某房犯挪用公款罪，判处有期徒刑 2 年 9 个月。

法律索引

《中华人民共和国刑法》

第三百八十四条 国家工作人员利用职务上的便利，挪用公款归个人使用，进行非法活动的，或者挪用公款数额较大、进行营利活动的，或者挪用公款数额较大、超过三个月未还的，是挪用公款罪，处五年以下有期徒刑或者拘役；情节严重的，处五年以上有期徒刑。挪用公款数额巨大不退还的，处十年以上有期徒刑或者无期徒刑。

挪用用于救灾、抢险、防汛、优抚、扶贫、移民、救济款物归个人使用的，从重处罚。

最高人民法院、最高人民检察院《关于办理贪污贿赂刑事案件适用法律若干问题的解释》（法释〔2016〕9号）

第五条 挪用公款归个人使用，进行非法活动，数额在三万元以上的，应当依照刑法第三百八十四条的规定以挪用公款罪追究刑事责任；数额在三百万元以上的，应当认定为刑法第三百八十四条第一款规定的"数额巨大"。具有下列情形之一的，应当认定为刑法第三百八十四条第一款规定的"情节严重"：

（一）挪用公款数额在一百万元以上的；

（二）挪用救灾、抢险、防汛、优抚、扶贫、移民、救济特定款物，数额在五十万元以上不满一百万元的；

（三）挪用公款不退还，数额在五十万元以上不满一百万元的；

（四）其他严重的情节。

第六条 挪用公款归个人使用，进行营利活动或者超过三个月未还，数额在五万元以上的，应当认定为刑法第三百八十四条第一款规定的"数额较大"；数额在五百万元以上的，应当认定为刑法第

三百八十四条第一款规定的"数额巨大"。具有下列情形之一的,应当认定为刑法第三百八十四条第一款规定的"情节严重":

(一)挪用公款数额在二百万元以上的;

(二)挪用救灾、抢险、防汛、优抚、扶贫、移民、救济特定款物,数额在一百万元以上不满二百万元的;

(三)挪用公款不退还,数额在一百万元以上不满二百万元的;

(四)其他严重的情节。

最高人民法院《关于审理挪用公款案件具体应用法律若干问题的解释》(法释〔1998〕9号)

第一条 刑法第三百八十四条规定的"挪用公款归个人使用",包括挪用者本人使用或者给他人使用。

挪用公款给私有公司、私有企业使用的,属于挪用公款归个人使用。

第二条 对挪用公款罪,应区分三种不同情况予以认定:

(一)挪用公款归个人使用,数额较大、超过三个月未还的,构成挪用公款罪。

挪用正在生息或者需要支付利息的公款归个人使用,数额较大,超过三个月但在案发前全部归还本金的,可以从轻处罚或者免除处罚。给国家、集体造成的利息损失应予追缴。挪用公款数额巨大,超过三个月,案发前全部归还的,可以酌情从轻处罚。

(二)挪用公款数额较大,归个人进行营利活动的,构成挪用公款罪,不受挪用时间和是否归还的限制。在案发前部分或者全部归还本息的,可以从轻处罚;情节轻微的,可以免除处罚。

挪用公款存入银行、用于集资、购买股票、国债等,属于挪用公款进行营利活动。所获取的利息、收益等违法所得,应当追缴,但不计入挪用公款的数额。

（三）挪用公款归个人使用，进行赌博、走私等非法活动的，构成挪用公款罪，不受"数额较大"和挪用时间的限制。

挪用公款给他人使用，不知道使用人用公款进行营利活动或者用于非法活动，数额较大、超过三个月未还的，构成挪用公款罪；明知使用人用于营利活动或者非法活动的，应当认定为挪用人挪用公款进行营利活动或者非法活动。

第三条 挪用公款归个人使用，"数额较大、进行营利活动的"，或者"数额较大、超过三个月未还的"，以挪用公款一万元至三万元为"数额较大"的起点，以挪用公款十五万元至二十万元为"数额巨大"的起点。挪用公款"情节严重"，是指挪用公款数额巨大，或者数额虽未达到巨大，但挪用公款手段恶劣；多次挪用公款；因挪用公款严重影响生产、经营，造成严重损失等情形。

"挪用公款归个人使用，进行非法活动的"，以挪用公款五千元至一万元为追究刑事责任的数额起点。挪用公款五万元至十万元以上的，属于挪用公款归个人使用，进行非法活动"情节严重"的情形之一。挪用公款归个人使用，进行非法活动，情节严重的其他情形，按照本条第一款的规定执行。

各高级人民法院可以根据本地实际情况，按照本解释规定的数额幅度，确定本地区执行的具体数额标准，并报最高人民法院备案。

挪用救灾、抢险、防汛、优抚、扶贫、移民、救济款物归个人使用的数额标准，参照挪用公款归个人使用进行非法活动的数额标准。

第四条 多次挪用公款不还，挪用公款数额累计计算；多次挪用公款，并以后次挪用的公款归还前次挪用的公款，挪用公款数额以案发时未还的实际数额认定。

第五条 "挪用公款数额巨大不退还的",是指挪用公款数额巨大,因客观原因在一审宣判前不能退还的。

第六条 携带挪用的公款潜逃的,依照刑法第三百八十二条、第三百八十三条的规定定罪处罚。

第七条 因挪用公款索取、收受贿赂构成犯罪的,依照数罪并罚的规定处罚。

挪用公款进行非法活动构成其他犯罪的,依照数罪并罚的规定处罚。

第八条 挪用公款给他人使用,使用人与挪用人共谋,指使或者参与策划取得挪用款的,以挪用公款罪的共犯定罪处罚。

律师解读

第一,挪用公款构成犯罪的主要情形。构成本罪的重要条件之一是"挪用公款归个人使用",所谓归个人使用,具体包括3种情形:一是挪用公款归个人进行非法活动;二是挪用公款归个人进行营利活动,且数额较大;三是挪用公款由个人进行上述非法活动、营利活动以外的用途,并且数额较大,超过3个月未还的。综上可见,首先,行为人挪用公款后,如果未利用公款从事非法活动或营利性活动,只要在3个月内归还,则不以挪用公款罪论处。其次,行为人利用挪用的公款从事营利性活动,只要数额达到较大即3万元以上的标准,则无论是否在3个月内归还,均以犯罪论处。再次,如果行为人从事了非法活动,则无论挪用款项数额多少,均以犯罪论处。最后,行为人实施挪用公款的行为,即使未达到立案追诉的标准,其违反财务管理制度挪用公款的行为也应当由所在单位或相关主管部门依据党纪或政纪予以处理。

第二，挪用公款罪与贪污罪的主要区别。首先，主观方面不同。贪污罪的主观方面表现为非法占有公共财物，即直接将公共财物据为己有；而挪用公款罪的主观方面表现为暂时占有并使用公款，行为人没有将公款据为己有的想法。其次，犯罪对象不同。贪污罪的犯罪对象是公共财物，既包括公款也包括公物；而挪用公款罪的犯罪对象仅限于公款，公共物品不是本罪的犯罪对象。再次，行为方式不同。贪污罪在客观上表现为使用侵吞、盗窃、骗取等方法，将公共财物据为己有；而挪用公款罪在客观上表现为擅自决定动用本单位的公款，一般不采用侵吞、盗窃、骗取等手段。最后，刑罚幅度不同。贪污罪的刑罚主刑规定为3年以下有期徒刑或者拘役、3年以上10年以下有期徒刑、10年以上有期徒刑或者无期徒刑、无期徒刑或者死刑4个档次；而挪用公款罪的刑罚主刑规定为5年以下有期徒刑或者拘役、5年以上有期徒刑、10年以上有期徒刑或者无期徒刑3个档次。可以看出，贪污罪的刑罚明显重于挪用公款罪。

第三，挪用公款罪转化为贪污罪的情形。挪用公款罪与贪污罪的主要区别如上所述，但是两罪具有一定的联系，某些情形下挪用公款罪有可能转化为贪污罪，具体包括以下情形。一是携带挪用的公款潜逃。根据最高人民法院《关于审理挪用公款案件具体应用法律若干问题的解释》第6条的规定，行为人携带挪用的公款潜逃的，应当依照《刑法》关于贪污罪的规定定罪处罚。二是挪用公款后隐匿账目。行为人挪用公款后采取以虚假发票报销平账或者隐匿、销毁有关账目等手段，使款项无法在正常账目上反映出来的，可以认定其没有归还的行为和意图，因此应当以贪污罪定罪处罚。三是截留公款后非法占有。行为人利用职务上的便利截留公款后，将款项非法占为己有，使公款难以在正常账目上反映出来，且没有归还行为的，应当以贪污罪定罪处罚。四是有能力归还而拒不归还。如果有证据证明行为人有能力归还所挪用的公款，但是其拒不归还款项，并且故意隐瞒挪用公款的去向，可以认定其没有归还的意愿，因此应当以贪污罪定罪处罚。

五、非法经营同类营业

国有公司、企业的董事、经理拥有管理公司、企业事务的权力，其熟知本单位业务状况、经营情况，如果允许其自由经营其他企业，且与其所在的国有公司、企业自由竞业，就完全可能出现其为了谋取私利而损害本公司、企业利益的情况，使国有资产遭受严重损失。因此，我国明确将"经营同类营业"列为国有公司、企业的董事、经理禁止实施的行为。《监察法实施条例》第29条规定，监察机关依法调查公职人员涉嫌徇私舞弊犯罪，其中就包括非法经营同类营业罪。根据《刑法》第165条第1款的规定，犯本罪获取非法利益数额巨大的，处3年以下有期徒刑或者拘役，并处或者单处罚金；数额特别巨大的，处3年以上7年以下有期徒刑，并处罚金。其中获取非法利益数额在10万元以上的属"数额巨大"，应予立案追诉。

典型案例

要点提示：非法经营同类营业，获取非法利益数额在10万元以上应予立案追诉。获利数额巨大的处3年以下有期徒刑或者拘役，数额特别巨大的处3年以上7年以下有期徒刑，并处附加财产刑。

案例1：某国有公司部门总经理钱某某等非法经营同类营业案

某公司系国有公司，2013年7月15日该公司任命被告人钱某某为考试与发展中心总经理。该中心经营的业务项目之一是面向企事业单位和政府部门提供招聘考试服务，包括考试出题、考试组织、考试阅卷等，钱某某主持该中心的日常经营。2013年至2014年，钱某某以本公司的名义与某主管机构开展考试命题业务合作。后钱某某试图将该项业务转为个人经营，谋取非法利益。2015年5月至2017年，钱某某以自己或他人名义先后注册成立两家公司，并利用职务便利，以该两家公司名义从该主管机构承接命题业务，非法获利共计453万余元。

法院经审理认为，被告人钱某某利用职务便利，自己经营与其所任职公司同类的营业，获取非法利益，数额特别巨大，已构成非法经营同类营业罪。法院遂判决：（1）被告人钱某某犯非法经营同类营业罪，判处有期徒刑2年，并处罚金人民币50万元；（2）退缴在案的非法所得予以没收。

案例2：某国有投资企业副总经理黄某旺非法经营同类营业案

2010年2月至2018年3月，黄某旺在先后担任某国有投资公司副总经理、董事、总经理、董事长以及集团董事、副总经理期间，利用其负责项目招商工作、提前知晓项目信息及审核工程变更、工程款拨付的职务便利，采取挂靠其他公司的方式，单独或伙同他人出资承揽经营与其任职公司同类营业的相关工程项目14个，获取非法利润2.3亿余元。

法院经审理认为，被告人黄某旺构成非法经营同类营业罪，结合黄某旺所犯对非国家工作人员行贿罪、受贿罪，实行数罪并罚，决定执行有期徒刑9年，并处罚金人民币230万元，违法所得继续追缴。一审判决后黄某旺提出上诉，二审法院依法裁定：驳回上诉，维持原判。

案例3：天津某设计院副院长宋某顺非法经营同类营业案

被告人宋某顺原系天津某工业设计研究院（以下简称天津某设计院）副院长，天津某科技发展有限公司（以下简称某科技公司）法定代表人、董事长。宋某顺担任天津某设计院副院长后分管科研开发、市场开拓和技术管理工作。在此期间，宋某顺与杨某等人共同出资成立了某科技公司。后宋某顺等人动员天津某设计院30余名工程技术人员到其经营的某科技公司工作。宋某顺等人将天津某设计院经营的设计项目转由某科技公司承接，因某科技公司无设计资质，宋某顺遂联系北京某建材设计有限公司与某科技公司进行合作，并以联合体的形式签订了设计费为210万元、服务费为18万元的工程设计合同。收到合同定金42万元后，该合同因无法履行而解除。

原一、二审法院经审理均认为，宋某顺犯非法经营同类营业罪的事实清楚，证据确实、充分，宋某顺犯非法经营同类营业罪情节轻微，对免予刑事处罚。后宋某顺对判决不服，申请再审，理由为：(1)《刑法》要求非法经营同类营业罪的犯罪主体是"国有公司、企业的董事、经理"，而宋某顺在案发时并非天津某设计院的董事、经理，而是副院长；(2) 已收到的42万元只是定金，案发时合同履行才刚开始，42万元不是价款的一部分，不能认定为非法收益。

再审法院经审理认为，第一，天津某设计院系国务院国有资产监督管理委员会直接管理的国有企业，法定代表人为院长，下设副院长和部门经理等，虽然并未进行公司改制，但是其院长、副院长均具有与国有公司、企业的经理、董事相同的职能。宋某顺案发前的职务符合非法经营同类营业罪的主体身份。第二，某科技公司的董事长、法定代表人宋某顺以及其他5名股东因涉案使得签订的项目合同无法继续履行，该合同被解除，所预付42万元设计费定金未能转化为合同收益，故原裁判将42万元定金认定为非法利益且数额巨大的依据不足。由此，再审法院认定宋某顺的行为属犯罪未遂，情节显著轻微，不构成犯罪。再审法院遂判决：撤销原一、二审判决，被告人宋某顺无罪。

法律索引

《中华人民共和国刑法》

第一百六十五条第一款 国有公司、企业的董事、监事、高级管理人员,利用职务便利,自己经营或者为他人经营与其所任职公司、企业同类的营业,获取非法利益,数额巨大的,处三年以下有期徒刑或者拘役,并处或者单处罚金;数额特别巨大的,处三年以上七年以下有期徒刑,并处罚金。

律师解读

第一,关于本罪的犯罪主体问题。《刑法》规定本罪的犯罪主体为国有公司、企业的董事、经理。通常情况下,国有公司、企业应当指国有独资、全资的公司或企业,而不包含国有控股、参股等类型的公司或企业。这样一来,在国有控股、参股等公司、企业中的人员出现职务犯罪后,一方面对国有资产实际造成了严重损害,另一方面又不能对其合理地施以刑罚。因此,最高人民法院、最高人民检察院《关于办理国家出资企业中职务犯罪案件具体应用法律若干问题的意见》(法发〔2010〕49号)第6条明确规定,经国家机关、国有公司、企业、事业单位提名、推荐、任命、批准等,在国有控股、参股公司及其分支机构中从事公务的人员,应当认定为国家工作人员。具体的任命机构和程序,不影响国家工作人员的认定。由此,对于行为人是否属于本罪的主体,应当按照行为人的身份特征综合认定,而不能仅按照企业的国有出资比例、控股情况等进行认定。

第二,关于本罪的客观表现问题。本罪在客观上表现为行为人利用职务便利,自己经营或者为他人经营与所任职公司、企业同类的营业，获取非法利益，且数额巨大。首先，本罪中的"经营"既可以为自己经营，也可以为他人经营，还可以既为自己也为他人经营，具备其中之一即可构成本罪。所谓经营，既包括自己成立公司、企业，也包括参股他人公司、企业，或者以受雇用、被聘用等形式从事经营活动。其次，关于"同类营业"的认定，通常表现为行为人从事营业的内容与自己所任职的公司、企业的营业属于同一种类。由于企业工商登记的营业范围一般都比较广泛，所以实践中应当采取实质性判断标准予以认定，而不能仅以登记注册的业务范围相同进行认定。比如，本单位登记范围内的业务实际未开展过，在此情况下行为人的经营行为不会实质上与本单位产生竞争关系，也就不可能造成国有资产的损失，因此即使行为人存在此类经营行为也不应当构成本罪。

第三，关于非法利益的认定问题。本罪中的"非法利益"应当指行为人在违背法律规定的竞业禁止义务的前提下，经营同类营业的违法所得，包括直接经营获利、项目合作分红，以及各种形式的报酬，如工资、奖金、津贴、酬金和各种经营费用等。此外，本罪属于结果犯，即应当以行为人实际获利情况为定罪量刑的主要依据，而在行为人未实际获利、国家利益未受到实际损害的情况下，则不应以本罪论处。如前述案例3中再审法院认为，原审被告人宋某顺虽然利用职务便利经营与其所任职企业同类的营业且签订了项目合同，但是在合同因无法继续履行而解除的情况下，合同相对方预付的42万元定金未能转化为合同收益，因此宋某顺的行为属犯罪未遂，情节显著轻微，不构成犯罪。与上述情况不同的是，在共同犯罪中犯罪已经既遂，即使个别犯罪成员未获取非法利益的，也不影响其罪名的成立。

六、为亲友非法牟利

国有公司、企业、事业单位工作人员利用职务便利,将本单位的盈利业务交由自己的亲友进行经营,或者以明显高于市场的价格向自己的亲友经营管理的单位采购商品,以明显低于市场的价格向自己的亲友经营管理的单位销售商品,抑或向自己的亲友经营管理的单位采购不合格商品,造成国家直接经济损失数额在10万元以上,或者使其亲友非法获利数额在20万元以上,或者造成有关单位破产、停业、停产6个月以上或被吊销许可证和营业执照、责令关闭、撤销、解散等,致使国家利益遭受重大损失,构成为亲友非法牟利罪。根据《监察法实施条例》第29条的规定,监察机关依法调查公职人员涉嫌徇私舞弊犯罪,其中包括本罪,因此本罪属于监察机关直接进行立案侦查的刑法罪名之一。

典型案例

要点提示: 国有单位工作人员利用职务便利为亲友牟利,造成国家直接损失10万元以上,或使亲友非法获利20万元以上,或造成单位破产、停产、停业等,致使国家利益遭受重大损失,构成为亲友非法牟利罪。

案例1:黑龙江大庆某采油厂财务人员韩某权为亲友非法牟利案

被告人韩某权系某采油厂财务资产部副主任。韩某权在担任该厂器材供应站站长期间,利用其能够选择供应商的权力,帮助其亲属吴某、王某等借用某石油技术开发有限公司资质,成为其采油厂的物资供应商,并以高于市场的价格与其签订物资供应合同,使王某、吴某从中获利47万余元。

法院经审理认为,被告人韩某权作为国有企业的工作人员,利用职务上的便利,将本单位的盈利业务交由自己的亲友进行经营,为亲友非法牟利47万余元,使国家利益遭受重大损失,其行为构成为亲友非法牟利罪。法院遂判决:(1)被告人韩某权犯为亲友非法牟利罪,判处有期徒刑10个月,并处罚金5万元。(2)将被告人为亲友非法牟利违法所得及其孳息返还受害单位。

案例2:山西永济某建筑公司经理陈某为亲友非法牟利案

被告人陈某利用担任永济市某建筑工程公司经理职务的便利,将该公司的8个市政工程项目交由其兄陈某某承建。陈某先后分40笔从该公司账上支付给陈某某工程款4882684元,后还以公司名义向永济市住房保障和城乡建设管理局催要部分工程尾款。经测算,陈某某通过项目非法获利772020.52元(未支付利润287287元),使永济市某建筑工程公司丧失了可能得到的利润,致使国家利益遭受重大损失。案发后,陈某亲属向调查机关上缴案款484732.72元。

法院经审理认为,被告人陈某利用职务便利,将本单位的盈利业务交由自己的亲友经营,使国家利益遭受重大损失,其行为已构成为亲友非法牟利罪。案发后,被告人亲属积极退赃,陈某认罪悔罪,依法可从宽处理。陈某认罪态度较好,确有悔罪表现,宣告缓刑对其所居住社区没有重大不良影响,可依法适用缓刑。法院遂判决:(1)被告人陈某犯为亲友非法牟利罪,判处有期徒刑1年,缓刑1年,并处罚金人民币10万元。(2)被告人陈某所退赃款484732.72元,予以追缴,上缴国库。

案例3：山东济宁某煤矿矿长顾某彬为亲友非法牟利案

被告人顾某彬利用其担任山东济宁某煤电股份有限公司阳城煤矿矿长的职务便利，违反公司关于"采购5万元以上的物资，必须进行招标采购"的采购管理制度，私自安排公司向其亲友经营的济宁某经贸公司采购衬衣100件。虽然该衬衫的吊牌价为2280元，但经证实该批衬衣市场零售价每件928元，阳城煤矿购买的价格为2050元，明显高于市场价格，造成国有企业经济损失11.22万元。案发后，被告人顾某彬退还了11.22万元。

法院经审理认为，被告人顾某彬作为国有公司、企业的工作人员，利用其职务便利，以明显高于市场的价格向自己的亲友经营管理的单位采购商品，致使国家利益遭受重大损失，其行为已构成为亲友非法牟利罪。法院遂判决：（1）被告人顾某彬犯为亲友非法牟利罪，判处有期徒刑6个月，并处罚金人民币10万元。（2）对被告人顾某彬所退赃款依法予以没收，上缴国库。

法律索引

《中华人民共和国刑法》

第一百六十六条第一款 国有公司、企业、事业单位的工作人员，利用职务便利，有下列情形之一，致使国家利益遭受重大损失的，处三年以下有期徒刑或者拘役，并处或者单处罚金；致使国家利益遭受特别重大损失的，处三年以上七年以下有期徒刑，并处罚金：

（一）将本单位的盈利业务交由自己的亲友进行经营的；

（二）以明显高于市场的价格从自己的亲友经营管理的单位采购商品、接受服务或者以明显低于市场的价格向自己的亲友经营管理的单位销售商品、提供服务的；

（三）从自己的亲友经营管理的单位采购、接受不合格商品、服务的。

律师解读

第一，行为人利用职务便利是构成本罪的前提条件。所谓"利用职务便利"，主要是指行为人利用在国有公司、企业、事业等单位中经办、管理、经手、经营等活动的便利条件，实施了为亲友非法牟利的行为。行为人既可以利用自身的职务直接为亲友经营提供便利，也可以利用自己的职权能力、地位优势等间接制约、授意或者伙同他人为自己的亲友经营提供便利。如果行为人实际上没有利用职务便利实施为亲友牟利的行为，那么即使其对亲友所进行的经营活动提供了相应的帮助，也不能构成本罪。此外，还有一种情形，就是行为人虽然利用职务上的便利实施了为自己的亲友非法牟利的行为，但如果没有给国家利益造成实际损失或者虽有实际损失但没有达到重大以上程度，则也不能以本罪论处。

第二，对于本罪中"亲友"的合理认定问题，实践中存在两种不同观点。一种观点认为，应当严格认定，可参照《刑法》所规定的近亲属的范围，但是如此一来就等同于只有"亲"的概念，而没有"友"的范畴。另一种观点认为，应当宽泛理解本罪中的亲友概念，即只要是行为人以外的人都可成为亲友，但是这样一来"友"的范围就会无限扩大，并不利于本罪的合理认定。鉴于此，对"亲友"范围应当结合本罪的立法本意认定。立法者的目的是制裁"损公利己"的行为，行为人"损公"仅是客观行为，而"利己"才是其本意。可以看出，行为人冒险损公本质上是想要为其关系密切的"亲友"谋取利益，而该"亲友"应当与其有情感上的紧密联系，或者有利益上的较强瓜葛。因此，与行为人具有利益关联的亲戚、朋友，才是合理的"亲友"范围。

第三，关于"明显高于"或"明显低于"的认定。《刑法》明确规定构成本罪的情形之一是"以明显高于市场的价格向自己的亲友经营管理的单位采购商品或者以明显低于市场的价格向自己的亲友经营管理的单位销售商品"，在司法实践中必然涉及对"明显高于"或"明显低于"的认定。首先，不应片面以价差比例或价差数额认定，应当综合把握交易中背离市场价格常理、违反商业交易习惯、商品价差巨大等超过正常认知范围的基本情形，予以合理认定。对于交易价格稍高于或低于市场价格，交易时间跨度较长，罪与非罪界限模糊的情形，则不宜认定为有罪。其次，即使行为人以市场价格向自己的亲友经营管理的单位采购商品或向其销售商品不构成本罪，若行为人违反工作纪律，也应依据党纪政纪给予处理。

第四，为亲友非法牟利罪与贪污罪的主要联系和区别。从犯罪构成的角度看，为亲友非法牟利罪与贪污罪都是国家工作人员利用职务便利实施的以权谋私、损公肥私的典型职务犯罪行为，在犯罪主体、犯罪手段等方面存在很多相似之处。但是二者也存在明显的不同之处，其中最主要的是行为人的主观目的。为亲友非法牟利罪中，行为人的目的是为其近亲属等谋取不正当利益，而其本人并没有沾染该利益的直接意图。贪污罪中，行为人实施犯罪行为的目的是直接将公共财物据为己有，而非将财物交由他人占有、使用或收益。此外，如果行为人与亲友共同谋划，借从事经营活动之名，实施侵吞公共财产的行为，则属于贪污罪的共同犯罪。

七、签订、履行合同失职被骗

国有公司、企业、事业单位直接负责的主管人员，在签订、履行合同过程中，因严重不负责任而被诈骗，致使国家利益遭受重大损失的，构成签订、履行合同失职被骗罪。根据《刑法》第167条的规定，犯本罪致使国家利益遭受重大损失的，处3年以下有期徒刑或者拘役；致使国家利益遭受特别重大损失的，处3年以上7年以下有期徒刑。参照最高人民检察院、公安部《关于公安机关管辖的刑事案件立案追诉标准的规定（二）》（公通字〔2010〕23号）的相关规定，本罪立案追诉的情形包括：(1)造成国家直接经济损失数额在50万元以上的；(2)造成有关单位破产，停业、停产6个月以上，或者被吊销许可证和营业执照、责令关闭、撤销、解散的；(3)其他致使国家利益遭受重大损失的情形。金融机构工作人员，从事对外贸易经营活动的公司、企业的工作人员严重不负责任，造成100万美元以上外汇被骗购或者逃汇1000万美元以上的，应予立案追诉。此外，《刑法》第167条中规定的"诈骗"，是指对方当事人的行为已经涉嫌诈骗犯罪，但并不以对方当事人已经被法院判决构成诈骗犯罪为立案追诉的前提。

典型案例

要点提示：国有公司、企业、事业单位直接负责的主管人员在履行主管、分管合同签订、履行职务时，应当充分尽到审慎义务，避免因合同相对方的欺诈导致国家利益受损，避免自身因此受到刑事追责。

案例 1：山西某煤炭进出口公司总经理郭某等签订、履行合同失职被骗案

被告人郭某原系山西某煤炭进出口有限公司法定代表人、执行董事、总经理，被告人胡某岚原系该公司副经理。该公司为追求销售业绩，主导集团下属的山煤进出口公司与青岛某公司的实际控制人陈某鸿（已判决）所控制的公司开展有色金属贸易合作，并签订了《合作框架协议》。陈某鸿利用控制的公司作为上下游交易方，使用虚假仓单同山煤进出口公司签署采购、销售合同，进行代理贸易，共计骗取山西某煤炭进出口有限公司在 38 笔国际转口贸易中开具的信用证折合人民币 17.78 亿元及 3.4 亿元货款。

法院经审理认为，被告人郭某、胡某岚作为国有公司、企业单位直接负责的主管人员，对公司业务的可行性、可靠性应当审查把关，但由于其没有认真履行职责，在签订、履行合同过程中因严重不负责任被诈骗，使国家利益遭受特别重大损失，其行为构成签订、履行合同失职被骗罪。法院最终判决：郭某、胡某岚均犯签订、履行合同失职被骗罪，分别判处有期徒刑 3 年 3 个月。

案例 2：辽宁某公司副总经理李某签订、履行合同失职被骗案

被告人李某系辽宁某投资有限公司原副经理、审贷委员会委员。经李某同意并安排，该公司受理并按照委托贷款业务开展与沈阳鸿辉铜业有限公司的 18 吨"银锭"质押借款人民币 4000 万元业务。在开展业务过程中，李某作为主管领导未严格执行《公司业务审批工作规程》等相关规定，盲目同意业务报告中采用的错误取样方式，盲目相信"磅差"说法，审批同意调整质押率，致使沈阳鸿辉铜业有限公司以虚假"银锭"为质押物骗取委托贷款，使辽宁某投资有限公司实际经济损失共计人民币 38509565.66 元。

法院经审理认为，被告人李某无视国法，身为国有公司直接负责的主管人员，在签订、履行合同过程中，因严重不负责任被诈骗，使国家利益遭受特别重大损失，其行为构成签订、履行合同失职被骗罪。根据被告人犯罪的事实、犯罪的性质、情节和对社会的危害程度，法院判决如下：被告人李某犯签订、履行合同失职被骗罪，判处有期徒刑3年，缓刑3年。

案例3：北京某粮库主任田某虎签订、履行合同失职被骗案

北京市顺义牛栏山粮食收储库（以下简称牛栏山粮库）在案发时系全民所有制企业，隶属于北京顺义粮油总公司。被告人田某虎原系北京市顺义粮油总公司副总经理兼牛栏山粮库主任。2012年10月，潘某荣（已判决）隐瞒其任法定代表人及一人股东的江苏某农业发展有限公司欠有巨额外债、无合同履行能力的事实，采取现付定金、部分履行合同的方式，与牛栏山粮库签订玉米销售合同，将从牛栏山粮库采购的近4万吨、价值人民币9500余万元的玉米中大部分直接或销售，用于偿还其个人及控制公司债务。田某虎作为该项业务的直接负责人，在签订、履行合同的过程中未正确履行签约程序，未认真审核江苏某农业发展有限公司的资产状况及履约能力，未对合同中存在履约风险的条款提出异议，未及时有效处理江苏某农业发展有限公司不能及时给付货款的问题，造成牛栏山粮库损失共计人民币7400余万元。

法院经审理认为，被告人田某虎作为国有企业直接负责的主管人员，在签订、履行合同过程中，因严重不负责任被诈骗，使国家利益遭受特别重大损失，其行为已构成签订、履行合同失职被骗罪。根据被告人的犯罪事实、性质、情节以及对于社会的危害程度，法院判决如下：被告人田某虎犯签订、履行合同失职被骗罪，判处有期徒刑 3 年 6 个月。

法律索引

《中华人民共和国刑法》

第一百六十七条 国有公司、企业、事业单位直接负责的主管人员，在签订、履行合同过程中，因严重不负责任被诈骗，致使国家利益遭受重大损失的，处三年以下有期徒刑或者拘役；致使国家利益遭受特别重大损失的，处三年以上七年以下有期徒刑。

律师解读

第一，本罪属于过失犯罪，其主要表现为行为人在签订、履行合同过程中，因严重不负责任被诈骗，使国家利益遭受重大损失。这里所谓"严重不负责任"的表现情形包括：（1）因盲目轻信而不严格审查合同对方主体的资格、资质或信用情况，不严格审查对方的履约意愿和履约能力；（2）因收取或索要回扣而忽视产品的质量、价格等情况，或者利用职权给予对方签约便利等；（3）因急于完成工作业绩而急功冒进，不严格审查合同相关情况和履约情况；（4）以权谋私，擅权、越权办理签约和履约事宜，将国有资产当成自家的"摇钱树"或"敛财工具"；（5）其他严重不负责任的情形。

第二，关于本罪中"诈骗"的界定。根据 2001 年最高人民法院刑事审判第二庭相关意见，认定签订、履行合同失职被骗罪应当以对方当事人涉嫌诈骗且行为构成犯罪为前提，但司法机关在办理或者审判行为人被指控犯有上述两罪的案件过程中，不能以对方当事人已经被法院判决构成诈骗犯罪为认定本案当事人构成签订、履行合同失职被骗罪的前提。也就是说，司法机关在办理案件过程中，只要认定对方当事人的行为已经涉嫌构成诈骗犯罪，即可依法认定行为人构成签订、履行合同失职被骗罪，而不需要搁置或者中止审理至当事人被法院审理并判决构成诈骗犯罪。

第三，本罪与国家机关工作人员签订、履行合同失职被骗罪的区别和联系。本罪与国家机关工作人员签订、履行合同失职被骗罪的相同之处在于，两罪都是行为人在签订、履行合同过程中，由于严重不负责任而被骗，使国家利益遭受重大损失。两罪的区别主要如下。首先，犯罪主体不同。本罪的犯罪主体为国有公司、企业、事业单位直接负责的主管人员，而国家机关工作人员签订、履行合同失职被骗罪的主体是国家机关工作人员。其次，立案追诉标准不同。本罪新的立案追诉标准在未出台前，可参照最高人民检察院、公安部《关于公安机关管辖的刑事案件立案追诉标准的规定（二）》（公通字〔2010〕23号）的相关规定。国家机关工作人员签订、履行合同失职被骗罪立案追诉的标准，根据最高人民检察院《关于渎职侵权犯罪案件立案标准的规定》（高检发释字〔2006〕2号）的规定，主要包括：（1）造成直接经济损失30万元以上，或者直接经济损失不满30万元，但间接经济损失150万元以上的；（2）其他致使国家利益遭受重大损失的情形。

八、滥用职权

本书论述的国有公司、企业、事业单位人员滥用职权罪,系《刑法》分则第三章"破坏社会主义市场经济秩序罪"第三节"妨害对公司、企业的管理秩序罪"中规定的罪名,其与《刑法》分则第九章"渎职罪"中规定的国家机关工作人员滥用职权罪有本质的区别。根据《刑法》第168条的规定,国有公司、企业、事业单位人员滥用职权,造成国有公司、企业破产或者严重损失,致使国家利益遭受重大损失的,处3年以下有期徒刑或者拘役;致使国家利益遭受特别重大损失的,处3年以上7年以下有期徒刑。国有事业单位的工作人员有前款行为,致使国家利益遭受重大损失的,依照前款的规定处罚。

典型案例

要点提示:国有公司、企业或事业单位人员滥用职权,造成国家直接经济损失30万元以上,或者有关单位破产、停业停产6个月以上,或者被吊销许可证、责令关闭等严重后果,构成滥用职权犯罪。

案例1:北京某国有公司分公司总经理金某滥用职权案

北京某国有公司聘任被告人金某担任电子自动化设备分公司总经理。被告人金某于2004年至2016年,违反相关管理规定,安排套取北京某国有公司资金,用于给该分公司员工发放奖金共计人民币590余万元。因他人检举揭发,被告人金某于2021年4月在北京某纪委工作人员的陪同下到北京市监察委员会投案。

法院经审理认为，被告人金某身为国家出资企业中的国家工作人员，滥用职权造成公司严重损失，致使国家利益遭受特别重大损失，其行为已构成国有公司人员滥用职权罪。关于金某提出的当时发奖金的举措激发了员工干劲，促进了企业发展的辩解，法院认为企业后来发展状况如何受多种因素的影响，人心稳定、效益增加不能都归因于私分"小金库"的举措。关于辩护人提出的已过追诉时效的意见，法院认为从案件的持续时间、涉及金额、造成影响等因素看，可以认定致使国家利益遭受特别重大损失，仍处于追诉时效内。此外，金某当庭认罪悔罪，案件发生存在历史原因，法院对其依法从轻处罚，并适用缓刑。法院遂判决：被告人金某犯国有公司人员滥用职权罪，判处有期徒刑3年，缓刑3年。

案例2：湖南某建筑设计院院长黄某武滥用职权案

被告人黄某武为湖南某建筑设计院法定代表人、院长。黄某武在担任湖南某建筑设计院院长前后，多次向林某红借款。2011年3月至2013年5月，黄某武利用自己担任湖南某建筑设计院院长，全面负责湖南某建筑设计院的业务开展和行政管理的职权便利，违反有关湖南某建筑设计院所有合同、协议均应报上级单位生产经营部审核、编号、盖章并登记造册的规定，未经许可，在多份《还款计划承诺书》《借款协议》《借条》《承诺保证书》上加盖湖南某建筑设计院公章并以湖南某建筑设计院担保或作为共同借款人，造成湖南某建筑设计院因黄某武个人债务被法院执行划款，损失共计人民币306万余元。

法院经审理认为，被告人黄某武身为国有企业工作人员，滥用职权，造成国有企业严重损失，其行为已构成国有企业人员滥用职权罪。关于辩护人提出的黄某武涉嫌国有公司、企业、事业单位人员滥用职权罪主观犯意不强，情节轻微的意见，法院认定现有证据证实黄某武在担任湖南某建筑设计院院长期间滥用职权,将湖南某建筑设计院作为共同借款人与他人签订《借款协议》并出具《借条》,致使国有资金被法院依生效裁判文书扣划,已给国有利益造成了严重损失,该损失在本案立案之前就已造成;黄某武徇私舞弊,滥用职权,其主观恶性较大,不属于情节轻微的情形,应对其从重处罚。法院遂判决:被告人黄某武犯国有企业人员滥用职权罪,判处有期徒刑2年。

案例3:河南叶县某粮油购销公司分公司经理董某某滥用职权案

2014年4月至9月,被告人董某某利用其担任叶县某粮油购销有限公司分公司经理的职务便利,违反该公司财物管理制度和公章使用管理规定,擅自以本人和分公司的名义,分4次向刘某借款共355万元,约定的借款利息为月利率2%。董某某收到该355万元借款后没有交分公司财务,没有告知分公司任何人员,由其个人予以支配。2017年1月,董某某又擅自以本人和分公司的名义与刘某重新签订了355万元的借据和对账协议,并私自在借据及对账协议上加盖分公司公章。2017年8月,刘某因董某某无力偿还该355万元借款本金及利息,将叶县某粮油购销有限公司分公司和董某某起诉至人民法院。2018年4月,法院对该民事判决予以执行,经调查,董某某无偿还355万元借款本金及其利息的能力。

法院经审理认为,被告人董某某利用其担任叶县某粮油购销有限公司分公司经理的职务便利,违反该公司财务管理及公章使用的规章制度,擅自以公司及其本人名义向他人借款并归其个人使用,最终无力偿还借款本金及利息,致使国家利益遭受特别重大损失,其行为已构成国有公司、企业单位人员滥用职权罪。法院最终判决:被告人董某某犯国有公司、企业单位人员滥用职权罪,判处有期徒刑3年。

📜 法律索引

《中华人民共和国刑法》

第一百六十八条 国有公司、企业的工作人员，由于严重不负责任或者滥用职权，造成国有公司、企业破产或者严重损失，致使国家利益遭受重大损失的，处三年以下有期徒刑或者拘役；致使国家利益遭受特别重大损失的，处三年以上七年以下有期徒刑。

国有事业单位的工作人员有前款行为，致使国家利益遭受重大损失的，依照前款的规定处罚。

国有公司、企业、事业单位的工作人员，徇私舞弊，犯前两款罪的，依照第一款的规定从重处罚。

👤 律师解读

第一，本罪的犯罪主体为国有公司、企业、事业单位的工作人员。本罪的主体只能是自然人，属于特殊犯罪主体，即国有公司、企业、事业单位的工作人员，其他主体不能构成本罪。在此应当特别注意的是，国家机关、国有公司、企业、事业单位委派到非国有公司、企业、事业单位、社会团体中从事公务的人员，虽然其可以认定为从事公务的国家工作人员，但其滥用职权导致的是非国有公司、企业、事业单位的损失，因此不属于国家财产损失，也就不能构成本罪。但是，如果实际存在滥用职权情况，非国有公司、企业、事业单位的利害关系人可以依法向其主张损害赔偿。

第二，本罪属于结果犯，未造成实际损失的不能构成本罪。本罪属于典型的结果犯，即只有造成国有公司、企业、事业单位实际损失，如直接经济损失30万元以上，或者公司、企业破产、关闭等严重损失,才能以本罪立案追诉。比如前述案例3中,董某某擅自以本人和分公司的名义对外签订借据和对账协议,加盖分公司公章,将借得款项归自己占有使用,最终因无力偿还借款而案发。该案法院经审理认为,董某某最终无力偿还借款本金及利息,致使国家利益遭受特别重大损失,因此构成国有公司、企业单位人员滥用职权罪。反之,董某某如果能够偿还该借款,则应当以其个人资产偿还,此时董某某虽然违规违纪,但在未造成公司实际损失的情况下,不应当以本罪论处。

第三,本罪与国家机关工作人员滥用职权罪的区别。首先,犯罪主体不同。国有公司、企业单位人员滥用职权罪的主体限于国有公司、企业、事业单位的工作人员,其不一定属于国家工作人员。国家机关工作人员滥用职权罪的犯罪主体只能是国家机关工作人员,其他国家工作人员也不属于该罪的主体。其次,客观表现不同。国有公司、企业单位人员滥用职权罪的客观方面表现为行为人滥用经营管理职权,造成国有公司、企业破产或者严重亏损等,致使国家利益遭受重大损失。国家机关工作人员滥用职权罪的表现为行为人故意越权、擅权,不按或违反法律规定、处理其无权决定、处理的事项,或者违反规定处理公务,致使公共财产、国家和人民利益遭受重大损失。再次,侵犯客体不同。国有公司、企业单位人员滥用职权罪侵犯的客体,是国有公司、企业财产权益以及正常的市场经济秩序。国家机关工作人员滥用职权罪侵犯的客体,是国家机关的正常管理活动。

第四,本罪与国有公司、企业、事业单位人员失职罪的区别。《刑法》第168条同时规定了国有公司、企业、事业单位人员失职罪和滥用职权罪两个罪名,两罪的主体都是国有公司、企业、事业单位人员。但是,两罪之间也存在明显的区别。首先,客观方面的表现不同。国有公司、企业、事业单位人员滥用职权罪在客观方面表现为滥用职权,而国有公司、企业、事业单位人员失职罪在客观方面表现为严重不负责任,即前者属于作为,后者属于不作为。其次,立案追诉标准不同。国有公司、企业、事业单位人员滥用职权罪的主观恶性更大,因此犯该罪造成国家直接经济损失数额在30万元以上即应立案追诉;而犯国有公司、企业、事业单位人员失职罪,造成国家直接经济损失数额在50万元以上的才予立案追诉。

第九部分 企业家如何有效防范刑事法律风险

一、提升自身的法律素养

有人说,企业家可以没有法律知识,但是不能没有法律意识。笔者十分赞同这种观点,因为社会活动的基本规则就是法律,企业家在企业经营过程中只有适应法律的规则,尊重法律的规则,善用法律的规则,才能真正将企业引入发展正轨,保证企业和自身在安全的环境中成长、成功。

首先,企业家的法律意识关系到企业的文化。企业家的意识思维和处事习惯,直接决定了企业内部人员的行事原则和行为准则,长久而言即形成了企业的内部文化。如果企业家具有较强的法律意识和丰富的法律知识,其所经营的企业也能够逐渐形成合法合规经营的企业文化,这样的文化能够保护企业持续健康发展;反之,则可能养成违法违规经营、以获取不法利益为目的的企业文化。长此以往,无论是企业家还是其经营的企业,都将面临越来越大的法律风险。

其次,企业家依法治企、守法经营是必然要求。习近平总书记指出,守法经营是任何企业都必须遵守的一个重大原则,各类企业都要把守法诚信作为安身立命之本,依法经营、依法治企、依法维权。对于企业家而言,依法治企、守法经营就是在强烈法律意识的引领下,将法治精神和理念运用于企业具体的生产经营活动,依法依规履行分析、判断和决策的经营管理职责。依法治企、守法经营要求企业家带领企业在日常生产经营中依法运营,依法维护企业权益,依法解决矛盾纠纷,使整个企业形成尊法、学法、守法、用法的良好文化氛围,护佑企业形成良好的发展势头。企业家依法治企、守法经营是依法治国思想在企业管理中的具体实践，是现代化企业发展的最好保障，也是新时代中国特色社会主义市场经济持续、健康、稳定发展的必然要求。

再次，企业家应牢固树立和善于运用法治思维。企业家增强法律意识、培养和运用法律思维，是依法治企、守法经营的前提。培养和运用法律思维，具体包括以下方面。

一是加强学习法律知识。培养和运用法律思维的前提是掌握丰富的法律知识，然而涉及企业经营管理的法律规定内容繁多、体系庞杂，包括股权关系、劳动关系、合同关系、行政管理关系等，给企业家学习法律知识带来一定的难度。企业家虽然很难做到对法律条文精通理解，但至少应对常识性的法律知识有所了解，确保在思想意识上拥有共识意义上的法治精神、法治原则和法治理念。

二是重视企业合规经营。合规经营的目的就是防范企业可能出现的各种法律风险，要求企业家及其经营的企业做到合法经营，确保生产经营活动不踩法律红线；要求企业建立健全自身的经营管理制度体系和工作流程规范，并矢志不渝地予以遵守和落实，通过内部合规管理有效识别法律风险、化解法律风险、防控法律风险，确保企业健康、稳定发展。

三是依法处理矛盾纠纷。企业在经营过程中总会产生各种各样的矛盾或纠纷，如股东之间的股权纠纷、与劳动者之间的劳动争议纠纷、与合作商之间的供销合同纠纷、与服务对象之间的服务合同纠纷等。解决矛盾或纠纷的方式有很多种，比如寻求"权力"的帮助、寻求黑恶势力的保护，或者采取其他非法的方式。但是经济社会发展的全面法治化必然要求企业管理的法治化，企业只有依法解决矛盾或纠纷，才能做到以理服人，不留后患，实现健康、稳定发展。

最后，企业家还可以积极参与法律制度环境的建设，比如，结合自身经营管理实践向有关部门提出制度化建设的意见和建议，通过相关机构向立法部门建言献策等，不仅有利于社会整体的法治建设，也有利于自身法律素养的提升。

总之，法治思维和法律素养是企业家的一种战略素养，应当在企业的经营管理中着重培养和不断运用，有了它企业家才能更加安全、更加高效地治理企业。如果每个企业家都能够具备这种素养，将增进每个企业乃至整个社会的福祉。

二、选择正确的经营方式

选择什么样的经营方式直接关系到企业的发展命运和生死存亡，企业家如果利用依附黑社会性质组织、破坏市场公平竞争环境等手段经营企业，无疑是将企业和自身逐步推向万劫不复的深渊。企业家只有将守法经营、合规经营作为企业的经营方式，才能做到使企业健康、持续发展。

（一）远离黑恶势力，合法合规经营企业

近年来，民营企业涉黑案件越来越多，其主要特征可归纳为两点：一是企业逐渐出现黑社会性质组织化的趋势，二是黑社会性质组织逐渐有企业化发展的趋势。这两种趋势都不利于企业的正常发展，而且给企业和企业家带来了严重的刑事法律风险。

首先，企业逐渐黑社会性质组织化发展。这主要是因为部分民营企业家盲目追逐利益，而简单粗暴地利用黑社会性质组织扩大经营、垄断市场、解决纠纷或者防止不法侵害，达到"以黑护商、以商养黑"的目的。但是这种做法很容易受到黑社会性质组织的挟持或侵害，或者自身干脆堕落为黑社会性质组织成员，最终难逃法律的制裁。

其次，黑社会性质组织逐渐企业化经营。这主要是指某些黑社会性质组织发展到一定规模、积累到一定财富后，逐渐"洗白"成正规企业并开始经营获利。但是，这些企业和所谓的企业家，用于经营获利的"第一桶金"是通过不正当的方式攫取的，而且在之后的经营过程中多数也伴随着各种各样的不法行为，因此这种企业和企业家早晚也会受到法律的制裁。

总之，企业家应当知道，黑社会性质组织严重阻碍经济社会发展、威胁人民群众的人身、财产安全、破坏社会的和谐稳定，已然成为社会的"毒瘤"。企业家以黑社会性质组织为经营发展的手段，无异于饮鸩止渴，最终一定会深受其害、后悔莫及。因此，作为企业家必须远离黑社会性质组织，依法合规经营企业。

（二）抵制贿赂行为，崇尚公平竞争精神

贿赂作为一种公关手段在企业经营中经常出现，民营企业家一方面渴望在公平竞争的市场环境中自由成长，另一方面又企图通过贿赂等手段获得额外的竞争优势，这种矛盾的心理促使贿赂类案件在民营企业中处于高发态势。笔者在中国裁判文书网以"行贿罪""判决书""基层法院"为关键词进行综合搜索，结果显示自2013年起至2023年10月止共有22128件案件，其中2014年至2020年是案件的高发期，案件数量共计20876件，占近10年案件总量的94.3%。需要说明的是，中国裁判文书网存在裁判文书选择性公布的情况，因此实际的案件数量应当更多。而且，案件内容并不全都涉及企业或企业家，因此该数据仅供参考。但是可以看出，贿赂案件的数量与经济发展进程有着正相关的联系，而企业家在其中也扮演着重要的角色。

在我国，党和政府针对贿赂类犯罪一直坚持无禁区、全覆盖、零容忍的查处态度，而且坚决推进"受贿行贿一起查"。根据2023年2月15日最高人民检察院召开的"做优新时代刑事检察"新闻发布会中所公布的情况，当前行贿案件呈现出一些新的特点，比如部分行贿人不择手段"围猎"党员干部，百万元以上巨额行贿人数不断上升，长期、向多人、多次行贿犯罪较为常见，单位行贿犯罪问题逐渐凸显，等等。这些情况既说明党和政府坚定不移地落实"受贿行贿一起查"，持续深挖、严厉打击贿赂类案件，也说明整体营商环境仍然有待改善，企业或企业家涉及行贿的情况仍然较多。

实际上，企业家通过行贿获取不法利益的风险正在逐步增加。2021年9月，中央纪委国家监委与中央组织部、中央统战部、中央政法委、最高人民法院、最高人民检察院联合印发了《关于进一步推进受贿行贿一起查的意见》，要求坚决查处行贿行为，重点查处多次行贿、巨额行贿以及向多人行贿的违法犯罪行为。根据该意见，即使行贿人已经获取相关利益，在其承担法律责任的同时，也应当对其不正当财产性利益依法予以没收、追缴或者责令退赔；其他的不正当非财产性利益，如职务职称、政治荣誉、经营资格资质、学历学位等，也应通过取消、撤销、变更等措施予以纠正。因此，企业家通过行贿方式已经无法达到长久、稳定获取不法利益的目的。

总之，企业家应当清楚，社会主义市场经济的未来必然是法治经济。企业家应当对党和政府惩治腐败犯罪、营造风清气正的政治生态、维护良好市场经济秩序的决心有清醒的认识和足够的信心，自觉抵制任何贿赂行为，崇尚公平竞争精神，否则将不得其福、反受其害，如果行为恶劣、后果严重还有可能永久被钉在历史的耻辱柱上。

（三）致力诚信经营，勇于承担社会责任

道德和法律是人类文明稳步前行的两个车轮，哪个车轮都不能偏废，否则这辆承载人类文明的车辆轻则偏离轨道，重则车毁人亡。社会主义市场经济也是一个由道德和法律组成的双轮车，其中道德所约束的主要是市场主体的诚信经营行为，没有诚信作为经营的坚强基石，即使有再多的法律规定，最终也难以达到有序和稳定的发展目标。

首先，诚信是企业家的责任。如果把社会比作一个有生命、有活力的有机体，那么我们每个人、每个企业、每个单位就是组成社会这个生命体的细胞；缺乏诚信的社会就如同感染病毒的生命体，一旦无法战胜病毒，最终将走向灭亡。因此，我们每个人都有责任同不诚信的行为斗争，特别是企业家，更应当为了自己的生存而坚决抵制、绝不从事不诚信的经营行为，勇于承担诚信经营的社会责任。

其次，诚信是企业立身之本。诚实守信是中华民族的传统美德，它对于企业更是生存之本、发展之基。正如某知名企业家所说，诚信就像我们生活中的空气和水，"受益而不觉，失之则难存"。要使企业经营取得大的成绩，就必须坚持客户至上，诚信为本。诚实守信才是企业立于不败之地的生命力和竞争力，也是企业家应当崇尚的经营理念。

再次，诚信必须从自身做起。从我做起是一句内容浅显却很难践行的话，它是人人都懂的道理，但是未必人人都能做到。我们常常在监督他人的行为，指责他人的做法，但是往往忽略了自己的状况，这种拿着探照灯只挑别人毛病、不反观自己的方式，只能在彼此之间树立壁垒、增加分歧，使不诚信的行为更加泛滥。因此，作为具有足够智慧的企业家，应当将浅显的道理真正贯彻到企业生产经营实践中，从自身做起践行诚信经营的理念。

最后，必须抵制不诚信行为。抵制不诚信的行为包括两个方面：一是坚决抵制他人的不诚信行为，不让失信者占到便宜、获得红利；二是从自身做起，抵制不诚信行为。某些企业家在受到失信者的欺骗后，并没有吸取教训抵制失信行为，反而将受骗经验用于后续的经营活动，以彼之道、施之他身，学习不诚信、运用不诚信，这种行为使社会诚信体系受到更大的破坏，无异于饮鸩止渴。因此，企业家不仅要抵制他人的不诚信行为,更应当抵制自身存在的不诚信行为,只有自身清明,方能真正诚信。

古人云:"求木之长者,必固其根本;欲流之远者,必浚其泉源。"诚信是文明社会普遍倡导的道德规范,是企业重要的无形资产,也是企业持续发展壮大之基。企业家应当将诚信作为企业发展的核心竞争力,只有这样才能确保企业的基业永固,自身的事业长青。

三、强化企业的刑事合规

企业刑事合规风险，是指企业及其管理人员在生产经营过程中，因触犯刑法禁止性行为而引发刑事法律责任，受到责任追究、刑罚处罚或者产生其他严重负面影响的可能性。我国《刑法》对企业法人犯罪绝大多数采取双罚制，即单位犯罪的对单位判处罚金，并对其直接负责的主管人员和其他直接责任人员依照相关规定处罚。可以看出，即使认定为单位犯罪，企业家同样可能受到刑事处罚，因此企业家应当高度重视和不断强化企业的刑事合规，避免因企业的不规范经营而给自身带来刑事法律风险。强化企业刑事合规，应当着重抓好以下几个方面。

首先，建立和完善合规审查体系。合规审查体系包括事前审查、事中审查和事后审查，企业应当将这3种审查作为刑事合规风险的3道防线。其中，事前审查主要针对企业规章制度的制定和完善、重大事项的分析决策、重要经济合同的签订等事项进行合法性审查；事中审查主要对管理制度的执行、决策事项的落实、经济合同的履行情况进行检查，查找和预防相应的法律风险特别是刑事风险；事后审查指对照法律规定，对已完成的生产经营业务进行审计，防止法律风险的长期存在。此外，在建立和完善合规审查体系方面，还应当明确合规审查职责，设立专门的合规审查机构，聘请专业律师或其他法律人士担任法律顾问，结合生产、经营的实际情况，制定审查流程、确定审查方式、做好审查整改，使合规性审查真正起到风险识别和防范的作用，而不是流于表面。

其次，重视制度建设和完善工作。企业要坚持守法经营，必须做好各项管理制度的建设和完善工作，矢志不渝地将制度落实到底。在制度建设方面，应当将法律、法规、规章和各种政策性文件的具体规定与企业实际生产经营需求结合起来，科学合理地制定符合企业管理要求的规章制度。在制度完善方面，应当及时获取最新的法律、法规、规章和政策性文件信息，依据最新规定对企业制度查漏补缺，完善制度体系、细化管理流程，使企业管理工作始终有章可循。在制度落实方面，应当同时建立制度执行的考核和监督机制，切实发挥管理制度的治企效用，避免制度建设流于表面、只走过场。在制度宣传方面，应当重视员工法律素养的提升和企业制度深入学习，定期开展培训，有针对性地学习法律知识和企业管理制度，真正使制度深入人心、发挥作用，使企业形成合法经营、合规管理的文化。

再次，完善权力制约和监督机制。企业的经营管理权力也需要监督和制约，比如企业家作为企业的当家人，通常因为缺少权力制衡和决策监督而陷入权力风险的旋涡，不仅给企业带来合规风险，也给自身带来刑事法律风险。因此，企业家应当从制约自我权力、促进企业发展的角度出发，建立和完善企业管理中决策权力的制约和监督机制，使企业的战略决策权、经营管理权、财务控制权等都能受到合理的制约和监督，确保企业运营的相对安全。但是，在做好权力制约和监督的同时，还应当避免权力制约和监督过程中容易出现的决策半径过长、审批流程烦琐、部门矛盾加深等引起的企业内耗等问题，以免企业陷入权力制衡的管理危机和发展僵局。

最后，充分发挥律师顾问的作用。企业聘请律师作为常年法律顾问，目的是使律师站在客观角度对企业的刑事合规或者企业家经营行为的合法性作出客观的分析和评判,帮助企业和企业家规避可能存在的刑事合规风险。但是,企业或企业家应当知道,聘请了律师作为法律顾问并不代表刑事合规风险自然消失,只有充分发挥律师顾问的作用才能有效规避风险。当前,绝大多数的律师顾问属于兼职岗位,律师日常办理各种事务,兼职处理企业的顾问工作,因此应当促使律师顾问的有限精力发挥最大效用。比如,企业要在重大经营决策、对外经营交往等重点或敏感问题上,详细征求律师顾问的意见,而不是在小额办公用品采购等经济合同的签订、履行方面过多要求律师进行审查和出具意见。要发挥律师顾问的作用,企业还应当积极主动同律师进行沟通协调,寻求律师系统性的专业法律服务,而不是等待律师上门服务、主动服务。

总之,企业刑事合规是企业未来发展的必由之路,也是企业家确保自身和企业经营发展安全的有效方法。企业家不仅应当把自身和企业赚钱作为经营的首要任务,还必须保证赚到的钱能够安全转化为资产,能够经受住各种风险的考验。